KB195690

인식적
부정의

인식적
부정의

EPISTEMIC
INJUSTICE

MIRANDA FRICKER

권력, 편견, 그리고 앎의 윤리

미란다 프리커 지음
유기훈·정선도 옮김

오월의봄

추천의 말

우리는 얘기해왔다. 서는 곳이 달라지고 시좌視座가 달라지면 풍경도 달라진다는 것을. 그러나 헤게모니를 지닌 다수자들은 이러한 차이를 무력화하거나 형해화할 불균등한 자원과 권력을 지니고 있으며, 이로부터 '증언적 부정의'와 '해석학적 부정의'가 발생한다. 그리고 그 같은 부정의 자체가 정상성을 획득한다. 철학은 개념을 만드는 일이기도 하다. 철학자 미란다 프리커가 정식화한 '인식적 부정의'라는 개념은 우리가 얘기해왔던 것에 뚜렷한 형상과 힘을 부여해주며, 그것을 움켜쥐고 변방에서 중심으로 밀고 들어갈 수 있도록 해준다.
— 김도현, 《장애학의 도전》 저자

우리는 신뢰할 만한 사람들의 말을 수용하고 신뢰할 만하지 않은 사람들의 말을 걸러내면서, 그리고 우리의 사회적 경험을 해석하고 공유하면서 지식을 획득한다. 《인식적 부정의》는 문제될 것 없어 보이는 이런 과정에 어떻게 편견과 불평등이 개입하여 부정의를 낳을 수 있는지를 면밀히 드러내고, 전통적인 인식론에서 도외시되었던 인식적 덕들을 개념화하여 인식적 부정의에 대한 해결책을 마련하려 한 기념비적인 저작이다. 섬세하고 유려한 번역을 통해 이 중요한 저작을 한국어로 접할 수 있게 해준 두 옮긴이에게 깊은 사의를 표한다.
— 이우람, 서울대 철학과 교수

누구의 과학이며 누구의 지식인가? 페미니스트 샌드라 하딩이 제기한 이 물음은 주체의 몸과 위치를 초월하는nobody, nowhere 냉혈적 지식이 사실상 사회적 권력을 가진 남성의 위치를 대변해왔음을 폭로한다. 미란다 프리커는《인식적 부정의》에서 이 물음을 더욱 깊게 파고들면서 인식론의 문제가 결국 덕virtue의 문제임을 강조한다. 지식은 언제나 몸이 가진 권력 위치의 문제이기에 인식적 부정의를 극복하기 위해서는 권력으로부터 소외된 몸의 위치에 공감하는 데서 시작해야 한다는 것이다. 진리는 차가운 것이 아니라 따뜻한 것임을 설파하는 이 책은 냉혹한 능력주의가 휩쓸고 있는 우리 사회에 깊은 울림을 준다.

—이현재, 서울시립대 도시인문학연구소 교수

이 책은 이전에는 거의 이루어지지 않았던 방식으로 윤리학과 인식론을 통합하려는 경이롭고 야심 찬 시도일 뿐만 아니라, 중요한 문제에 이름을 붙이는 아름답고 강력한 시도이기도 하다. 성적 괴롭힘이든 인식적 부정의든, 적敵에 이름을 붙일 수 있다는 것은 얼마나 큰 진보인가!

—레이 랭턴Rae Langton, 케임브리지대학 철학과 교수

프리커의 이 훌륭한 저작은 '간단히 윤리학적 작업이라고도, 간단히 인식론적 작업이라고도 할 수 없는' 상대적으로 탐구되지 않아온 철학적 영토에 자리 잡고 있으며, '이 두 영역 사이의 경계를 재협상'하고자 한다. 이 책은 널리 주목받을 만하고, 또 그렇게 될 것이다.

—사비나 러비본드Sabina Lovibond, 옥스퍼드대학 우스터칼리지 명예연구원

프리커는 흥미진진한 방식으로 철학의 여러 분야를 넘나들며 우리 인식적 관행의 해로운 측면을 폭로한다. 윤리학, 인식론, 사회철학 및 정치철학에 관심이 있는 사람이라면 반드시 읽어야 할 책이다.

—프란체스코 푸파Francesco Pupa, 나소커뮤니티칼리지 철학과 교수

세심한 논증과 상세하고 설득력 있는 예시가 돋보이며, 지식과 권력의 교차점에 대한 논의에 훌륭한 본보기를 제시한다.

—캐슬린 레넌Kathleen Lennon, 헐대학 철학 명예교수

한국어판 저자 서문

《인식적 부정의》의 한국어판을 위한 서문을 쓸 수 있어서 영광이며, 기회를 준 두 옮긴이에게 감사드린다. 한국의 학자들과 학생들이 자신만의 방식으로 이 책의 아이디어들을 접하여 그것들을 각자의 목적에 맞게 발전시킬 수 있으리라는 생각에 설레는 마음이다. 이 책이 영국에서 처음 출간된 2007년으로부터 꽤 오랜 시간이 지났으니, 지금 시점에서는 이 책의 프로젝트가 그 시기, 그리고 그때의 지적 맥락에서 어떻게 파생되었는지에 대해 이야기하는 것이 적절할 듯하다. 이 책의 주요 목표 중 하나는 권력과 사회적 정체성에 관한 물음들을 (다른 지적 영역에서는 이 물음들과 지식 사이의 연관성이 이미 오랫동안 논의되어 왔음에도) 분석 인식론의 핵심 관심사와 분리시키던 상당히 확고했던 구획에 도전하는 데 있었다. 당시의 분석적 스타일의 인식론은 권력과 정체성의 문제가 [인식론에] 유입되는 것을 전혀 허용하지 않았고, 그러한 물음들이 **철학적** 물음으로 보일 수 없게 만드는 자기-개념을 고수하고 있었다. 철학 세미나에서 그러한 질문이 제기될 때면, 보통 그것은 인접 분야인 사회학이나 정치학의 논의에서 순진하고도 다소간 당황스러운 방식으로 넘어온 질문으로 여겨지곤 했다. 그러나 사실 그 다양한 스타일의 질문과 논의들은 (물론 저마다의 고유한 목표와 우선순위를 가지고 있겠지만) 본성적으로 구획되어 있다기보다는 연속적인 것이다. 나는 인식적 부정의의 물음들을 탐구하는 과정에서 이러한 연속성을 보여주고자 했다. 나는 추상적인 철학적 모형화를 사용하되, 문학의 사례들을 이례적으로 다양하게 결합함으로써 지식과 이해의 본성에 관한 관심이 어떻게 실천적이고 사회적으로 굴절된 관점에서 분석될 수 있는지를 보여주고자 했다. 나는 인식적 기여를 가능케 하는 우리 인간의 능력 역시 인간의 다른 모든 기능처럼 부당하게 훼손될 위험에 취약하다는 관점에서 증언적 지식 및 공유된 사회적 이해 가능성을 바라보았다. 또한 나는 우리가 인식적 기능의 측면에서 부당하게 불이익을 겪는다는 것은, 고유하고도 인간으로서 중대한 방식으로 잘못 대해지는 것이라는 점을 보이고자 했다. 즉 인식적 부정의는 인간 가치에 본질적인 능력의 측면에 관해 그 사람에게 잘못을 범하는 것이다. 그리고 그 고유한 잘못은 인식적 부정의가 발생할 수 있는 다양한 맥락('부수적' 사례에서부터 최악의 형태인 '체계적인' 인식적 억압에 이르기까지)에서 항상 나타난다.

지금은 [이 책의 출간 당시에 비하여] 상황이 매우 달라졌다. 인식론자들은 음모론의 대두부터 의료 전문가가 환자와 맺는 인식적 상호작용 방식, 인공지능이 지닌 함의와 같은 실제 사회 세계의 다양한 측면을 조명하는 데 철학적 추상화를 쉽게 적용할 수 있게 되었다. 그것이 제대로 된 철학이 아니라는 비판을 받지 않으면서도 말이다. 나는 이처럼 폭넓은 접근이 철학의 능력, 즉 그 모든 위험과 취약성, 우연과 의도, 정의와 부정의 속 복잡한 세계를 이해할 수 있도록 돕는 이론적 모형을 만들어내는 바로 그 능력에 활기를 더해주며, 우리에게도 위안을 준다고 생각한다.

미란다 프리커

뉴욕대학 줄리어스 실버Julius Silver 석좌교수

들어가며

윤리학자들은 언어 분석이라는 실증주의적 질서 속에서 철학적 윤리학philosophical ethics이 붕괴되었던 상태를 되돌아보며, 철학적 윤리학이 점차 자신을 재발견해왔다는 사실에 안도의 한숨을 내쉬기도 한다. 이 재발견은 우리가 광범위하게는 윤리적 심리학ethical psychology이라 부르는 것, 즉 윤리적 가치에 대한 인간의 실제 경험에 새롭게 관심을 기울임으로써 상당 부분 성취될 수 있었다. 이처럼 살아 있는 경험에 좀 더 관심을 기울이는 시도는 빈사 상태에 놓였던 철학의 한 영역에 새로운 활기를 불어넣었다. 그렇다면 인식론자들도 조만간 개념 분석의 질서 아래에서 시행되던 기존의 인식론을 유사한 방식으로 되돌아볼 수 있을까? 다소 과장된 비교일 수 있지만, 윤리학이 과거에 그랬던 것처럼 최근 인식론에서도 실제의 인식적 실천에 좀 더 다가가려는 여러 시도가

인식적 부정의

늘어나고 활기를 띠고 있는 것 같다. 인식론을 향한 여러 가능성은, 우리가 인식적 심리학epistemic psychology을 좀 더 진지하게 여기고 지식을 얻거나 잃는 인간의 실천을 우리의 주요한 탐구의 주제로 삼을 때 열린다. 이 책은 그 한 가지 시도이다. 좀 더 구체적으로 말하자면, 나의 관심은 사회적으로 위치지어진 주체들이 필연적으로 행하는 인식적 실천에 있다. 사회적으로 위치지어진 이러한 개념은 사회적 정체성과 권력에 대한 질문을 중심에 두며, 이는 인식적 삶epistemic life의 특정 윤리적 차원(즉 정의와 부정의의 차원)을 드러내기 위한 전제조건이 된다. 이것이 이 책이 탐구하고자 하는 영역이다.

그런 탐구의 과정은 정의가 아닌 부정의에 초점을 맞춘다. 주디스 슈클라Judith Shklar가 지적하듯, 철학은 정의에 대해서는 많이 이야기하지만 부정의에 대해서는 거의 이야기하지 않는다. 슈클라가 예술에 대해 동일한 것을 주장하는 것은 분명 잘못이지만, 철학에 대한 그의 이러한 지적은 매우 중요하다. 인간과 인간의 활동에 대한 합리적 이상화에 중점을 둔다는 점에서 철학은 매우 독특하며, 철학자들은 어떤 것을 옳게 바로잡는다는 것이 무엇인지 이해하기 위해 많은 노력을 기울인다. 철학자들의 이러한 노력은 훌륭한 것이지만, 합리적 이상에 매우 단편적으로밖에 접근할 수 없는 인간의 실천까지도 이해하고자 한다면 여기서 멈춰서는 안 된다. 정의에 초점을 맞추는 것은, 정의가 표준이며 부정의는 불행한 일탈이라는 인상을 준다. 그러나 이것은 상당히 틀린 것일 수 있다. 또한 이는 정의를 먼저 이해하고, 이를 통해 항상 잔여적으로~negatively~ 부정의를 이해해야 한다는 식의 인상을 만들어 낸다. 하지만 이해의 경로는 때로 그 반대일 수 있다. 내가 관심을 두는 것은 부정의, 좀 더 구체적으로는 인식적 활동 영역에서의 부정의이다. 나는 분명 이러한 영역 속에는 부정의가 표준인 영역이 존재한다고 생각한다. 그리고 인식적 정의~epistemic justice~에 무엇이 속해 있는지를 드러내는 유일한 방법은, 나아가 인식적 정의와 같은 것이 존재하긴 하는 것인지를 확인하기 위한 유일한 방법은 그 인식적 부정의~epistemic injustice~라는 여백을 살피는 것이라 믿는다. 이 책은 이러한 여백에 대한 탐구이다.

나는 이 책의 초안을 버크벡칼리지 철학과의 연구년과 예술과인문연구위원회의 휴가를 보내면서 작성했다. 두 기관에 큰 감사를 전한다. 또한 이 책의 토대가 되는 아이디어 중 일부는 1997년부터 2000년 사이에 브리티시아카데미의 박사후연구원으로 일할 때 구상한 것들이다. 이러한 기회와 특전을 제공해준 브리티시아카데미에도 감사의 마음을 전한다. 책의 내용 대부분은 이 지면을 통해 처음 발표되는 것이지만, 3장의 일부는 기존 논의를 발전시킨 것이다.[1]

나는 이 책의 다양한 버전을 버밍엄대학, 케임브리지대학, 던디대학, 헐대학, 리즈대학, 옥스퍼드대학, 워릭대학 및 런던정치경제대학과 런던대학 버크벡칼리지에서 열린 연구 세미나에서, 그리고 2006년 토론토대학에서 열린 에피스테메~Episteme~ 연례 콘퍼런스에서 발표했다. 이와 같은 여러 행사에서 가치 있고 건설적인 논평과 질문을 해주신 참석자분들께 진심으로 감사드린

인식적 부정의

다. 좀 더 구체적으로는, 친절하게도 초안을 읽고 논평해준 동료들과 친구들에게 고맙다는 말을 전하고자 한다. 제니퍼 혼스비Jennifer Hornsby, 수전 제임스Susan James, 사비나 러비본드Sabina Lovibond 그리고 케이트 서머스케일Kate Summerscale에게, 또한 앤 켈러허Anne Kelleher, 키스 윌슨Keith Wilson에게 특별한 감사를 전한다. 전체 초안을 읽고 무척이나 도움이 되고 격려가 되는 논평을 해준 (당시에는 익명이었던) 옥스퍼드대학출판부의 독자인 크리스 훅웨이Chris Hookway와 레이 랭턴Rae Langton께, 그리고 원고를 작업해준 진 반 알테나Jean van Altena께 감사드린다. 마지막으로, 책의 편집자 피터 몸칠로프Peter Momtchiloff에게 깊은 고마움의 마음을 전한다.

차례

일러두기

- 본문의 주는 모두 옮긴이가 붙인 것이다. 저자의 주는 미주로 처리했다.
- ( )는 저자의 것이며, [ ]는 옮긴이가 본문 내용의 이해를 돕기 위해 덧붙인 부분이다.
- 본문에 언급되거나 인용된 책 중 국내에 출간된 경우에는 해당 제목을 따랐고, 미주에 한국어판 서지사항을 기재했다. 단, 인용된 부분의 번역은 기존 한국어판의 번역을 참조하되 일부 수정 혹은 전면 수정을 거쳐 실었다.

서론

이 책은 고유하게 인식적인 유형의 부정의가 존재한다는 생각에 대한 탐구이다. 인식적 부정의에는 다양한 현상들이 포함될 것이다. 정의_{justice}에 대해 생각하는 일반적 방식에 따른다면, 인식적 부정의라는 발상은 무엇보다도 정보나 교육과 같은 인식적 재화의 불공정한 분배에 대한 생각을 먼저 불러일으킨다. 이 경우 우리는 다양한 재화(그중 일부는 인식적 재화일 것이다)에 이해관계가 얽혀 있는 사회적 행위자를 상정한 후, 모든 개별 행위자들이 각자의 공정한 몫을 분배받는지에 대해 질문할 것이다. 인식적 부정의가 이러한 형태를 취할 때 여기에 매우 고유하게 인식적인 것은 없으며, 분배의 대상이 인식적 재화라는 것은 대체로 단지 부수적인 것으로 여겨진다. 이와 대조적으로, 이 책에서는 고유하게 인식적인 두 가지 유형의 인식적 부정의로 나아가고자 한다. 이 두 인식적 부정의는 가장 근본적 차원에서, 인식자knower로서의 능력에 범해지는 잘못으로 이론화할 수 있다. 이 책에서는 인식적 부정의의 첫 번째 유형을 증언적 부정의testimonial injustice로, 두 번째 유형을 해석학적 부정의hermeneutical injustice로 명명하고자 한다. 증언적 부정의는 편견이 청자로 하여금 화자의 말에 낮은 신뢰성을 부여하도록 할 때 발생한다. 반면 해석학적 부정의는 [증언적 부정의보다] 이전 단계에서 발생하는 것으로, 집단적 해석 자원의 격차로 인해 누군가가 자신의 사회적 경험을 이해하는 데서 불공정한 불이익을 받게 될 때 초래된다. 증언적 부정의의 한 가지 예로는 당신이 흑인이라는 이유로 경찰이 당신의 말을 믿지 않는 경우를 들 수 있을 것이며, 해석학적 부정의의 한 가지 예로는 성희롱에 대한 비판적인 개념이 아직 부재하는 문화 속에서 그로 인해 고통받는 경우를 들 수 있을 것이다. 즉 증언적 부정의는 신뢰성의 경제economy of credibility에서의 편견에 의해, 해석학적 부정의는 집단적인 해석학적 자원의 경제economy of collective hermeneutical resources에서의 구조적 편견에 의해 초래된다고 말할 수 있을 것이다.

이 책의 가장 중요한 목표는 우리 일상의 가장 기본이 되는 인식적 실천 두 가지, 즉 '타인에게 말함으로써 지식을 전달하는 것'과 '우리 자신의 사회적 경험을 이해하는 것'의 특정한 윤리적 측면을 밝히는 것이다. 이 윤리적 측면은 인식적 상호작용 과정 내의 사회적 권력의 작동으로부터 비롯되므로, 이를 드러내는 것은 인식적 실천의 정치를 드러내는 것이기도 하다. 인식적 신뢰가 사회적 권력과 긴밀한 연관성을 지닐 수 있다거나 사회적 불

인식적 부정의

이익이 부당한 인식적 불이익을 만들어낼 수 있다는 생각과 같이, 우리가 인식적 관계에 대해 어떻게 생각하는지와 관련해 정치화될 법한 사유들은 영미 인식론의 맥락에서 잘 다뤄지지 않는 경향이 있다. 이러한 사유들은 포스트모더니즘에서 절정을 이뤘던 상대주의적 관점과 필연적으로 관련되어 있으리라고 간주된 탓에 잘 다뤄지지 않았을 수 있다. 혹은 이러한 생각들이 어떻게 본연의 인식론과 관련될 수 있는지를 (전통적으로 인식론이 자체적으로 만들어낸) 개인주의 및 강제적인 합리적 이상화의 이론적 프레임이 가린다는 것도 그 하나의 이유일 수 있다. 그 이유가 무엇이었든, 우리의 인식적 행위의 윤리적·정치적 측면을 드러낼 수 있게 해주는 이론적 틀이 부재하여 전통적으로 추구되어온 인식론이 빈약해졌다는 점이 이 책을 쓰도록 만든 주된 동력이었다. 영미철학의 전통 속에서 페미니스트 인식론은 이런 지점을 용감하게 지적하며 고독한 길을 걸어왔다. 그러나 나는 [이 책을 통해] 덕 인식론virtue epistemology이 이러한 이슈가 풍부하게 논의될 수 있는 일반적인 인식론적 언어를 제공해준다는 점을 보이고자 한다.

유사한 사각지대는 윤리학에도 존재한다. 윤리학이 전통적으로 우리의 인식적 행동을 다루지 않아왔다는 것 또한 마찬가지로 안타까운 일이다. 그러나 윤리학이 우리의 인식적 삶의 옳고 그름에 대해 주의를 기울이지 않았던 것은 좀 더 우연에 가까웠던 것으로 보이며, 역사적으로 윤리학이 이차적인 것들에 몰두해왔기 때문이라는, 흔히 생각할 수 있는 이유를 넘어서는 특별한 원인을 발견하기는 어렵다. 어떻든 전통적인 [학문적] 배경을 고려할 때 이 책은 단순히 윤리학 저작이라고도, 단순히 인식론 저작이라고도 말하기 어렵다. 오히려 이 책은 두 철학의 영역 사이의 경계선을 재조정하고자 한다.

많은 페미니스트 철학자들에게, 인식적 실천의 윤리와 정치를 탐구할 수 있는 이론적 영역을 제공하는 것으로 여겨졌던 철학 조류는 포스트모더니즘이었다. 포스트모더니즘 철학 사상의 결정적인 매력은, 이성과 지식을 사회적 권력의 맥락에 확고히 위치시켰다는 것이다. 이성$_{reason}$의 권위에 대한 오랜 우려는 마침내 포스트모더니즘 철학이라는, 좀 더 정치적인 방식으로 행해질 수 있는 새롭고 급진적인 이론적 맥락을 획득한 것으로 보였다. 그러나 이것은 대체로 헛된 희망으로 밝혀졌다. 포스트모더니즘 글쓰기에 과도하게 경도된 극단주의자들은 환원주의로 귀결되는 경우가 지나치게 많았고, 이성이 사회적 권력과 얽혀 있는 상황에서 포스트모더니즘 정신 배후에 있는 원동력은, 정의와 부정의의 문제를 제기하려는 진정한 의지라기보다 이성이라는 옹호할 수 없는 이상에 대한 환멸인 것으로 나타났기 때문이다.[1] 이성이라는 범주 그 자체에 대한 의심과 그것을 권력의 작용으로 환원하려는 경향은 우리가 다루어야 할 물음, 즉 어떻게 권력이 이성적 주체인 우리가 기능하는 데 영향을 미치고 있는지에 대한 물음 자체를 선점한다. 즉 우리가 사고할 이성을 지녔다는 것과 한낱 권력관계가 우리의 사고에 영향을 미친다는 것 사이의 구분을 없애버리거나 최소한 모호하게 한다는 것이다. 정의의 문제가 우리의 인식적 실천과 관련해 어떻게 나타날 수 있는지에 관심이 있다면, 그러한 환원주의적 경향은 누군가의 말을 좋은 이유에 근거해 거부하는 것과 단순히 편견에 근거해 거부하는 것 사이의 본질적 구분을 모호하게 한다. 포스트모더니즘은 인식적 실천에서의 정의와 권력의 문제를 탐구할 수 있는 이론적 공간을 열기는커녕 그 물음 자체를 사실상 선점해버렸고, 결국 포스트모더니즘이 인식론적 함의와 관련해 말해야 했던 바는 궁극적으로 진보적 방향으로 나아가기는커녕 오히려 보수주의를 지향하고 말았다.

그러나 우리는 사회적 권력과 이성의 얽힘을 논하는 더 나은 다른 방법을 분명 찾을 수 있기에, 한때 포스트모더니즘이 이야기되던 곳에 단지 침묵만이 감돌도록 두어서는 안 된다. 이러한 논의는 어떠한 방식으로 이뤄질 수 있을까? 이에 대한 한 가지 답은, 우리의 인식적 실천에 대한 사회적으로 위치지어진 설명*의 맥락 속에서 일차적인 윤리적 질문을 던지는 형식을 취해야 한다는 것이다.[2] 인간의 실천에 대한 사회적으로 위치지어진 설명은 (대부분의 사회인식론social epistemology을 포함한 전통적 인식론에서처럼) [사회의] 참여자들을 사회적 권력관계로부터 추상해서 받아들이지 않으며, 오히려 참여자들이 서로에 대한 권력관계 속에서 [하나의] 사회적 유형으로서 작동하고 있다고 바라본다. 이렇게 사회적으로 위치지어진 개념화 방식은 권력에 대한 질문을 제기

---

*   도나 해러웨이Donna Haraway가 자신의 저술에서 사용한 'situated knowledge' 라는 용어는 흔히 '상황적 지식'으로 번역된다. 이 책에서는 문맥을 고려하여 'socially situated'를 '사회적으로 위치지어진'으로 번역했다.

하며, 또한 우리가 인식적 실천 자체를 설명하려 할 때 자연스레 나타나는 권력의 때로는 합리적이고 때로는 반-합리적인 리듬에 의문을 제기한다. 다수의 철학적 질문은 인간 주체에 대한 전통적이고 최대로 추상화된 개념화 방식으로 충분히 다뤄질 수 있을지 모르나, 그런 추상화된 인간 주체 개념에 자신을 가두는 것은 우리가 떠올릴 수 있는 철학적 질문과 통찰의 종류를 제한하고, 이로써 철학적 레퍼토리는 불필요하게 빈곤해진다. 반면 사회적으로 위치지어진 개념화 방식에서 출발하게 되면, 우리는 권력, 이성, 인식적 권위의 상호의존성을 추적할 수 있으며, 이를 통해 우리의 인식적 실천에 중요한 윤리적 특성들을 드러낼 수 있다. 이를 통해 궁극적으로 우리는 인식적 행위가 어떻게 더 합리적이면서 동시에 더 정의로워질 수 있는지를 파악할 수 있을 것이다.

나는 이 책 전반에 걸쳐 사회적 권력이라는 개념을 사용할 것이며, 따라서 1장에서의 내 첫 번째 작업은 이와 관련하여 유용하게 사용할 수 있는 개념화 방식을 정의하는 일이 될 것이다. 이 책에서 사회적 권력의 개념은 매우 포괄적으로 정의되는데, 그 핵심 아이디어는 권력이란 곧 타인의 행위를 통제하는 사회적으로 위치지어진 능력이라는 것이다. 다음으로, 이 책에서 **정체성 권력**identity power으로 명명하고 있는 사회적 권력의 하위 종을 살펴볼 것이다. 이때 정체성 권력이란 '권력의 특정 작용에 연루된 이들의 사회적 정체성과 관련해 공유된 사회적-상상적 개념화 방식들에 직접적으로 의존하는 형태의 사회적 권력'으로 정의된다. 이어서 1장의 나머지 부분에서는 이 책의 핵심 발상이자 인식적 부정의의 주요 형태인 증언적 부정의를 다룰 것이다. 증언적 부정의testimonial injustice의 기본적인 발상은, 청자가 편견을 가지고 있지 않았을 경우 화자에게 부여했을 신뢰성에 비해 청자 본인의 편견으로 인해 더 적은 신뢰성을 화자에게 부여할 때 화자가 증언적 부정의를 겪는다는 것이다. 편견은 다양한 형태를 취할 수 있기에, 증언적 부정의의 개념에 해당하는 현상 역시 여러 가지일 수 있다. 특히 나는 특정 사회적 유형의 사람들에 대한 편견을 지칭하는 것으로 정체성 편견이라는 개념을 도입할 것이다. 이 개념을 통해 우리는 증언적 부정의의 핵심 사례에 곧바로 접근할 수 있다. 경찰관이 단지 흑인이라는 이유로 누군가를 믿지 않는 경우처럼, 청자의 정체성 편견으로 인해 화자는 청자로부터 축소된 신뢰만을 받게 된다. 따라서 증언적 부정의의 핵심 사례는 **정체성-편견적 신뢰성 결여**로 정의될 수 있을 것이다. 이러한 정의definition는 주체가 겪을 수 있는 다른 형태의 사회적 부정의들과 연결된 증언적 부정의의 유형을 포착한다. 이처럼 정체성-편견적 신뢰성 결여는 사회적 부정의라는 좀 더 넓은 패턴 안에서 인식적 부정의가 차지하는 위치를 드러낸다는 점에서, [증언적 부정의에서] 핵심을 이룬다고 할 수 있다.

2장에서는 어떻게 정체성 편견이 종종 청자의 (믿음 때문이 아니라) 믿음에도 불구하고 화자의 신뢰성에 대한 청자의 판단에 영향을 미치는지에 대해 다룬다. 나는 그러한 편견들이 일반적으로 사회적 상상의 방식으로, 화자가 속한 사회적 유형에 대한 왜곡된 이미지인 편견적 고정관념의 형태로 [화자에 대한] 청자의 신뢰성 판단에 영향을 미친다고 제안할 것이다. 이로부터 나는 자동적 신뢰성 판단은 청자가 대화 상대를 어느 정도로 신뢰할 만하다고 **지각하는지**perceive의 문제이며(이와 관련한 전체 논증은 3 장에서 제시된다), 따라서 편견이 개입될 때 편견적 고정관념은 보통 인식적으로 적재된epistemically loaded 사회적 지각을 왜곡시키는 방식으로 작동한다는 주장을 전개할 것이다.

부정의에 대한 모든 주장은 공유된 윤리적 직관에 의존해야 하지만, 행해진 잘못의 본성을 분석할 수 있다면 우리는 어떤 이유에서 무언가가 부정의를 구성하는지를 좀 더 명확히 파악할 수 있다. 나는 증언적 부정의에서 화자에게 행해진 잘못을 인식적 부정의에서 행해지는 잘못 일반과 연관시켜 분석한다. 모든 인식적 부정의는 누군가가 지닌 지식의 주체로서의 능력에, 즉 인간의 가치에 본질적인 능력에 잘못을 범한다. [한편, 인식적 부정의의 한 유형인] 증언적 부정의는 청자가 지식 혹은 정보 제공자로서의 화자의 능력에 잘못을 범하는 특정한 방식을 따른다. 나는 이런 식의 잘못으로 누군가에게 일차적 해악이 초래되는 것이 내재적 부정의intrinsic injustice에 해당한다고 주장한다. 이러한 해악은 분명 주체의 심리 내부로 깊숙이 침투할 수 있으며, 나는 이 깊숙한 침투로 인해 주체의 자기-발전이 저해되어 해당 개인이 있는 그대로의 자신이 되는 것까지도 방해받을 수 있다는 발상에 대해 논할 것이다.

3장에서 나는 증언적 부정의의 현상을 증언의 인식론 안에 위치시키고자 했다. [증언의 인식론에서의] 비-추론주의적 입장은 (유덕한 사람virtuous person을 도덕적 지각 능력을 가진 사람으로 개념화하는) 도덕 인지주의와 유사한 방식으로 화자에 대한 청자의 지각을 다루는 덕 인식론의 틀 속에서 발전했다. 나는 도덕적 주체가 도덕적 부하가 실린morally charged 방식으로 세상을 지각한다고 여겨지는 것과 마찬가지로, 유덕한 청자는 증언 교환 과정에서 상대를 인식적 부하가 실린epistemically charged 방식으로 지각한다고 주장한다. 즉 유덕한 청자 역시 [상대를] 어느 정도로 신뢰할 수 있을지를 포함해 상대를 지각한다. 나아가 나는 **증언적 감수성**이라는 발상을 합리적 민감성의 한 형태로 도입할 것이다. 증언적 감수성testimonial sensibility은 수많은 개인적·집단적 증언 교환의 경험을 통해 사회적으로 주입되고 훈련된다. 이러한 실생활 속 훈련은, 인식적 부하가 실린 사회적 지각이라는 경험적으로 잘 근거지어진 습관을, 나아가 화자의 신뢰성에 대한 신빙성 있[다고 여겨지]는 지각적 판단을 유덕한 청자에게 스며들게 한다. 만에 하나 우리가 편견적 믿음으로부터 개인적으로 자유롭다고 할지라도, 청자로서의 우리에게는, 우리의 신뢰성 판단에 영향을 미칠 우려가 있는 여러 잔여 편견들이 불가피하게 산재되어 있는 사회적 분위기 속에서 화자의 신뢰성을 판단해야 한다는 난관이 남아 있다. 따라서 유덕한 청자는 일차적으로, 자신의 신뢰성 판단에서 편견의 영향을 교정하는 데 신빙성 있게 성공한 사람으로 개념화되어야 할 것이다. 유덕한 청자에 대한 일반적 개념화를 바탕으로, 4장에서는 한 가지 증언적 덕을 소개할 것이다. 말하자면 이는 **증언적 정의**의 덕virtue of testimonial justice으로, 청자의 신뢰성 판단에 대한 정체성 편견의 영향을 감지하고 교정하는 덕에 해당한다. 이어서 5장에서는 이러한 증언적 덕의 계보학적 기원을 추적한다. 먼저 버나드 윌리엄스와 에드워드 크레이그의 인식적 자연상태 논의를 이용해, 증언적 정의는 자연상태에서 원초적인 '진리의 덕_{virtue}'으로 그 모습을 드러낸다고 주장할 것이다.³ 이어서 나는 덕의 구조를 구체화할 것이며, 이를 통해 [증언적 정의의] 덕은 그 종류에 있어서 혼성적인 것, 즉 지적인 덕이자 윤리적인 덕임이 드러날 것이다.

6장에서는 지식 개념의 기원에 관한 자연상태 논의를 통해 증언적 부정의가 가하는 잘못의 문제를 재검토한다. 나는 **인식적 대상화**_{epistemic objectification}의 측면에서 증언적 부정의에 의한 잘못을 이해할 수 있다고 주장하며, 성적 대상화에 대한 페미니즘에서의 개념화 방식 및 '침묵시키기' 현상과의 유사성을 통해 이를 설명할 것이다. 이어서 지식 개념에 대한 크레이그의 실천적 설명을 기반으로, 증언적 부정의의 잘못은 우리가 이제까지 염두에 두었던 그 어떤 것보다 개념상 더 깊은 손상을 가한다는 점을 논증할 것이다. 즉 증언적 부정의는 안다는 것이 무엇인지에 관한 실천적 핵심을 구성하는 바로 그 실천으로부터 개인을 배제한다.

마지막 7장에서는 인식적 부정의의 두 번째 유형인 **해석학적 부정의**_{hermeneutical injustice}를 다룬다. 해석학적 부정의의 대표적 사례로, 성적 괴롭힘*에 대한 비판적 개념을 갖기 이전 시대에 그로

---

*   'sexual harassment'는 그동안 주로 '성희롱性戱弄'으로 번역되어왔다. 그러나

인해 고통받았던 여성들의 경우를 생각해볼 수 있다. 이처럼 인식이 부족했던 시기에 여성은 자신이 겪은 경험을 적절히 이해할 수 없었고, 그 고통을 소통을 통해 타인에게 이해시키는 것은 더더욱 어려웠다. 나는 이런 유형의 인식적 부정의를 집단의 해석학적 자원의 격차, 즉 우리가 공유하는 사회적 해석 도구의 격차에서 기인하는 것으로 본다. 이때, 이 격차로 인해 발생하는 인지적 불이익이 여러 사회집단에 불평등하게 영향을 미친다는 것은 우연이 아니다. 오히려 이러한 불평등한 불이익은, 격차로 인해 가장 크게 불이익을 받는 집단의 구성원이 **해석학적으로 주변화된다**는 사실, 즉 사회적 의미가 생성되는 실천적 과정에 불평등하게 참여한다는 사실에서 비롯된다. 이런 유형의 주변화는 우리 이해의 집단적 형태가 그 내용 그리고/혹은 형식에 있어 구조적으로 편견적이라는 것을 의미할 수 있다. 해석학적으로 주변화된 집단에 속한 구성원의 사회적 경험은 충분히 개념화되지 못하며, (심지어 대상자 자신에게조차) 잘 이해되지 못한다. 또한 해석학적으로 주변화된 집단들이 의사소통을 시도할 때, 전달하고자 하는 내용을 그들 스스로가 충분히 파악하고 있다고 할지라도, 주변화된 집단의 표현 스타일이 사회적으로 충분히 받아들여지지

그 의미상 젠더 권력관계에 기반한 성적 폭력의 광범위성과 중대성을 제대로 포착하지 못하며, 피해자의 주변화를 촉진하는 용어라는 비판이 있었고, '성희롱' 대신 '성적 괴롭힘'이라는 용어가 좀 더 적절할 것이라는 주장이 여성학계를 중심으로 제기되었다. 이 주장에 동의하여, 이 책에서도 '성적 괴롭힘'이라는 용어를 채택했다.

않으므로 그들의 말이 [청자에게] 합리적인 것으로 들리지 않을 것이다. 이어서 나는 증언적 부정의 논의에서와 마찬가지로, [해석학적 부정의가] 주변화된 사람에게 가하는 잘못의 특성을 제시할 것이다. 해석학적 부정의가 초래하는 주된 해악의 특성은, [**사회적으로**] **위치지어진 해석학적 불평등**으로 고통받는 개인의 문제로 분석된다. 즉 주변화된 개인들은 자신의 경험을 [타인이] 이해할 수 있도록 만드는 데 자기 이해관계의 상당 부분이 걸려 있음에도, 집단적인 해석학적 격차로 인해 자신의 경험을 이해받지 못하게 되는 사회적 상황에 놓여 있다.

설사 개인에 의해 저질러지는 것이 아닐지라도, 해석학적 부정의는 일반적으로 개인 간의 담화 교환에서 명백하게 드러난다. 그러므로 우리는 해석학적 부정의와 관련해 청자에게 요구되는 덕성이 무엇인지에 대해 이야기해볼 필요가 있다. [물론] 화자와 청자 모두는 부적절한 해석의 도구만으로 의사소통을 해야 하기에 [때로] 이러한 신뢰 부족의 일부는 인식적으로 정당화될 수 있고, [이 경우] 해석학적 부정의로 인해 소통을 방해받는 상대의 증언에 대해 청자가 느끼는 초기의 신뢰 부족을 가지고 청자를 비난할 수는 없다. 그럼에도 이해라는 인식적 목표는 **해석학적 정의**의 지적인 덕intellectual virtue이 청자의 증언적 감수성에 포함될 때 비로소 달성될 것이다. 이때의 덕이란, 집단 간 해석학적 자원의 격차로 인해 화자에 대한 이해 가능성이 저하된 것에 대해 반성적이고 비판적인 감수성을 발휘하는 것을 의미한다. 즉 청자는 화자에 대한 상대적인 이해 불가능성이 집단적인 해석학적 빈곤화의 결과일 수 있음을 경계하고, 그에 따라 화자에 대한 자신의 신뢰성 판단을 조정하거나 유보할 수 있다는 것이다. 겉으로 보기에 이러한 덕은 윤리적인 것이라기보다 지적인 것으로 여겨질 수 있으나, 나는 이것이 그 자체로 윤리적 덕이기도 하다고 주장한다. 증언적 정의와 마찬가지로, 해석학적 정의의 덕 또한 [윤리적인 것과 지적인 것의] 혼종이다.

이 책의 주된 목표는 인식적 부정의의 두 유형을 특징짓는 것이다. 첫 번째 유형인 증언적 부정의에서는 누군가의 지식 제공자로서의 능력에 잘못이 범해지며, 두 번째 유형인 해석학적 부정의에서는 누군가의 사회적 이해의 주체로서의 능력에 잘못이 범해진다. 나는 부정의의 정상성에 초점을 맞출 때 철학적으로 많은 것을 얻을 수 있다고 생각한다. 그 한 가지 이점은, 부정의에 저항하기 위해 실제로 필요한 것이 무엇인지 더 잘 이해할 수 있다는 것이다. 지식의 주체이자 객체로서의 우리의 삶을 나아지게 하는, [부정의를] 교정하는 두 가지 윤리적-지적 덕에 대한 논의에 영감을 불어넣을 것을 희망해볼 수 있다. 물론 인식적 부정의의 근본 원인이 불평등한 권력 구조와 그것이 만들어내는 체계적 편견에 있다고 할 때, 개인의 덕성을 통해 달성할 수 있는 것에는 한계가 있다. 이런 식의 부정의를 근절하기 위해서는 궁극적으로 유덕한 청자들이 있어야 하겠지만, 더 나아가 집단적인 사회적·정치적 변화가 수반되어야 한다. 인식적 부정의의 문제에서 윤리적인 것은 정치적인 것이지만, 그럼에도 이러한 결론은 증언적 부정의와 해석학적 부정의가 윤리적 문제로서 우선적으로 탐구되어야 한다는 점을 명확히 보여줄 뿐이다. 증언적 부정의와 해석학적 부정의는 근본적으로 윤리적 문제이기 때문이다. 이러한 현상을 철학적으로 이해하는 우리의 방식을 고려해볼 때, 정치적인 것은 윤리적인 것에 달려 있다.

인식적 부정의

1장   증언적 부정의

앤서니 밍겔라Anthony Minghella 감독의 영화 〈리플리〉에서 허버트 그린리프는 자신의 아들 디키가 실종되자, 우리에게 익숙한 표현을 사용해 자신의 예비 며느리인 마지 셔우드를 깔아뭉개고 침묵시킨다. "마지, 여자의 직감도 좋지만 팩트라는 게 있어.'" 그린리프는 자신에게 아첨하던 톰 리플리를 마지가 살인자로 의심하는 것에 응답하며 이런 표현을 사용한다. 그린리프가 마지를 침묵시키는 것에서 권력, 구체적으로는 젠더권력이 작동하고 있음을 쉽게 알아차릴 수 있다. 그러나 이때의 권력이란 정확히 무엇을 의미하는가? 젠더권력은 사회적 권력이라는 일반적인 개념과 어떤 관련이 있는가? 증언적 부정의에 대해 논의하고 그 고유의 핵심 사례를 다루기 전에, 우리는 먼저 일반적 의미의 사회적 권력의 본성과 내가 정체성 권력identity power이라 부르는 특정 종류의 사회적 권력(젠더권력이 여기에 포함된다)에 대한 위의 질문에 답해야 한다.

1.
권력

사회적 권력이란 우리가 사회적 행위자로서 사회 세계에 존재하는 여러 가지 것들에 영향을 미칠 수 있는 능력이라는 매우 직관적인 생각에서부터 논의를 시작해보자. 첫 번째 요점은 권력이 **적극적으로 혹은 소극적으로** 작동할 수 있다는 점이다. 예를 들어, 주차 단속원이 운전자에 대해 보유하는, 주차 위반에 대한 벌금 부여라는 권력을 생각해보자. 그 권력은 단속원이 실제로 벌금을 부과할 때 적극적으로 작동한다. 그러나 권력은 소극적으로도 작동할 수 있다. 벌금을 부과할 수 있는 주차 단속원의 능력이 운전자의 주차 행위에 영향을 미친다면, 그때마다 권력은 소극적으로 작동하는 것이다. 한편, 적극적 작동과 소극적 작동은 의존적 관계에 있다. 일정 액수의 주차 벌금이 적극적으로 부과되지 않는 한, 운전자의 주차 행동에 소극적으로 영향을 미치는 주차 단속원의 권력 역시 점차 사라질 것이다. 이처럼 권력이 적극적으로 작동하지 않으면, 소극적 작동 역시 줄어드는 경향이 있다. 두 번째 요점은 권력이 행위를 통해 실현되지 않는 동안에도 존재한다는 점이다. 권력은 능력이고, 능력은 실현되지 않는 동안에도 지속되기 때문이다. 앞선 주차 단속원의 사례를 통해 권력의 이러한 특성을 살펴보자. 만약 제정신이 아닌 상태의 운전자가 주차 단속원에 대해서는 신경 쓰지 않은 채 적색 선과 이중 황색 선에 제멋대로 주차해 공회전 중이라면, 그 순간 주차 단속원의 권력은 일시적으로 작동하지 않는 것과 다름없다. 그러나 권력은 여전히 존재한다. 이는 문제의 소지가 없는 형이상학적 요점이어야 하지만, 반대론자들이 없는 것은 아니다. 과거 푸코가 "권력은 오직 행위로 옮겨질 때에만 존재한다"고 주장했던 것처럼 말이다.[2] 그러나 푸코의 주장은 기각되어야 한다. 푸코의 주장은 권력은 능력이라는 점과 양립할 수 없으며, 권력이 능력이 아니며 실제로 작동할 때에만 존재했다가 사라진다는 그의 생각은 푸코 그 자신이 관심을 두는 맥락에서조차 그렇게 주장할 만한 동기가 충분치 않기 때문이다. 단, 뒤에서 살펴보겠지만 [앞선 반박으로 인해] 권력을 형이상학적으로 가벼운 방식으로 개념화하는 푸코의 신념과, 권력이 사회적으로 산재해 있어 "그물과 같이" 작동한다는 그의 생각까지 거부되는 것은 아니다.

지금까지 우리는 권력을 (개인, 집단, 기관과 같은) 사회적 행위자가 다른 사회적 행위자에 대해 행사하는 능력으로 간주해왔다. 이런 유형의 권력은 때로 '이항적dyadic'이라 불리는데, 권력을 행사하는 한 당사자와 그로 인해 영향을 받는 다른 당사자 사이를 관계짓기 때문이다. 그러나 (한 명의 단속원이 여러 운전자에게 제한을 부과하는 앞선 사례처럼) 권력은 여러 당사자에게 영향을 끼칠 수도 있으므로, 나는 이러한 권력이 행위자에 의해 행해진다는 [좀 더] 본질적인 점에 초점을 맞추고자 한다. 그리고 이를 **행**

위자적 권력agential power으로 명명할 것이다. 반면, 권력은 **순수하게 구조적으로**, 그 권력을 행사하는 특정한 행위자 없이 작동하기도 한다. 예를 들어, 모종의 복잡한 사회적 이유로 인해 특정 사회 집단의 구성원이 투표를 하지 않는 경향을 보이는, 즉 비공식적으로 투표권을 잃은 경우를 생각해보자. 그 어떤 사회적 행위자도 그들을 민주적 과정에서 배제하지 않았음에도 그들은 배제되며, 그 배제는 사회적 권력이 작동하고 있음을 드러낸다. 이 경우, 권력이 사회 체계 전반에 분산되어 그들의 행동에 영향을 미치고 있으며, 그 권력에 주체는 없다고 보아야 할 것이다. 푸코의 작업은 순수하게 구조적인 양식으로 작동하는 권력의 역사적 사례를 제시한다. 그는 제도화된 담론적·상상적 습관*이 역사적으로 변화하는 시기에 작동하는 권력 유형을 기술하며, 권력이 순수하게 구조적으로 작동할 수 있는 몇몇 방식들을 보여준다. 예를 들어, 그는 특정 범죄자를 '비행자delinquents'로 분류하는 관행이 전문화된 의학적·법적 담론의 일부로 출현하는 과정을 그 사례로 제시한다.³ 이와 같은 변화는 전체론적으로 작동하는 권력관계 체계의 결과로서 발생하며, 개인이나 기관과 같은 특정 행위자가 권력을 보유하는지 여부로는 잘 설명되지 않는다. 나아가 순수하게 구조적인 권력 작동에서는 사람을 권력의 주체나 객체로 여기는 것보

---

* 이 책에서는 'discourse' 및 'discursive'의 역어로 '담화' 및 '담화적'을 채택했으나, 푸코의 논의에서는 '담론' 및 '담론적'이라는 번역어가 널리 사용되고 있다는 점을 고려해 푸코가 직접 언급되는 경우에 한해서는 '담론' 및 '담론적'이라는 역어를 사용했다.

인식적 부정의

다, 오히려 권력의 '운반자_vehicles'[4]로 기능한다고 여기는 것이 전적으로 적절하다. 이 경우 사회적 권력으로서의 능력은(이러한 능력은 사회 체계 전반에 산재해 있다) 주체 없이 작동하기 때문이다. 즉 한 측면에서는 하나 이상의 사회적 행위자가 다른 하나 이상의 사회적 행위자에 대해 (적극적 혹은 소극적으로) 행사하는 사회적 권력의 행위자적 작동이 존재하고, 다른 한 측면에서는 순수하게 구조적이고 주체가 부재하는 권력의 작동이 존재한다고 말할 수 있다.

그러나 권력의 행위자적 작동에서조차 권력은 이미 구조적 현상이다. 권력은 언제나 다른 사회적 행위자와의 실천적 공조_co-ordination에 의존하기 때문이다. 토머스 와텐버그_Thomas Wartenberg가 주장했듯, 이항적 권력관계는 '사회적 타자'와의 조정에 의존하며, 따라서 "사회적으로 위치지어져"[5] 있다. 모든 권력의 작동은 공유된 제도, 의미, 기대 등과 같이 사회적 세계가 기능하는 맥락에 달려 있으므로, 권력이 사회적으로 위치지어져 있다는 점은 매우 일반적으로 성립할 수 있다. 그러나 와텐버그의 요점은 이러한 일반적 주장보다 더 구체적이다. 그는 모든 권력관계는 특정한 사회적 타자의 행위와의 조정에 좀 더 직접적이고 강하게 의존한다고 주장한다. 그는 대학교수가 학생들의 과제물에 성적을 부여할 때 학생들에 대해 갖는 권력을 예로 제시한다. 물론 교수의 이러한 권력은 대학이라는 제도나 성적 부여 시스템과 같은 사회적 맥락에 대체로 의존한다. 그러나 이러한 권력은 좁은 부류의 사회적 타자, 예컨대 성적을 참고하는 잠재적 고용주의 행위와의 공조에 좀 더 직접적으로 의존하기도 한다. [고용주와 같은] 다른 사회적 행위자 집단의 행위와의 공조가 없다면 학생들의 미래와 교수의 성적 부여 사이의 연관성은 사라질 것이며, 따라서 교수의 행위는 학생들의 행동에 영향을 미치지 못할 것이다. [와텐버그가 말한] 이런 식의 구체적인 공조는, 모든 권력관계가 좀 더 직접적으로 의존하는 사회적 '정렬alignment'을 이룬다. 혹은 더 정확하게는, 사회적 정렬이 부분적으로 권력관계를 구성한다.

와텐버그의 요점은 명백히 옳다. 나아가 이러한 지적은 권력이 사회적으로 분산된 '그물 같은 조직'이라는 푸코의 아이디어에서 무엇이 옳았는지를 이해하는 데 도움이 될 수 있다―물론 다른 한편으로, 누군가는 권력이 '결코 누구의 손에도 있지 않다'는 푸코의 주장을 과장으로 간주해 거부할 수도 있다.[6] 앞선 사례에서 대학교수는 학생들에게 성적을 부여하는 권력을 실제로 지니고 있지만, 동시에 그 권력은 일련의 사회적 타자와의 실천적인 공조에 직접적으로 의존한다. 즉 교수는 권력관계의 넓은 네트워크 안에서 점하는 위치로 인해 권력을 소유하게 된다. 이러한 실천적 공조의 발상은 완전히 일반적인 것이며, 사회 세계의 어떤 일이든 그 일이 이뤄지기 위해 필요한 권력에는 실천적 공조가 적용된다. 예를 들어, 수표를 현금화할 수 있는 나의 권력은 은행원 및 다른 다양한 사회적 행위자와의 실천적 공조에 달려 있다. 그러나 우리는 (수표를 현금화하는 것과 같은) '사회적 능력social ability'이라는 개념보다 더 특수한 '사회적 권력social power'이라는 개념을 정립하고자 애쓰는 중이다. 그렇다면 사회적 권력에 고유한

인식적 부정의

것은 무엇인가? 이 질문에 대한 고전적인 답은, 권력에는 누군가의 객관적 이익의 좌절이 포함된다는 것이다.[7] 그러나 이러한 응답은 권력에 대한 지나치게 편협하고 부정적인 개념화인 것으로 보인다. 누구의 이익에도 반하지 않는 권력의 작용이 다수 존재하기 때문이다. 예를 들어, 대학교수의 성적 부여가 반드시 학생들의 이익을 좌절시킬 필요는 없다. 이에 대해 와텐버그는 학생의 과제물에 성적을 부여하는 교수의 능력을 사회적 권력의 문제로 만드는 것은 학생이 교수의 능력을 "자신이 필요로 하거나 원하는 특정한 것들을 통제하는 것으로" 마주하게 되기 때문이라고 지적한다.[8]

와텐버그의 이러한 개념화 방식은 다양한 행위자적 권력관계를 적절하게 설명해낸다. 그러나 우리의 목표는 (행위자적 권력뿐만 아니라 순수하게 구조적인 권력 작동까지도 포괄하는) 사회적 권력에 적용할 수 있는 개념을 확립하는 데 있으며, 사회적 정렬이라는 와텐버그의 아이디어는 이를 위해 고안된 것이 아니다. 그럼에도 나는 통제라는 발상이 핵심적으로(다만 약간은 더 포괄적인 모습으로) 남아 있는 개념화 방식이 가능하다고 생각한다. 특정 행위자가 다른 행위자의 행위를 통제하는 문제든, 사람들의 행위가 순수하게 구조적으로 통제되는 문제든, 와텐버그의 사회적 정렬 개념이 반영하는 사회적 권력의 근본적 특징은, 모든 사회적 권력이 **사회적 통제에 영향을 미치는 것**에 그 핵심을 두고 있다는 점이다. 우선 행위자적 권력관계에서 한 주체는 다른 주체 혹은 다른 주체들의 행위를 통제한다. 또한 순수하게 구조적인 권력 작동에서는 비록 권력의 주체는 없지만 행위를 통제받는 객체는 언제나 존재한다. 앞서 언급한 비공식적으로 투표권을 박탈당한 집단이나, 푸코의 《감시와 처벌》에 등장하는 '비행자' 같은 경우가 그 대표적 사례이다. 이런 사례에서는 권력 작동의 이면에 특정한 행위자가 없음에도 통제되는 것으로 묘사되는 사회집단이 언제나 존재하는데, 순수하게 구조적인 권력 작동은 주어진 사회질서를 창조하거나 유지하면서 통제를 수행하기 때문이다. '비행자'의 탄생과 함께 어떤 전문화된 이론적 담론의 주제로서 특정한 주체의 위치가 만들어지고, 어떤 사회집단에 대한 선거권 박탈로 해당 집단의 이익은 정치적으로 희생될 수 있는 것이 된다.

이를 종합해, 나는 사회적 권력에 대해 다음과 같은 개념화 방식을 제안한다.

타인의 행위를 통제할 수 있는, 실천적 방식으로 사회적으로 위치지어진 능력. 이러한 능력은 특정한 사회적 행위자에 의해 (적극적으로 혹은 소극적으로) 행사될 수도 있고, 순수하게 구조적인 방식으로 작동될 수도 있다.

우리는 사회적 권력이라는 개념을 저항과 관련된 개념으로 사용하는 경향이 있지만(대체로 우리는 무언가에 반대하고자 할 때에만 권력이라는 개념을 외친다), 여기서 내가 제안한 개념은 사회적 권력이라는 발상 자체는 그보다 더 중립적이라는 사실을 반영한다. 물론 사회적 능력이라는 발상만큼 중립적이지는 않지만 말이다. 그렇다면, 권력의 행사가 누구에게나 나쁜 것은 아니라는 점을 허용하는 것이 옳다. 다른 한편으로, 통제라는 발상을 사회적 권력 개념의 중심에 둠으로써 적절한 비판적 성찰이 가능해진다. 즉 우리는 권력이 작동하는 모든 곳에 대해 누가, 무엇이 누구를, 왜 통제하고 있는지 질문할 준비가 되어 있어야 한다.

2.
정체성 권력

지금까지 다룬 유형의 사회적 공조는 단순히 타인의 행위와의 공조의 문제였으며, [따라서] 순수하게 실천적인 공조였다. 그러나 실천적 사회 공조뿐 아니라 **상상적** 사회 공조를 함께 요하는 사회적 권력의 종류가 적어도 하나 이상 존재한다. [그 하나의 예로] 사회적 정체성에 대한 개념화 방식을(즉 여성 혹은 남성이 된다는 것이, 동성애자 혹은 이성애자가 된다는 것이, 젊거나 늙었다는 것 등이 무엇인지 혹은 무엇을 의미하는지를 규정하는 집단적인 사회적 상상 속의 개념화 방식을) 공유하는 행위자들에 의존적인 방식으로 작동하는 권력이 있을 수 있다. **정체성 권력**은 사회적 정체성에 대한 공유된 상상적 개념화 방식에 상당 정도로 의존하는 권력의 작동이 있을 때 작동한다. 젠더 또한 정체성 권력의 한 영역으로, 일반적인 사회적 권력과 마찬가지로 적극적으로도, 소극적으로도 행사될 수 있다. 젠더 정체성 권력은, 예컨대 남성이 여성의 행위에 영향을 미치기 위해(가령, 여성으로 하여금 자신의 말을 따르게 만들기 위해) 자신의 남성으로서의 정체성을 사용하는 경우 (의도치 않았다 하더라도) 적극적으로 행사된다. 앞서 살펴보았던 영화 〈리플리〉에서 그린리프가 마지에게 "여자의 직감도 좋지만 팩트라는 게 있어"라고 말했던 것처럼, 누군가는 자신이 남성이고 상대가 여성이라는 사실 때문에 상대를 하대하고도 그로부터 쉽게 빠져나갈 수 있을지도 모른다.[9] 실제로 영화 속 그린리프는 살인자 리플리에 대한 마지의 의심을, 자신이 남성으로서 필연적으로 지니게 된 정체성 권력을 통해 침묵시킬 수 있었다. 이때, 명백히 적극적인 정체성 권력의 사용조차 무의식적으로 이뤄질 수 있다. 이 영화는 1950년대를 배경으로 하고 있으며, 그린리프는 그가 보기에 감정으로 가득 차 굉장히 괴로워하는 마지가 그 자신이 좀 더 객관적이라고 여기는 견해를 취할 수 있도록 순수하게 설득하고 있었을 뿐이었다. 그는 자신이 마지를 침묵시키기 위해 젠더를 이용하고 있다는 점을 알아차리지 못했을 수 있으며, 자신이 했던 일이 오히려 선의와 자애로운 온정 속에서 이뤄졌다고 생각할 수도 있다. 그러나 그의 의도와 무관하게 그것은 정체성 권력을 행사하는 행위라 할 수 있다.

마지를 침묵시키는 행위를 수행한다는 점에서, 그린리프의 정체성 권력은 적극적으로 행사되고 있다. 그는 '지나치게 직관적이어서 충분히 합리적이지 못하다'라는 여성성feminity에 대한 집단적인 개념화 방식collective conception을 효과적으로 불러일으킴으로써 상대를 침묵시킨다.[10] 그러나 다른 사회적 상황에서는 남성이 여성을 침묵시키기 위해 어떠한 행위를 **할** 필요조차 없을 수도 있다. 여성은 단순히 그가 남성이고 그녀가 여성이라는 사실만으로

인식적 부정의

이미 침묵당하고 있을 수 있다. 예를 들어, 젠더가 '여성은 합리적이기보다 직관적이다'라는 것을 넘어, '여성은 남성에게 말대꾸해서는 안 된다'라는 방식으로 구축되어 있는 사회적 맥락을 상상해보자. 그런 사회적 상황에서라면, 앞선 사례에서의 그린리프는 (여성인 상대를 침묵시켰던 남성으로서의 권력과) 동일한 권력을 오히려 소극적인 방식으로 행사했을 것이다. 말하자면, 그는 단지 남성이라는 사실만으로 정체성 권력을 행사할 수 있었을 것이다. [이처럼] 정체성 권력의 작동은 적극적이든 소극적이든 상상적 사회 공조에 매우 직접적으로 의존한다. 즉 두 주체가 남성이 된다는 것은 무엇이고 여성이 된다는 것은 무엇인지에 대한 집단적 개념화 방식을 공유하고 있어야만 하는 것이다. 여기서의 집단적 개념화 방식이란 어떤 사안에서 남성과 여성 각각이 지니는 권위에 대한 고정관념을 뜻하며, 이때의 고정관념은 왜곡된 것일 수도 있고, 아닐 수도 있다. 또한 여기서 주의할 점은, 정체성 권력이 작동하기 위해 양쪽 당사자들이 의식적인 수준에서 고정관념을 진실한 것으로 받아들일 필요는 없다는 것이다. 설사 자신을 침묵하게 만들었던 고정관념의 왜곡적 본성을 완전히 자각하고 있었다고 할지라도, 마지가 침묵당할 수밖에 없었다는 것이 그리 놀라운 일은 아니다. 정체성 권력의 작동 과정에서 활성화되는 다양한 사회적 정체성에 대한 개념화 방식이 주체나 객체에게 믿음 수준에서 받아들여질 필요는 없다. 왜냐하면 정체성 권력은 일차적으로 집단적인 사회적 상상의 수준에서 작동하기 때문이다. 결과적으로 정체성 권력은 우리의 믿음에도 불구하고 우리의 행위를 통제할 수 있다.

정체성 권력은 일반적으로 다른 유형의 사회적 권력과 맞물려 작동한다. 서로 다른 계급에 비대칭적인 실천적·담화적 행위지침을 부여하는 경직된 계급 체계를 포함하는 사회질서를 생각해보자. 예를 들어, 옛날의 (그러나 비교적 최근까지도) 영국 '신사'는 '노동계급의 구성원'이 자신에게 친근하게 말을 걸어오면 '건방지고' '불손하며' '무례하다'고 비난했을지 모른다. 그러한 사회에서 신사는 상대를 해고하는 등의 방식으로 그에게 명백한 물질적 권력을 행사할 수 있었을 것이다. (이를테면, 상대는 자신의 후원이 필요한 회사의 판매원이었을 수도 있다.) 반면, 그러한 비난은 정체성 권력의 작동에 의해 뒷받침되어 상상적 차원에서 정당화될 수도 있었을 것이다. (그를 신사로, 상대를 평범한 판매원으로 여기는 사회적 개념화 방식은 상대의 '건방짐'에 앙갚음할 수 있는 신사의 능력을 부분적으로 설명해준다.) 신사의 정체성은 신사가 여타의 사회적 유형의 사람들에게 어떤 대우를 받아야 하는지에 대한 일련의 가정을 동반하며, 이러한 규범적 장식들 덕분에 단지 정체성 범주일 뿐인 '신사'가 좀 더 물질적인 형태의 사회적 권력 행사를 강화할 수 있다. 그럼에도 정체성 권력 그 자체는 공유된 개념화의 차원 혹은 상상된 사회적 정체성의 차원에서 작동하므로(가령 앞선 신사의 사례에서 정체성 권력은 신사가 된다는 것은 무엇인지, 평민이 된다는 것은 무엇인지의 차원에서 작동한다) 비물질적인 것, 즉 완전히 담화적이거나 상상적인 것이다. 계급이나 젠더와 같은 사회적 정체성의 범주들은 상상적 측면 이외에도 물질적 함의를 지닐 것이므로, 정체성 권력은 사회적 정체성 범주의 한 측면일 뿐이다.

그렇다면 정체성 권력이 순수하게 구조적으로 작동할 수 있을까? 실제로 정체성 권력은 종종 순수하게 구조적인 형태를 취하는 것으로 보인다. 이와 관련해 앞서 살펴본 선거권 박탈의 사례로 돌아가보자. 우리는 비공식적으로 선거권이 박탈된 집단을 상상할 수 있었다. 가령, 특정 집단의 사회적 정체성이 정치에 대해 숙고하거나 토론하지 않는 것으로 집단적으로 상상됨으로써, 그 집단의 구성원이 투표를 하지 않는 경향이 나타날 수 있다. 비공식적으로 선거권이 박탈된 집단의 구성원은 '우리 같은 사람은 정치에 관심이 없어'라고 말하고, 투표에 참여하지 않는다. 반대로, 정체성 권력이 투표에 참여하는 집단들 사이에서 작동하는 모습도 떠올려볼 수 있다. 우리 중 많은 이들을 투표하도록 만드는 요인 중 하나는, '우리 같은 사람은 정치적 참여를 하지'라는 집단적 상상 속 자기-개념화이다. 사회적 권력 일반과 마찬가지로 정체성 권력은 행위자적일 수도, 순수하게 구조적일 수도 있으며, 행위를 촉진하거나 제약할 수도 있고, 행위를 통제받는 행위자의 이익을 위해 작동할 수도, 그의 이익에 반하는 방식으로 작동할 수도 있다.

우리가 정체성 권력에 특별한 관심을 기울이는 이유는, 지식이 화자에게서 청자로 전달될 수 있는 종류의 담화적 교환discursive exchange, 즉 (가장 넓은 의미에서의) 증언적 교환testimonial exchange에 정체성 권력이 어떻게 관여하는지에 관심이 있기 때문이다. 나는 청자가 상대[화자]의 신뢰도를 자동적으로 평가하게 될 때, 휴리스틱heuristics*으로서 사회적 고정관념을 사용할 필요성이 발생한다고 생각하며, 따라서 정체성 권력이 증언 교환 메커니즘의 필수적인 부분이라고 본다. 고정관념을 이렇게 사용하는 것은 그 고정관념[이 무엇인지]에 따라 전적으로 적절한 것일 수도, 그릇된 것일 수도 있다. 특히, 만약 해당 고정관념이 화자에 대한 편견을 내재화하고 있다면 다음의 두 가지 결과가 초래된다. 첫 번째로, 증언 교환 과정에 인식적 오작동epistemic dysfunction이 발생한다. 즉 청자가 화자의 신뢰성을 과도하게 낮게 판단하고, 그 결과 [화자에 대한 올바른] 지식을 파악하지 못하게 된다. 두 번째로, 청자는 화자의 인식자knower로서의 능력을 그릇되게 훼손하는, 윤리적 악행을 저지르게 된다. 다음으로는 이러한 이중의 인식적·윤리적 오작동에 대한 탐구를 이어가고자 한다. 우선 정체성 권력이 우리의 담화적·인식적 관계에 미치는 영향이 윤리적으로나 사회적으로 가장 중대한 순간으로 곧장 나아가서, 그 권력이 수반하는 고유한 부정의인 **증언적 부정의**의 초상을 그려낼 것이다.

---

* 휴리스틱은 복잡한 문제를 빠르고 간단하게 해결하기 위해 사용하는 경험적이고 직관적인 접근법 혹은 규칙을 의미한다. 완벽한 해결책을 찾기보다는 제한된 정보와 시간 안에서 실용적이고 즉각적인 결정을 내리는 데 초점을 두는데, '발견법' 등으로 옮길 경우 이러한 의미를 충분히 살릴 수 없다고 판단해 음차하여 번역하는 방식을 택했다.

인식적 부정의

3.
증언적 부정의의 핵심 사례

증언 관행에서 발생하는 편견적 오작동에는 대략 두 유형이 있을 수 있다. 편견이 없었을 경우 화자가 받았을 신뢰의 정도보다 (1) 편견으로 인해 더 많은 신뢰를 받게 되거나(**신뢰성 과잉**), (2) 편견으로 인해 더 적은 신뢰를 받게 되는 경우(**신뢰성 결여**)가 발생할 수 있는 것이다. 하나의 사례로, 화자의 억양이 초래하는 즉각적인 담화적 영향을 생각해보자. 억양에는 청자가 화자를 지각하는 방식에 영향을 미치는 사회적 부하 social charge(이를테면 특정 교육적·계급적·지역적 배경)가 실려 있을 뿐 아니라, 많은 경우 그것은 인식적 부하 epistemic charge 역시 실어 나른다. 억양은 (특히 일회적 대화에서) 청자가 화자에게 얼마나 많은 신뢰를 부여하게 되는지에 상당한 영향을 미칠 수 있다. 여기서 나는 어떤 사람의 억양이 청자로 하여금(설령 심하게 왜곡된 편견을 지닌 청자라고 할지라도) 명백히 그럴듯한 특정 주장을 자동적으로 완전히 거부하게 하거나, 반대로 믿을 수 없는 어떤 주장을 완고히 믿게 만들 가능성이 높다고 말하려는 것이 아니다. 물론 그러한 상황도 가능하기는 하겠지만, 일반적으로 진실을 믿고 거짓을 믿지 않는 것이 청자에게 이익이 된다는 점을 감안할 때, 그것은 일상적이지 않은 맥락 속에서 매우 강한 편견이 존재할 때나 가능한 상황일 것이다. 내가 말하려는 것은, 편견이 화자에게 부여되는 신뢰를 은밀하게 부풀리거나 줄이는 경향성이 있다는 점이다. 그리고 이러한 경향성으로 인해 때로 청자가 [화자의 말을] 믿거나 수용하는 데 필요한 최소치를 넘게 되는, 혹은 넘지 못하게 되는 경우가 충분히 있을 수 있으며, 이 같은 편견으로 인해 [청자가] 일부 지식을 놓치게 되는 결과가 초래되기도 한다.

상대[화자]와 마주하여 증언을 교환하는 상황에서 청자는 특정한 **신뢰성**을 화자에게 부여해야만 한다.[11] 당연하게도 이러한 부여는 정확한 과학적 근거에 의해 규율되지 않으며, 따라서 이때 신뢰성 과잉 혹은 결여의 오류가 발생할 수 있다.[12] 전체적으로 볼 때 신뢰성 과잉의 발생은 화자에게 유리하게 작용할 것이며, 신뢰성 결여의 발생은 화자에게 불리하게 작용할 것이다. 그러나 어떤 국소적 맥락에서는 신뢰성 과잉이 불리함을, 신뢰성 결여가 유리함을 초래할 수도 있다는 것에 유의할 필요가 있다. 전자의 예시로, 과중한 업무에 버거워하고 있는 초보 의사에게 환자가 고도의 전문적 지식을 요하는 질문을 던진 상황을 생각해보자. 초보 의사는 그 질문에 충분히 책임 있게 대답할 수 있는 위치에 있지 않지만, 그럼에도 그는 환자들이 [무언가를] 문의할 수 있는 유일한 정보원이기에 최선을 다해 응답해야만 한다. 환자는 그 초보 의사가 자신에게 필요한 정보를 줄 수 있는 위치에 있다고 가정하고, 그 질문과 관련해 그에게 과잉 신뢰를 부여하고 있는 것이다. 이때 의사가 자신의 전문성에 대한 환자들의 부풀려진 견해를 남용하지 않으려 솔직하게 해명하는 시도가, 오히려 의사에 대한 확신을 깨뜨림으로써 환자-의사 관계에 손상을 입히는 상황을 가정해보자. 초보 의사는 자신의 조언이 (비록 최선을 다

인식적 부정의

한 것임에도) 환자들의 중요한 건강 문제를 잘못된 방향으로 이끌 지 모른다는 사실을 알고 있기 때문에, 이 모든 것은 그에게 윤리 적 부담이 된다. 초보 의사가 환자로부터 받는 과잉 신뢰는 그에 게 원치 않는 윤리적 부담을 발생시키므로, 우리는 신뢰성 과잉 이 불리할 수도 있다는 것을 확인할 수 있다.[13] 다른 유사한 사례 로, 같이 일하는 후배 교수에게 자신의 콘퍼런스 발표 자료에 대 한 논평을 부탁하고, 잘못된 부분을 발표 전에 바로잡기 위해 그 후배 교수의 비판적 피드백에 의존하는 교수의 예를 생각해보자. 후배 교수가 선배 교수를 우러러본 나머지 미심쩍은 부분까지 과 도하게 믿어버린다면, 그의 논평은 그렇게 과도하게 믿지 않았을 경우에 비해 덜 비판적일 것이며, 피드백을 부탁한 교수는 오히 려 실망하게 될 것이다. 이 경우에도 선배 교수가 받는 신뢰성 과 잉은 그 자신에게 불리하게 작용한다. 물론 전체적으로 보면 신 뢰성 과잉은 [화자에게] 더 유리하게 작용하겠지만, 이러한 경우 들에서는 불리하게 작용할 수도 있다.

그렇다면, 비록 일반적이지는 않더라도 신뢰성 결여가 유리 하게 작용하는 경우도 있을까? 훗날 로마의 황제가 된 클라우디 우스*의 사례를 생각해볼 수 있을 것이다. 그는 말을 더듬는 것 때문에 백치로 여겨져 계속해서 정치적 암살을 피할 수 있었다.

---

* 클라우디우스(기원전 10년~기원후 54년)는 로마제국의 제4대 황제로, 어려 서 말을 더듬고 걸음걸이에 장애가 있었던 것으로 알려져 있다. 기원후 41년 황제에 즉위하여 사망에 이르는 기원후 54년 전까지 약 13년간 로마제국을 통치했다.

혹은 1970년대 TV에 출현했던 독특한 콜롬보 형사 캐릭터를 떠올려보자. 그의 서투르고 엉망진창인 스타일은 오히려 조사 중인 사람들을 방심하도록 유인해 무방비 상태에서 질문을 주고받을 수 있게 만든다. 이처럼 특수하고 국소적인 맥락에서는 신뢰성 결여가 유리하게 작동할 수 있다. 그러나 신뢰성이 보통 누군가가 [사회적으로] 잘 기능하기 위해 충분히 확보해야 하는 것임을 생각해볼 때, 우리는 신뢰성 결여를 일반적으로 불리하게 작동하는 것으로 여겨야 할 것이다.

누군가는 일견 신뢰성 결여와 신뢰성 과잉 모두 증언적 부정의의 사례를 이룬다고 생각할 수 있다. 누군가가 단지 특정한 억양으로 인해 자신의 말에 대해 지나치게 높은 신뢰를 받는 것의 부정의를 토로하는 경우처럼, 신뢰성 과잉의 경우에도 '부정의'라는 개념이 자연스럽고 아주 적절하게 적용될 수 있는 것은 분명하다.[14] [분배적 불공정이라는 용어를 확장한다면] 이는 누군가가 공정한 몫보다 더 많은 재화를 갖게 된다는 점에서 분배적 불공정의 문제로 제기될 수도 있다. 하지만 신뢰성은 일반적으로 정의의 분배 모델에서 다루는 재화의 대상이 아니므로, 이는 [분배적 불공정이라는] 용어를 무리하게 사용하는 일일 것이다. 분배 정의의 계보에서 풍부하게 다뤄져온 부[富]나 의료 서비스 같은 재화와 달리, 신뢰성을 공정하게 분배하는 데에는 별다른 어려움이 없다. 신뢰성은 그 적절한 분배[의 여부]가 명백히 드러나는 개념이기 때문이다. 인식론적 측면을 제쳐둔다면, 청자의 의무는 분명하다. 청자는 자신이 상대에게 부여하는 신뢰의 수준을, 상대가 진실을 말하고 있다는 증거에 맞춰야만 한다. 더욱이 분배 모델에 가장 잘 들어맞는 재화들이 해당 모델에 잘 들어맞는 이유는, 그 재화들이 기본적으로 유한하고 (적어도 잠재적으로) 공급이 부족한 것들이기 때문이다. (풍요의 상황에서는 분배적 개념이 자연스레 발생하지 않는다는, 정의의 계보학에 대한 흄의 지적을 상기해보라.[15]) 그러한 재화를 둘러싸고서는 보통 경쟁이 발생하며, 이 점이 바로 분배 정의에서 윤리적 어려움이 발생하는 원인이 된다. 이와 대조적으로, 신뢰는 일반적으로 이런 식으로 유한한 것이 아니기에, 신뢰에 있어서는 분배를 요하는 경쟁 수요가 존재하지 않는다.

따라서 신뢰성 결여의 경우에서 우리가 추적하고자 하는 부정의는, 개인이 공정한 몫의 재화(여기서는 신뢰성)를 받지 못한다는 것으로 묘사될 수 없다. 오히려 이런 식의 설명은 화자에게 행해진 잘못의 고유한 측면을 포착하는 데 실패할 것이다. 따라서 여기서는 증언적 부정의를 고유하게 인식적인 부정의로서, **특히 누군가의 인식자로서의 능력에 잘못이 범해지는** 부정의의 한 유형으로서 탐구하고자 한다. 신뢰성 결여는 분명 그러한 잘못을 구성할 수 있는 반면, 신뢰성 과잉은 (드물게) 불리하게 작용할 수 있다고 하더라도 앎의 주체[인식자]로서의 화자를 훼손하거나, 모욕하거나, 그에 대해 적절히 취해져야 할 존중을 유보하지 않는다. 그렇기에 신뢰성 과잉은 그 자체로는 상대에게 어떤 인식적 부정의도 가하지 않으며, 따라서 증언적 부정의는 더더욱 가하지 않는다. 오히려 앞의 사례에서 초보 의사와 교수는 인식자로서의 능력 면에서 과도하게 호평받는다.

　　그러나 인식자로서의 능력을 과도하게 호평받는 것이 '증언
적 부정의'라고 이름 붙일 만한 종류의 해를 끼치는 상황이 존재
할 수 있는가? 하나의 가상적 사례로, 자신에게 압도적으로 유리
한 사회적 편견 때문에 자신을 둘러싼 주변 사람들에 의해 끊임
없이 인식적으로 부풀려져 자라온 사람을 상정해보자. 예를 들어
그가 지배 엘리트의 구성원이고, 그런 식의 메시지가 그의 마음
속에 확고히 스며들 수 있도록 교육과 양육 과정 전체가 섬세하
게 조율되어 있다고 가정해볼 수 있다. 아마도 그가 소속되어 있
는 학교의 학생들은 특유의 억양과 확신에 찬 태도를 통해 스스
로를 인식적으로 권위 있는 존재로 나타내는 데 익숙할 것이다.
계급사회 속에서 그가 대부분의 대화 상대들로부터 받는 과잉 신
뢰는 분명 의심할 바 없이 유리하게 작용할 것이다. 예를 들어 그
는 고용에서 유리한 지위를 점할 가능성이 높으며, 여러 담화 교
환에서도 자동적으로 더 높은 지위를 점할 가능성이 높다. 그러
나 이것이 그의 인식적 오만함을 촉진하고 여러 인식석 덕들을
갖추지 못하게 만들어, 폐쇄적이고 교조적이며 비판에 무감각하
게 만든다면 어떨까? 그런 사람은 말 그대로 일정 부분 어리석어
지는 것이 아닐까? 만약 그렇다면, 그의 인식적 성품을 변형시킨
일련의 신뢰성 과잉이 일종의 증언적 부정의에 해당한다는 발상
이 꼭 불가능한 것일까? 결국 이는 그의 인식자로서의 능력에 잘
못이 범해진 명확한 사례가 아닌가? 나는 이에 대한 대답은 '그렇
다'일 것이라 생각하며, 이는 아마도 증언적 부정의의 흥미롭고

　　　　　인식적 부정의

특별한 사례에 해당할 것이다. 그러나 지금까지 우리가 초점을 맞춰왔던 부정의의 개별 사례와 다르게, 이것이 **누적적**cumulative이라는 점에 유의하자. 그 누구도 그에게 충분히 잘못을 범하지 않았다는 점에서, 나는 그가 받는 과잉 신뢰의 어떤 개별적 순간도 그 자체로 증언적 부정의의 사례로 묘사되어서는 안 된다고 생각한다. 신뢰성 과잉의 각 순간이 장기간에 걸쳐 주체에게 인식적으로 잘못이 범해지는 데 기여한다는 것은, 오직 그런 순간들이 반쯤은 공상적인 방식으로 충분히 누적되는 경우에서만 가능하다. 결과적으로, 사회적 권력의 특권적 위치에 지속적으로 속해 있는 일부 사람들이 누적적 형태의 증언적 부정의라는 변종의 증언적 부정의를 겪는다고 할지라도, 나는 이러한 사례가 신뢰성 과잉의 어떤 개별 사례가 증언적 부정의를 구성한다는 것을 보여주지는 않는다고 생각한다. 그렇기에 증언적 부정의는 기본적으로 신뢰성 과잉의 문제가 아니라 신뢰성 결여의 문제로 남겨진다.

이제 신뢰성 결여의 한 형태로 받아들여진 증언적 부정의 개념을 검토해보자. 이때 유의해야 할 것은 편견만이 신뢰성 결여를 유발할 수 있는 것도 아니며, 모든 종류의 신뢰성 결여가 증언적 부정의의 사례에 해당하는 것도 아니라는 점이다. 신뢰성 결여는 단지 윤리적으로도 인식적으로도 비난할 수 없는 **무고한 오류**로 인해서도 발생할 수 있다. 무고한 오류는 언제나 존재하기 마련인데, 이는 인간의 판단은 틀리기 쉬우며, 따라서 가장 노련하고 통찰력 있는 청자들조차 때로는 화자의 신뢰성에 대해 잘못된 판단을 내리는 것을 피할 수 없다는 점에 기인한다. 좀 더 구체적으로 청자는 화자의 전문성 혹은 동기motivation에 대해 단순히 잘못된 믿음을 가질 수도 있으며, 이로 인해 화자에게 더 낮은 신뢰성을 부여하게 될 수도 있다. 청자의 잘못된 믿음 자체를 윤리적으로나 인식적으로 비난할 수 없는 한(예컨대 그 믿음이 부도덕한 혐오나 인식적 부주의에서 비롯되지 않은 한), 화자의 신뢰성에 대한 오판에서 청자를 비난할 만한 부분은 없을 것이다. 이는 다른 익숙한 경우들에서처럼 단지 불운한 인식적 실수일 뿐이다.

예를 들어, 윤리학자인 청자가 자신의 대화 상대가 특정 연구기관에 속한 학자임을 아는 상황을 생각해보자. 상대의 이름을 검색한 청자는 웹상에서 해당 기관이 의료 관련 기관이라는 것을 발견해 이를 근거로 상대가 의사라고 믿게 되었다. 그리고 대화의 주제가 청자 자신의 전공 영역인 도덕적 허구주의moral fictionalism에 대한 현재의 논쟁으로 전환되었다고 하자. 그런데 놀랍게도 상대가 허구주의적 접근 방식에 비판적 견해를 표현한다면, 상대를 의료인으로 생각하고 있는 청자는 (상대를 동료 윤리학자로 생각할 때보다) 상대의 말에 낮은 신뢰성을 부여할 것이다. 그러나 사실 상대는 의료윤리학을 전공한 윤리학자였고, 단지 의료기관에 고용되어 있을 뿐이었다. 상대의 직업 정체성에 대한 청자의 잘못된 믿음으로 인해 화자에 대한 신뢰성 결여가 초래된 것이다. 그럼에도, 이 경우 청자의 오판이 화자에게 실제로 증언적 부정의를 초래하는 것은 아니다. 이것은 단지 무고한 오류일 뿐이다. 이런 유의 불운한 실수가 초래하는 신뢰성 결여는 증언적 부정의를

인식적 부정의

구성하지 않는다. 적어도 나는 증언적 부정의라는 개념을 좀 더 제한하여 사용할 것을 제안한다. 물론 우리 상상 속 청자가 대화 상대의 진짜 직업적 정체성을 알게 되어 당황한 나머지, 자신이 상대에게 그런 '부정의'를 저지른 것을 후회하노라고 말한다 하더라도 그것이 터무니없는 언어 사용은 아닐 것이다. 그러나 이는 매우 약한 의미에서의 부정의에 해당할 것이다. 이는 단지 그 단어가 갖는 일상적인 윤리적·정치적 의미의 그림자에 불과할 것이며, 도덕적 나쁨에 대한 일반적 함의는 담고 있지 않을 것이다. 물론 이는 대개 용어상의 문제로, 만약 다른 사람들이 단어의 외연 설정과 관련한 나의 제안에 동의하지 않는다면, 무고한 오류의 경우들이 약한 형태의 증언적 부정의를 초래한다고 간주할 수도 있을 것이다. 그러나 나는 부정의라는 용어를 청자의 오판에 윤리적으로 나쁜 점이 있는 경우만을 위해 남겨놓고자 한다.

그렇다면, 윤리적으로는 무고하지만 인식적으로는 비난할 만한 오류에 의해 신뢰성 결여가 야기된 경우는 어떨까? 앞선 사례를, 윤리학자가 너무나 부주의한 웹 검색의 결과로 상대의 직업을 잘못 파악한 경우로 변경해보자. 이 경우에서도 나는 청자가 상대에게 부여하는 신뢰성 결여가 여전히 증언적 부정의에 해당하지 않는다고 생각한다. 청자는 단순히 어리석은 실수를 저질렀을 뿐이며, 신뢰성 판단에서의 화자에 대한 부당한 저평가는 인식자로서의 상대를 훼손하거나 모욕하지 않았다. 청자의 오류에 관해 인식론적으로는 비난할 만하지만, 그것의 윤리적 비난 불가능성이 여전히 그 신뢰성 결여를 증언적 부정의에는 해당하지 않도록 만드는 것으로 보인다. 즉 윤리적으로 비난할 수 없는 실수가 화자를 훼손하거나 다른 방식으로 화자에게 잘못을 범할 수는 없다. 증언적 부정의의 윤리적 독소_ethical poison_는 청자의 판단 자체에서 비롯되어야만 하는데, 청자의 오류가 윤리적으로 비난할 만한 것이 아닌 경우에는 그러한 윤리적 독소가 존재하지 않는 것으로 보인다. 내가 제안하고자 하는 것은, 여기서 말하는 윤리적 독소가 바로 **편견**이라는 점이다. 우리는 역사의 여러 시점에서 신뢰성 판단의 맥락과 명백하게 관련된 편견의 암울한 사례들 다수를 발견할 수 있다. 여성은 비합리적이라는 관념부터 흑인은 백인보다 지적으로 열등하다, 노동계급은 상류계급보다 도덕적으로 열등하다, 유대인은 악랄하다, 동양인은 교활하다 등 신뢰성 판단에 영향을 미쳐온 암울한 상투적 문구의 목록들이 존재한다. 이러한 철학적 상상을 좀 더 섬세하게 포착하기 위해, 역사적 진실을 드러내는 허구인 문학적 사례를 통해 설명을 이어가고자 한다.

그 예시는 하퍼 리_Harper Lee_의 소설 《앵무새 죽이기》에 등장한다. 때는 1935년, 장면은 앨라배마주 메이컴 카운티의 법정이다. 피고인은 톰 로빈슨이라는 젊은 흑인 남성이었는데, 그는 백인 소녀 마옐라 유얼을 강간한 혐의로 기소되었다. 그 소녀와 가족이 사는 허름한 집은 로빈슨이 매일 일터로 향하는 길 위에 있었고, 그곳은 백인과 흑인이 사는 곳을 가르는 마을 변두리의 접경지대이기도 했다. 독자들 혹은 상대적으로 편견이 덜했던 법정 내 사람들에게, 로빈슨이 전적으로 결백하다는 사실은 명백한 것이었다. 로빈슨의 변호를 맡은 애티커스 핀치는, 로빈슨이 그날 소녀가 입은 상처와 타박상을 유발할 수 없다는 점을 의심의 여지 없이 증명해냈다. 상처의 특성상 그녀를 폭행한 사람은 왼 주먹을 사용하는 사람이었지만, 로빈슨은 어린 시절의 기계 사고로 왼팔에 장애가 있었던 것이다. 재판 절차는 어떤 의미에서 증거와 인종적 편견이 서로 직접적으로 힘을 겨루는 과정이었으며, 모두 백인으로 구성된 배심원들은 결국 인종적 편견에 무릎을 꿇게 된다. 그러나 그 과정에 관여된 심리는 매우 미묘하며, 배심원단이 로빈슨을 화자로서 어떻게 지각할 것인지를 결정하는 데는 매우 복잡한 사회적 의미가 작동한다. 흑인 남성의 말과 가엾은 백인 여성의 말 사이에서 대결이 펼쳐지는 가운데, 인종 정치racial politics에서 '해야 할 것'들과 '하지 말아야 할 것'들이 법정의 공기를 가득 메우게 된다. 그 공간에서 진실을 말하는 것은 로빈슨을 지뢰밭으로 인도할 따름이었다. 그가 진실을 공개하고 백인 소녀를 비난한다면 그는 뻔뻔스럽게 거짓말을 하는 깜둥이Negro로 지각될 것이며, 반대로 (실제로 일어난 일인) 유얼이 자신에게 키스하려 시도했던 사실을 공개하지 않는다면 유죄 평결은 더욱 확실해질 것이기 때문이다. 법정의 이러한 담화적 곤경은, 유얼이 자신의 집에서 그를 붙잡았던 그 운명의 날에 그가 마주했던 실제의 곤경을 고스란히 재생시킨다. 만약 그가 자신을 붙잡은 그녀를 밀어내면, 그는 그녀를 폭행한 것으로 여겨질 것이다. 그러나 그가 수동적으로 그녀의 행위에 따른다고 하더라도 이 역시 똑같이 그녀를 폭행한 것으로 여겨질 것이다. 그래서 로빈슨은 그날 자신이 할 수 있었던 가장 중립적인 대처, 즉 도망치는 것을 선택한다. 이 행위 역시 범죄 후 죄책감의 표시로 받아들여질 수 있음을 알면서도 말이다. 길머 검사의 심문은 로빈슨의 도망이 그의 범행을 암시한다는 생각으로 가득 차 있다.

"왜 그렇게 빠르게 도망갔죠?"
"너무 겁이 나서 그랬습니다."
"당신이 분명한 양심에 따라 행동했다면, 왜 겁이 났던 걸까요?"[16]

메이컴 카운티의 흑인 남성이 도망친다는 것은, 그 자신의 유죄를 인정하는 것을 뜻할 뿐이었다. 마찬가지로, 그가 법정에서 말할 수 없고, 말한다고 해도 진실된 것으로 여겨지지 않을 많은 것들이 있었다. 예를 들어 검찰 심문 중 결정적인 순간에 로빈슨은 자신이 잡일을 하기 위해 유얼의 집에 정기적으로 들른다는 상냥한 동기에 대해 정직하게 말해버리는 실수를 저지른다. 길머 검사는 로빈슨을 다음과 같이 함정에 빠뜨린다. (이 전체 이야기는 오빠 젬과 함께 사건을 비밀리에 조사하는 애티커스 핀치의 어린 딸 스카웃의 관점에서 보고된다.)

"왜 그 여자의 일을 그렇게 해주고 싶었냐는 말이지요."
톰 로빈슨은 답변을 찾느라 잠시 머뭇거렸다.
"아무도 아가씨를 도와주는 사람이 없는 것 같았어요. 말씀드렸듯이—"……

인식적 부정의

길머 검사는 배심원을 향해 음산한 미소를 지었다.

"피고는 대단히 선량한 사람 같아 보이는군요. 이런 일을 동전 한 푼 받지 않고 했다는 겁니까?"

"네, 검사님. 아가씨가 상당히 불쌍하게 느껴졌어요. 다른 식구들보다 훨씬 많은 일을 하는 것 같아 보였어요."

"그녀가 불쌍하게 느껴졌다고요? 그녀가 불쌍하게요?"

길머 검사는 마치 천장으로라도 튀어 오를 기세였다.

증인은 자신이 실수를 저지른 것을 깨닫고는 불안해하며 의자에서 고쳐 앉았다. 그러나 이미 손상은 발생한 터였다. 아래층에 있는 배심원 그 누구도 톰 로빈슨의 답변을 좋아할 리 없었다. 길머 검사는 이것이 사람들의 가슴속에 깊이 스며들도록 오랫동안 말을 멈췄다.[17]

여기서 '손상damage'은 지금껏 흑인 증인에 대한 감정을 느낄 만큼 인간적이었던 백인 배심원단이 가진 모든 인식적 신뢰에 가해진 것이다. 만일 당신이 흑인이고, 동정의 대상이 백인이라면 **상대에게 불쌍함을 느끼는 것**은 금기시되는 감정이다. 백인 우월주의를 중심으로 구조화된 인종차별적 이념의 맥락 속에서, 백인의 눈에는 인간의 순수한 동정심이라는 근본적인 윤리적 정서조차 더럽혀져, [백인에 대한 흑인의 동정심은] 흑인 주체가 자신이 유리한 위치에 있다고 지각하고 있음을 나타내는 지표로 보일 뿐이다. 즉 흑인 남성은 백인인 상대의 삶이 아무리 힘들고 외로울지라도 백인에 대해 어떤 종류의 유리한 입장을 암시하는 감정을 갖도록 허용될 수 없다. 로빈슨이 대중 앞에서 자신의 감정을 표현한다는 것은 법적 정의와 (법적 정의가 의존하는) 인식적 정의에 재앙이 되는 방식일 뿐이다. 재판은 흑인 남성의 말과 백인 소녀의 말(혹은 어쩌면 사건을 법정에 제소한 그녀 아버지의 말) 사이의 제로섬 경쟁이며, 배심원단에는 흑인 남성이 인식적으로 신뢰받고 백인 소녀가 불신받는 상황을 떠올리는 것이 심리적으로 사실상 불가능한 사람들이 포진해 있다. 이런 상황에서 로빈슨이 백인 소녀에게 연민을 표한 것은 그 불가능성을 강화할 뿐이었다.

이처럼 배심원들은 당대의 인종적 고정관념에 근거해 형성된 피고인에 대한 편견적 지각을 고수하고 있다. 변호인 애티커스 핀치는 이런 편견적 고정관념을 없애기 위해 고군분투한다. 그가 말하듯, "**모든** 깜둥이는 거짓말을 하고, **모든** 깜둥이는 기본적으로 비도덕적인 존재들이며, **모든** 깜둥이 남자는 우리 여자들 주위에 믿고 내버려둘 수 없다"[18]는 나쁜 가정을 없애려는 것이다. 그러나 평결에서 배심원들은 (그들의 지각을 구조화하는) 편견에 의해 산출된 자동적 불신을 따랐고, 결국 로빈슨이 유죄라고 판단했다. 이때, 우리가 그 소설 속 배심원들이 정말로 로빈슨을 유죄라고 생각했다고 해석하는 것이 중요하다. 즉 그들은 마음속으로는 그를 결백하다고 여기면서도 냉소적으로 유죄 평결을 내리는 것이 아니다. 배심원들의 심리가 어느 정도 불확정적일 수 있음을 감안하더라도, 그들이 변호인 핀치가 다음과 같이 배심원들의 '의무'라고 말했던 것을 수행하는 데 진정으로 실패한다는 점이 중요하다.

"…… 배심원 여러분께서 맡은 바 의무를 다해주시기를 하나님의 이름으로 비는 바입니다."

아빠[애티커스 핀치]는 말을 멈추었고, 배심원에게서 돌아서면서 뭐라고 말씀하셨지만 나는 제대로 들을 수가 없었다. 법정에 말하고 있다기보다는 오히려 아빠 자신에게 말씀하신 듯했다. 나는 오빠 젬을 한 대 쳤다.

"지금 뭐라고 하신 거야?"

"'하나님의 이름으로, 그를 믿으라.' 내 생각에는 그렇게 말씀하신 것 같아."[19]

핀치는 배심원단에게 그들이 **로빈슨을 믿어야 할 의무**가 있음을 강조하고 있으며, 이는 배심원단의 심리에 대한 나의 해석을 뒷받침한다. 핀치는 배심원단이 해야 할 일은 올바른 판단을 내리는 것, 즉 인식적으로 올바른 일을 하는 것이라고 여긴다. 여기서 그는 배심원단으로 하여금 그들이 진정으로 피고를 유죄로 판단하는 경우에만 유죄 평결을 내릴 도덕적·법적 의무가 있음을 상기할 것을 촉구하고 있는 것이 아니다. 그는 편견이 배심원단 각자의 판단력에 영향을 미칠 정도로 심리적으로 깊은 곳까지 침투해 있다는 것을 알고 있었기 때문이다. 로빈슨에 대한 유죄 평결이 내려짐으로써, 배심원단이 증거에 비춰 적절한 증언적 판단testimonial judgement을 내릴 의무를 행하는 데 실패했음이 증명되었다. 핀치가 우려했던 것처럼, 배심원단은 로빈슨을 믿어야 할 자신들의 의무를 행하는 데 완전히 실패한 것이다. 그들 앞에 제시된 증거에도 불구하고, 배심원단이 화자로서의 로빈슨에 대해 갖는 요지부동의 편견적인 사회적 지각은 그들을 총체적인 인식적 실패와 (중대한 실제 결과를 초래하는) 끔찍한 윤리적 실패로 이끌었다. 결과적으로 로빈슨은 감옥 울타리 너머로 탈출을 시도하던 중 경비원의 바로 앞에서 총을 맞아 사망했고, 끝내 항소를 이어가지 못했다.

이때, 가장 혐오에 가득 찬 편견적 이념조차 노골적으로 혐오적인 생각과 말뿐 아니라 비교적 친근한 고정관념에 의해서도 유지될 수 있다는 데 주목할 필요가 있다. 한편, 인식적으로 신뢰할 만하지 않음epistemic untrustworthiness이라는 비교적 가벼운 주제가 《앵무새 죽이기》 전체에 걸쳐 반복되는데, 이는 궁극적으로 로빈슨을 죽음으로 이끄는 (인식적 신뢰로부터의) 치명적인 인종차별적 배제를 은은하고 부드럽게 반영한다. 스카웃이 그녀 가족의 친구이자 이웃인 모디씨와, 으스스한 이야기를 많이 들려주어 아이들을 매혹시키는 신비로운 청년 부 래들리(일명 아서씨)에 대해 이야기할 때도 이러한 측면이 드러난다. 스카웃은 모디씨에게 다음과 같이 묻는다.

> "아주머니는 그게 사실이라고 생각하세요? 아서씨에 대해 사람들이 말하는 것 모두 말이에요."
>
> "무슨 말 말이니?"
>
> 나는 모디 아주머니에게 말했다. ……
>
> "그건 4분의 3은 유색인들에게서 나온 말이고, 나머지 4분의 1

은 스테파니 크로퍼드 아줌마한테서 나온 말이야." 모디 아주머니는 단호하게 말씀하셨다.[20]

'유색인들'을 무책임한 험담과 연관짓는 것이 백인들에게 매우 자연스러운 문화임을 감안할 때(모디씨가 스카웃에 대해 보인 반응에서도 드러나듯, 이런 문화는 독립심 있는 정신의 소유자에게도 마찬가지로 존재했다), 이데올로기의 이렇듯 상대적으로 가볍고 부드러운 측면과, 흑인의 인식적으로 신뢰할 만함epistemic trustworthiness을 훼손하는 훨씬 더 가혹하고 명백히 부당한 측면 간의 [상호]지지 관계를 상상하는 것은 어렵지 않다. 이처럼 태도의 좀 더 가벼운 측면에는 혐오가 없을지라도, 이는 여전히 혐오 이데올로기 전반에 중요한 자양분이 될 수 있다.

톰 로빈슨의 이야기는 내가 철학적으로 묘사하고자 하는 증언적 부정의의 극단적 사례에 해당한다. 일견 이런 사례를 **편견적 신뢰성 결여**prejudicial credibility deficit라는 단어로 포착하고 이를 증언적 부정의에 대한 일반적 정의로 삼을 수도 있겠지만, 여기에는 로빈슨이 겪는 증언적 부정의의 중요한 특징이 누락되어 있다. 신뢰성 결여를 야기할 수 있는 여러 종류의 편견이 있지만 [많은 경우] 그 결과로 초래되는 증언적 부정의는 매우 국소적인 것이어서, 로빈슨과 같은 사례에서 분명히 드러나는 구조적인 사회적 중요성이 결여되어 있다. 예를 들어, 특정 연구방법론에 교조적인 편견을 지닌 어떤 과학 저널의 심사위원이 있다고 가정해보자. (나는 한 과학자가 내게 제안한 사례를 각색했다.) 만약 심사위원이 선호하지 않는 연구방법론에 기초해 가설을 제안한 논문 투고자가 심사위원의 편견에 의해 낮은 신뢰성을 부여받았다면, 그는 이에 대해 합당하게 불만을 제기할 수 있다. 이처럼 편견은 진정한 증언적 부정의를 발생시킨다. (글쓰기 또한 증언의 한 가지 방식이다.) 그러나 이러한 증언적 부정의는 논문 투고자의 경력과 심지어는 과학의 발전에까지 악영향을 끼칠 수 있을지언정, 그 주체의 삶에는 상당히 국소적인 영향만을 끼칠 것이다. 즉 여기서 문제가 된 특정 연구방법론에 대한 편견은 상대를 다른 종류의 (법적·경제적·정치적) 부정의에 취약하게 만들지 않는다. 이런 양상의 증언적 부정의를 **부수적**incidental이라고 말할 수 있을 것이다.

이와 대조적으로, 공통의 편견을 통해 다른 유형의 부정의와 연결되는 증언적 부정의는 **체계적**systematic이라고 말할 수 있을 것이다. 따라서 체계적인 증언적 부정의는 **단적인** 편견에 의해 형성되는 것이 아니라, 경제적·교육적·직업적·성적·법적·정치적·종교적 차원 등 사회 활동의 다양한 차원을 가로질러 대상이 되는 주체를 '추적하는' 편견에 의해 형성된다. 이러한 추적 편견tracker prejudice의 대상이 되는 것은 해당 개인을 증언적 부정의뿐 아니라 다양한 부정의 전반에 취약하게 만든다. 추적 편견이 증언적 부정의를 만들어낼 때, 증언적 부정의는 다른 종류의 실제적이거나 잠재적인 부정의와 체계적으로 연결된다. 인종적 편견은 톰 로빈슨을 증언적 유형의 부정의 이외에도 수많은 부정의에 노출되도록 만들었으며, 따라서 그가 겪은 증언적 부정의는 명백히 체계적이었다. 우리는 인식적 부정의가 사회 정의의 더 넓은 패턴에 어떻게 들어맞는지에 관심을 가지고 있기 때문에, 이러한 체계적인 증언적 부정의가 바로 우리가 다루고자 하는 핵심 사례에 해당한다.

이러한 방식으로 개인의 여러 차원을 추적해 작용하는 편견의 주된 (어쩌면 유일한) 유형은 사회적 정체성과 관련된 편견일 것이다. 이러한 유형의 편견을 **정체성 편견**identity prejudice이라고 부르자. 정체성 편견에는 (사회적 정체성의 어떤 특징에 근거해) 특정 개인에 대해 긍정적인 편견[긍정적 정체성 편견]과 부정적인 편견[부정적 정체성 편견]이라는 두 부류가 존재한다. 우리는 신뢰성 과잉보다는 신뢰성 결여의 경우에 초점을 맞추고 있기에, 부정적 정체성 편견을 좀 더 자세히 살펴보고자 한다. (실제로 나는 대체로 '정체성 편견'을 '부정적인 정체성 편견'의 줄임말로 사용할 것이다.) 정체성 편견이 청자의 신뢰성 판단에 영향을 미친다는 것은 곧 정체성 권력이 작용하고 있다는 뜻이다. 왜냐하면 이런 경우에서 정체성 편견의 영향은, 한쪽이 사회적 정체성에 대한 집단적 개념화에 의거해 다른 쪽을 효과적으로 통제하는(예컨대 지식 전달을 막는 등) 문제이기 때문이다. 앞의 《앵무새 죽이기》 속 사례에서 배심원들이 톰 로빈슨에 대해 낮은 신뢰성 판단을 내리고, 그 결과 마옐라 유얼의 집에서 일어난 일에 대한 자신의 지식을 전달할 수 없게 만들었을 때도, 인종적 정체성 권력은 이러한 방식으로 행사되고 있었다. 이것은 로빈슨의 운명을 결정짓는, (물론 이것이 전부는 아니겠지만) 법정 속 정체성 권력 행사의 핵심 과정이었다. 깜둥이에 대한 일반적이고 집단적인 부정적 상상을 불러일으키는 길머 검사의 단순하지만 매우 효과적인 법정 공방 전략은 정체성 권력의 작동을 더욱 공고하게 뒷받침해주었다. 이처럼 길머 검사는 고의적으로 배심원들을 통제했으며, 배심원들은 로빈슨의 행위를 통제하여 그가 자신들에게 지식을 전달하지 못하게 했다.

정체성 편견과 체계성이라는 개념을 통해 우리는 증언적 부정의에서의 핵심 사례, 즉 이른바 '체계적 사례'를 좀 더 세련되게 묘사할 수 있게 되었다. 화자는 청자의 정체성 편견으로 인해 신뢰성 결여를 받게 될 경우에, 그리고 오직 그 경우에만 증언적 부정의를 겪는다. 따라서 증언적 부정의의 핵심 사례는 곧 **정체성-편견적 신뢰성 결여**identity-prejudicial credibility deficit가 된다. 그러나 여기에도 예외가 있을 수 있다는 데 유의해야 한다. 즉 체계적인 증언적 부정의에 해당하지 않는 정체성-편견적 신뢰성 결여의 사례를 상상할 수 있다. 다음의 사례를 생각해보자. (이 사례는 한 과학철학자가 나에게 들려준 일화이다.) 과학자들과 과학사학자들이 주류를 이루고 있는 대규모 국제 학술대회가 있다. 그 구성원들 중 과학철학자는 극히 일부에 불과하다. 그곳에서 과학철학자들은 다른 대부분의 학자들로부터 과학적 실천의 현실과 동떨어진 이야기를 하는 존재로 간주되고, 내심 지적으로 멸시받고 있다. 이런 상황에서는 단지 '과학철학자'라는 정체성 범주에 속하는 것만으로도 그 사람의 발화가 현실과 동떨어진 헛된 공상으로 치부될 수 있다. 이는 정체성-편견적 신뢰성 결여의 진정한 사례이지만, 이러한 부정의는 체계적이라고 보기 어려우며 따라서 증언적

인식적 부정의

부정의의 핵심 사례에 해당하지 않는다. 이 편견은 정체성 편견임에도 추적 편견이 속하는 광범위한 정체성 범주와는 관련이 없다. 오히려 그것의 사회적 의의는 단지 특정 학술대회의 맥락에 매우 국한되어 있을 뿐이다. 따라서 그것은 단지 부수적인 증언적 부정의만을 초래한다.

증언적 부정의를 부수적인 것으로 분류하는 것은 그것을 윤리적으로 하찮은 것으로 치부하는 것이 아니다. 국소적인 편견과 그것이 낳는 부정의들은 (특히 그러한 부정의가 자주 반복되어 **지속적인** 상황에서는) 주체에게 완전히 재앙적인 결과를 초래할 수 있다. 예를 들어, 부정의가 발생하는 실천적 상황이 그 사람의 (직업이든 다른 것이든) 삶의 가치를 좌우하는 중요한 기획과 관련되어 있다면, 부수적 부정의가 축적되는 것만으로 그 개인의 삶은 망가질 수 있다. 체계성의 중요성은 단지, 증언적 부정의가 체계적이지 않다면 그것이 사회 정의의 넓은 패턴에 관심을 두는 관점에서는 핵심적이지 않다는 것 정도를 뜻할 뿐이다. '지속적'이라는 측면은 증언적 부정의의 심각성과 중요성의 통시적diachronic 차원을 나타내며, '체계적'이라는 측면은 공시적synchronic 차원을 나타낸다. 따라서 증언적 부정의의 가장 심각한 형태는 지속적이고도 체계적인 유형일 것이다. 톰 로빈슨의 사례가 바로 그런 경우다. 그는 자신의 말을 평가절하하는 편견이 반복적으로, 그리고 사회의 모든 단면으로 확장되어 작용한 나머지 모든 일상의 일들을 가로막는 사회에 살고 있기 때문이다. 반면 지속적이지도 체계적이지도 않은 증언적 부정의의 경우, 이로 인해 당사자가 매우 불리한 상황에 처하지는 않을 가능성이 높다. [한편] 체계적 부정의는 대개 지속되는 경향이 있다. 이는 관련한 추적 편견에서 나타나는 사회적 정체성에 대한 상상적 개념화 방식이, 사회적 상상에 있어서 지속되는 요소일 가능성이 높기 때문이다.

이제 우리가 관심을 갖는 핵심 사례가 체계적인 증언적 부정의임을 확인했으니, 다음으로는 정체성 편견이 어떻게 담화 교환에 영향을 미치게 되는지를 좀 더 자세히 살펴보자. 이를 위해서는 화자의 신뢰성에 대한 청자의 판단에서 고정관념이 어떤 역할을 하는지 탐색할 필요가 있다.

인식적 부정의

2장 신뢰성 경제에서의 편견

1.
고정관념과 편견적 고정관념

편견이 증언 교환 과정에서 화자의 신뢰성에 대한 청자의 판단을 왜곡시키는 기본 메커니즘은 무엇인가? 편견은 여러 방식으로 [신뢰성 판단에] 주입되어 영향을 끼칠 수 있지만, 나는 그런 영향이 우리가 신뢰성 판단에서 휴리스틱으로 활용하는 고정관념을 통해 주로 유입된다는 발상을 전개해보고자 한다. 나는 앞서와 마찬가지로 '고정관념'을 중립적인 의미로 사용할 것이며, 따라서 이때의 고정관념이란 신빙성이 있는 것과 없는 것 모두를 포함한다. 나는 그중 신빙성 있는 고정관념reliable stereotype은 청자가 신뢰성을 판단할 때 이용할 수 있는 합리적 자원의 부분proper part을 이룬다*고 주장할 것이다. 하지만 우리는 계속해서 [신빙성 있는 고

***

*   '부분을 이룬다'의 원어는 'be proper part'로, 철학 문헌에서는 주로 '진부분

정관념이 아닌] 편견적인 종류의 고정관념에 호소하기 쉬우며, 이 것이 우리가 청자로서 겪게 되는 곤경이라는 점을 이번 장에서 묘사해나갈 것이다.

우선 '고정관념'이 정확하게 의미하는 바가 무엇인지부터 분명히 해보자. 사회심리학 문헌들은 고정관념을 일련의 다양한 방식으로 개념화한다. 고정관념이라는 단어를 중립적으로 사용하는 나의 용법에 따르면, 고정관념들 중에는 신빙성이 없고 왜곡된 것뿐 아니라 경험적으로 신빙성 있는 것들도 존재할 수 있다. 따라서 고정관념에 대해 상당히 포괄적인 개념화 방식을 적용하는 것이 적절할 것이다.' 뒤에서 이미지로서의 고정관념을 고려하며 그 본성에 대해 좀 더 이야기하겠지만, 일단 지금은 고정관념이란 **'주어진 사회집단과 하나 이상의 특성들 사이에 성립하는 것으로 널리 받아들여지는 연관'**이라고 말해두고자 한다. 이는 세 가지 측면에서 포괄적인 개념화 방식이다. 첫째, 이는 해당 고정관념에 내재된 일반화가 신빙성을 갖는지 아닌지 여부에 대해 중립적이다. 둘째, 이러한 개념화 방식은 고정관념이 믿음뿐 아니라 다른 차원의 인지적 개입cognitive commitment*을 통해 보유될 가능성도 허용한다. 특히 집단적 상상으로부터 비롯되며 믿음보다

眞部分이다'로 번역하지만, 이 책에서는 가독성을 고려해 '부분을 이룬다'라는 좀 더 일상적인 용어로 번역했다.

* '인지적 개입'은 주체가 무언가(예컨대 명제 같은 것)에 인지적으로 관여하는 것을 의미하는 철학 용어이다. 대표적으로 '믿음belief'과 '지각perception'이 이러한 인지적 개입의 하위 유형에 해당한다.

는 덜 투명한, 정동적 측면을 가질 수 있는 인지적 개입들 역시 허용한다.[2] 셋째, 이러한 개념화 방식에서는 (해당 특성이 폄하적인지, 찬사적인지, 무차별적인지에 따라, 혹은 좋은지, 나쁜지, 중립적인지에 따라) 고정관념이 긍정적이거나 부정적인 값을 가질 수도 있고, 두 값 모두 갖지 않을 수도 있다.[3] 어떤 고정관념들은 맥락에 따라 긍정적인 값이나 부정적인 값 모두를 가질 수 있기 때문에, 그 어떤 확정적인 범주화도 거부한다. '여성은 직관적이다'라는 고정관념이 [이러한 유형의 고정관념으로] 딱 들어맞는 사례이다. '직관적'이라는 것이 비합리성을 시사하는 것으로 가정되는 맥락에서 해당 고정관념은 폄하로 작용하겠지만, 직관이 인지적 자산 cognitive asset 으로 간주되는 맥락에서 해당 고정관념은 찬사로 작용할 것이다. 혹은 여성은 직관적이라는 고정관념이 가시 돋친 칭찬처럼 작용하여, 긍정적인 값과 부정적인 값 모두가 모종의 방식으로 작용하는 맥락도 있을 수 있다.

만약 고정관념이 특정 집단과 어떤 특성 사이에 성립하는 것으로 널리 받아들여지는 연관이라면, 고정관념 형성 stereotyping 은 주어진 사회집단에 대한 어떤 경험적 일반화(이를테면 '여성은 직관적이다'와 같은)에 대한 인지적 개입을 수반한다. 물론 이때의 일반화는 강도에서 차이가 있을 수 있다. 따라서 극단적인 경우 고정관념을 형성하는 사람은 보편화하는 일반화('모든 여성은 직관적이다')에 [인지적으로] 개입할 수도 있고, 혹자는 스펙트럼의 반대쪽에서 매우 희석된 형식('많은 여성은 직관적이다')에 [인지적으로] 개입할 수도 있으며, 다른 누군가는 그 중간쯤의 정도로('대부분의 여성은 직관적이다') [인지적으로] 개입할 수도 있다.

우리가 신뢰성을 판단할 때 고정관념을 사용한다는 발상은 사회심리학 분야에서의 논의 흐름과 일치한다.

지난 수십 년에 걸쳐, 판단을 '이따금 비합리적인 필요와 동기에 의해 방해받곤 하지만, [기본적으로는] 합리적이며 논리적인 의사결정의 산물'로 보는 견해에서 판단자를 '휴리스틱 사용자'로 보는 견해로의 전환이 이뤄졌다. 비사회적인 판단에 대한 경험적 연구에 따르면, 지각자는 자신의 능력에 여유를 확보하고 가능한 한 빨리 정보를 전달하기 위해 단축된 방식이나 휴리스틱을 동원한다는 것이 밝혀졌으며, 최근의 사회심리학 연구들에서는 이러한 과정이 사회적 판단을 내리고 형성하는 데에도 적용된다는 것을 제안해왔다.[4]

청자는 화자가 말한 내용이 참일 가능성이 얼마나 될지를 즉각적으로 추정해야 하는 과제에 직면한다. 개별 화자에 대해 충분한 개인적 지식이 없을 때, 이러한 신뢰성 판단은 화자와 동일한 사회적 유형에 속하는 사람들의 인식적으로 신뢰할 만함—유능함competence과 신실성sincerity—에 대한 모종의 사회적 일반화를 반영할 수밖에 없다. 따라서 필연적으로 청자는 간편한 형태의 (신빙성 있는) 고정관념 속 일반화를 자동적으로 이용하게 된다(그리고 이는 바람직한 것이기도 하다). 휴리스틱의 이러한 도움이 없다면 그는 일상적인 증언 교환의 특징인 신뢰성 판단의 정상적인

인식적 부정의

자동성_{normal spontaneity}을 보여줄 수 없을 것이다. [하나의 예로] 믿을 만한 주치의에 대한 고정관념을 생각해보자. 이 고정관념 안에 자리 잡은 연관이 주치의에 대한 경험적으로 신빙성 있는 일반화를 담고 있는 것이라면, 주치의가 일반적인 의학적 조언을 제공할 때 그러한 고정관념이 우리의 신뢰성 판단 형성을 돕는 것은 인식적으로 바람직할 것이다. 대부분의 일상적 증언은 청자로 하여금 화자에 대한 사회적 분류 작업에 관여할 것을 요구하며, 이것이 바로 고정관념이 증언 교환을 매끄럽게 하는 방법이다.

하지만 해당 고정관념 안에 정체성 편견이 작동하고 있다면 어떨까? 여성, 흑인, 혹은 노동계급의 사람들과 같이 역사적으로 권력을 갖지 못했던 집단들에 대한 많은 고정관념들은 유능함이나 신실성, 혹은 그 둘 다와 반비례하는 어떤 특성과 연관된다. (과도하게 감정적임, 비논리적임, 열등한 지능, 진화적 열등함, 무절제, 제대로 된 가정교육을 받지 못함, 도덕성의 결여, 돈만 밝힘 등이 여기에 속할 수 있을 것이다.) 이러한 편견적 고정관념에 대해 첫 번째로 말하고자 하는 바는, 해당 연관이 거짓인 이상 해당 고정관념이 해당 사회집단에 대해 담고 있는 경험적 일반화에는 신빙성이 **없다**는 점이다. 하지만 이것만으로는 어떤 고정관념을 편견적인 것으로 만들기에 충분하지 않다. 왜냐하면 신빙성 없는 경험적 일반화를 구현해내는 고정관념이 전적으로 비난받을 만한 것이 아닌 실수, 즉 활용 가능한 증거들이 그릇된 경우와 같이 집단의 인식적 불운의 결과로 초래된 것일 수 있기 때문이다. 편견이라는 것은 가장 기본적으로는 **사전-판단**_{pre-judgement}이며, 이는 내재주의를 따라 증거와의 적절한 관련 없이 내려지거나 유지되는 판단으로 해석되는 것이 가장 자연스럽다. 또한 이러한 이유로 인해 우리는 일반적으로 편견을 인식적으로 비난할 만한 것으로 생각해야 한다.[5] 하지만 동시에 우리는 인식적 비난할 만함의 일반적 규칙에는 드물게 예외가 있다는 것을 염두에 두어야 한다. 예를 들어 주체의 판단 패턴이 당대의 편견들에 의해 영향을 받았으나 그 편견을 극복하는 데 매우 예외적인 인식적 특성들이 요구되는 경우처럼, [인식적 비난할 만함의] 경감 사유에 해당하는 경우가 있을 수 있다. 주체가 그것에 비춰 자신의 신뢰성 판단에서의 습관을 재조정하기는커녕, 애초에 특정 편견이 그 자신의 사회적 의식을 구조화하고 있다는 사실을 알아차리길 기대하는 것조차도 무리인 상황들이 있을 수 있는 것이다. 이러한 상황에서 편견적 실수를 저지르는 사람은 '상황적인circumstantial' 인식적 불운―토머스 네이글Thomas Nagel이 '상황적인' 도덕적 불운이라고 부른 것의 인식적 대응물―의 대상에 해당한다.[6] 우리는 4장에서 허버트 그린리프 및 그가 마지 셔우드에게 행한 증언적 부정의를 다시 논하며 이리한 면책적 상황들의 사례를 검토할 것이다.

노미 아팔리Nomy Arpaly는 비난할 수 없는 실수('순수한 실수')와 편견 사이의 구분을 보여주기 위해 흥미로운 사례를 하나 고안한다. 솔로몬의 사례를 생각해보자. 그는 가난한 나라의 작고 외딴곳에 있는 한 농경 공동체에서 살아가는 소년으로, 추상적 사고를 하는 데서 여성의 유능함이 남성의 절반에도 미치지 못하거나, 최소한 여성은 추상적 사고를 하는 경향이 적다고 믿는다.[7]

그는 추상적 사고에 관심을 가진 여성을 만난 적이 없다. 그의 지역 도서관에는 남성들이 쓴 책뿐이며, 그는 추상적인 사고를 하는 많은 남성을 만난 적이 있고 그 남성들 사이에는 여성이 실제로 추상적 사고를 하는 데 이르지 못한다는 대체적인 합의가 존재하는 듯 보였다. 아팔리는 여기까지는 솔로몬에게 비난받을 만한 뚜렷한 비합리성이 없다고 제안한다. 하지만 아팔리는 우리에게 그가 대학에 진학해 재능 있는 여학생들과 함께 공부하는 상황을 상상해볼 것을 제안한다. 만약 솔로몬의 견해에 대한 이러한 반대 증거가 그의 믿음을 변화시킨다면, 그 믿음은 순수한 실수로 드러날 것이다. 하지만 만약 이것이 그 믿음을 변화시키지 못한다면, 그 믿음은 비합리적인 것으로, 더 나아가 편견으로 드러날 것이다. 즉 그의 믿음이 명백한 반대 증거 앞에서도 완고하다는 것은, 그가 인식적·윤리적 흠결을 가지고 있다는 것을 즉시 드러낸다. 이때의 윤리적 흠결은, 솔로몬이 반증counter-evidence 앞에서 자신의 믿음을 고수하는 것이 다른 어떤 비합리성이 아니라, 윤리적으로 해로운 동기(아마도 여성에 대한 일종의 경멸)로 추동된 비합리성이라는 사실에서 비롯한다.

나는 지금까지 제시된 논지에 동의하며, 아팔리가 제시한 사례가 편견적 판단은 (전형적으로) 비난받을 만하게 증거에 저항하고, 따라서 비합리적이라는 점을 보여준다고 생각한다. 또한 나는 솔로몬의 편견이 그가 윤리적으로 흠결이 있음을 드러내며, 이 윤리적 흠결은 곧 그 비합리성의 배후에 자리 잡고 있는 윤리적으로 나쁜 동기라는 점에도 동의한다. 그러나 아팔리는 더 나아가 주체 자신의 이러한 윤리적 흠결이 편견 그 자체를 정의하는 특징definitive feature이라고 함의하는 것처럼 보인다. 아팔리가 의도적으로 여기에 관여한 것인지는 확신할 수 없지만, 이 논점은 그 자체로 다뤄볼 만하다. 솔로몬의 편견이 그 자신의 윤리적 실패를 이룬다고 보는 것이 옳음은 분명하지만, 이것이 편견 일반에 대해 성립하는 것은 아니다. 모든 편견이 주체의 윤리적 흠결을 동반하는 것은 아니며, 편견의 종류는 다양하다. 여성의 지적 능력에 대한 솔로몬의 편견은 나의 용어에 따르면 부정적 정체성 편견의 사례이며, 이런 유의 편견은 실제로 윤리적으로 나쁜 어떤 동기를 그 배후로 갖는 경향이 있다. 부정적 정체성 편견은 확실히 도덕적으로 가장 문제가 되는 편견의 종류이며, 우리가 가장 관심을 가지고 있는 종류일 것이다. (인종적 편견 혹은 경멸과 같은, 하나 혹은 그 이상의 도덕적으로 유해한 동기를 배후로 갖는, 톰 로빈슨에 대한 백인 배심원들의 정체성 편견을 상기하라). 하지만 일반적으로 편견은 더 포괄적인 개념이다.

편견은 두 가지 측면에서 더 포괄적이다. 첫째, 편견이 증거에 저항해 형성되었거나 유지된 판단이라는 점, 그리고 이러한 저항이 주체가 가진 모종의 동기에 의해 야기된다는 점은 분명하지만, 해당 동기들은 윤리적으로 나쁜 것이 아닐 수도 있다. 앞선 장에서 소개한 과학 저널, 그리고 특정 과학적 방법론에 편견을 가지고 있는 심사위원들의 사례를 상기해보자. 우리는 심사위원들을 편견적인 사람들로 나타내기 위해 그들이 윤리적으로 나쁜 동기를 가졌다고 상정하지 않아도 된다. 이를테면, 심사위원

인식적 부정의

들이 방법론적 정통성에 대한 깊은 충성심 때문에 새로운 과학적 방법론의 유익함에 충분히 기민하지 못했거나 혹은 지적인 혁신에 위협감을 느끼는 경우를 상정해보자. 이러한 동기부여로 인해 그들이 증거에 저항하는 판단을 내리게 된다고 상정하는 것이 충분히 가능하다. 이는 훌륭한 동기는 아니지만, 그 자체로서는 윤리적으로 나쁜 것 역시 아니다. 둘째, 편견이 누군가에게 혹은 무엇인가에 항상 **적대적인** 것은 아닌데, 왜냐하면 **호의적인** 편견도 있을 수 있기 때문이다. 다른 특정 과학적 방법론들에 편견을 가지고 있지는 않지만, 한 방법론에는 호의적인 편견을 가지고 있어서 해당 방법론이 사용된 원고가 투고되면 저절로 과도하게 감명받는 구성원들로 이뤄진 심사위원회를 상상해보라. 이들은 다른 방식으로, 그러나 동등하게 편견적이다. 편견은 긍정적인 값을 가질 수도 있다.

우리는 [지금까지의 논의를 반영해] 편견에 대한 일반적인 개념화 방식을 다음과 같이 요약할 수 있다.

편견이란 주체 자신의 정동적 부여로 인해 반증에 대한 (전형적으로는 인식적으로 비난할 만한) 저항을 나타내는 판단으로, 긍정적 혹은 부정적 값을 가질 수 있다.

이러한 정동적 부여affective investment 는 윤리적으로 나쁠 수도, 나쁘지 않을 수도 있다. 그러나 체계적인 증언적 부정의에 초점을 맞추고 있는 우리로서는 부정적 정체성 편견에 특별히 관심을 두게 된다. 그리고 나는 이러한 부정적 정체성 편견은 언제나 윤리적으로 나쁜 어떤 정동적 부여에 의해 발생한다고 여긴다. 부정적 정체성 편견은 특정 사회적 유형의 사람들을 향해 취해지며, 부정적 값을 갖는 편견이다. 이제 우리가 전개해온 부정적인 정체성 편견에 대한 개념 구상과 고정관념에 대한 개념 구상을 합친다면, 우리는 부정적 정체성-편견적 고정관념이 무엇인지에 대해 다음과 같이 말할 수 있다.

어떤 사회집단과 하나 이상의 특성들 사이에 성립하는 것으로 널리 받아들여지는 폄하적인 연관으로, 이때 이 연관은 윤리적으로 나쁜 정동적 부여로 인해 반증에 대한 (전형적으로는 인식적으로 비난할 만한) 저항을 나타내는 어떤 일반화를 포함하고 있다.

이것이 체계적인 증언적 부정의에서 작동하는 종류의 편견이다.

이제 이러한 편견적 고정관념이 실제로 청자의 신뢰성 판단에 영향을 주는 메커니즘에 대해 좀 더 탐구해보자. 앞서 나는 청자가 매일의 증언 교환 속에서 화자의 신뢰성에 대한 판단을 용이하게 하기 위한 휴리스틱으로 고정관념을 자주 사용한다고 언급한 바 있다. 청자와 화자는 한 형태의 사회적 상호작용에 참여하며, 그들은 불가피하게 서로에 대한 사회적 지각social perception을 주고받게 된다. 신뢰성 판단에 대한 지각적 모델에 대해서는 다음 장에서 논증할 것이기에, 화자를 얼마나 신뢰할 것인지에 대해 청자가 그다지 숙고하지 않는 매일의 증언 교환 속에서 청자는 화자가 자신에게 말하고 있는 바를 특정 정도로 신뢰할 만하다고 **지각한다**는 발상에 대해 우선 임시로 동의해보도록 하자. 청자는 화자와 같은 사람이 여러 사안들과 관련해 자신과 같은 사람과의 관계에서 얼마나 신뢰할 만한지에 대해 일련의 배경적 가정들에 비춰 화자를 지각한다. 그리고 나는 여기서 신빙성 있는 고정관념들이 본질적인 역할을 한다고 제안한 바 있다. 화자와 청자의 상호작용에 대한 이런 모델은, 정체성 편견이 청자의 신뢰성 판단을 왜곡하는 메커니즘, 즉 **정체성 편견이 화자에 대한 청자의 지각을 왜곡한다**는 것을 우리에게 확인시켜준다. 우리의 사례에 이러한 지각과 관련된 용어들을 적용해보자면, 메이컴 카운티 배심원들은 그들 자신의 판단이 편견적 인종 고정관념에 의해 너무나도 왜곡된 나머지, 법정의 맥락 속 톰 로빈슨을 거짓말하는 깜둥이로 지각할 수밖에 없었다고 말할 수 있다. 이 사례에서 배심원들의 지각은 무엇보다도 편견적 믿음에 의해 형성되고, 그들의 신뢰성 판단을 결정하는 편견적 인종 고정관념은 부분적으로는 믿음에 의해 매개된다. 하지만 우리는 주로 믿음이 아닌 층위에서 작동하는 편견에 초점을 맞출 것이다. 왜냐하면 믿음에 집중하는 것은 우리로 하여금 증언적 부정의의 발생 정도를 과소평가하도록 만들 것이기 때문이다. 물론 편견에 대한 자신의 믿음을 감시하는 것도 충분히 어려운 일이겠지만, 증언적 부정의는 거의 항상 발생하므로, 우리의 사회적 지각에 직접적으로 영향을 미치는 편견적 고정관념을 믿음의 매개 없이 신빙성 있게 걸러내는 것이 훨씬 더 어렵다고 보는 것이 인식적 관계에 대한 올바른 시각일 것이다. 증언적 부정의의 많은 사례들은 톰 로빈슨의 경우와 중요한 차이가 있는데, 대부분의 증언적 부정의가 편견적

믿음으로 인해 발생하는 것이 아니라, 주체가 실제로 가지고 있
는 믿음과 명백히 일치하지 않는 내용을 가진, 더 은밀한 잔여 편
견residual prejudice으로 인해 발생하기 때문이다. 우리는 분명, 스스로
의 믿음 때문에 때로 증언적 부정의를 저지를 수 있다. 그러나 철
학적으로 더욱 흥미로운 것은, 우리가 스스로의 믿음에도 불구하
고 증언적 부정의를 저지르는 일이 매우 빈번히 발생할 수 있다
는 점이다.

'편견적 고정관념은 믿음의 매개 없이 직접적으로 우리의 신
뢰성 판단에 영향을 주기 때문에, 그것을 알아차리는 것이 특별
히 어려울 수 있다'는 생각을 좀 더 명료화하기 위해서는 때로 사
회적 고정관념이라는 관념의 기원을 되짚어보는 것이 도움이 될
수 있다. 정치 저널리스트 월터 리프먼Walter Lippmann은 '고정관념'을
사회적 유형을 의미하도록 은유적으로 사용하는 것을 유행시킨
것으로 널리 인용된다.[8] 고정관념stereotype의 문자적 의미는 인쇄에
사용되는 틀을 의미하며, 이에 따라 리프먼은 사회적 고정관념
을 '우리 머릿속의 그림'으로 묘사한다. 이것은 직관적으로 상당
히 좋은 묘사로 느껴진다. 만약 우리가 사회적 고정관념을 어떤
사회집단과 하나 이상의 특성 사이에 존재하는 연관을 표현하며,
그럼으로써 해당 사회집단에 대한 하나 이상의 일반화를 담고 있
는 **이미지**로 생각한다면, 어떻게 그것이 판단에 미치는 영향이,
동일한 내용을 가진 믿음이 미치는 영향보다 더 알아차리기 어려
울 수 있는지 더욱 분명해진다. 이미지는 우리의 판단에 본능적
인 영향을 미칠 수 있으며, 이로 인해 부지불식간에 우리의 판단

　　　인식적 부정의

을 조건지을 수 있다. 반면 [믿음이] 이와 비슷한 정도로 은밀하게 판단을 조건지려면 무의식적 믿음이 필요할 것이다.

이는 사회적 상상 속 편견적 이미지의 내용이 청자가 가진 믿음의 내용과 **충돌**하는데도 청자의 판단 패턴에 지속적으로 영향을 미치는 경우에서 가장 분명하게 드러난다. 예를 들어 (소위 열성 페미니스트로서) 성차별적 믿음을 이미 모두 제거했지만, 그럼에도 여전히 많은 측면에서 여성은 공직자에게 요구되는 권위를 결여하고 있다는 고정관념의 영향을 받는, 따라서 여성 후보의 발언을 남성 상대의 발언만큼 진지하게 받아들이지 않는 경향을 보이는 여성을 상상해보자. 이 모순적인 인물은 (명명해보자면) 잔여적 내면화_{residual internalization} 현상의 사례에 해당한다고 할 수 있으며, [이 경우와 같이 해당 현상에] 종속된 집단의 구성원은 심지어 본인의 믿음이 정말로 사라졌다 하더라도, 억압적 이데올로기가 잔존하는 동안에는 여전히 [억압적 이데올로기의] 담지자 역할을 지속하게 된다. 때로 이는 단순히 한 사람의 정동적 상태가 자신의 믿음에 뒤처져 있는 문제에 불과할 수도 있다(예를 들어, 가톨릭 신앙을 배교한 사람이 갖는 죄책감, 동성애자 권리운동가의 수치심 등을 생각해볼 수 있다). 하지만 다른 경우에는 관련 믿음이 이미 사라져버렸음에도 우리의 상상적 차원에서 견지되는 인지적 개입들이 우리가 사회적 세계를 지각하는 방식에 여전히 영향을 끼칠 수 있다. 이러한 개입들은 믿음의 진보에 뒤처진 채로, 우리의 사회적 지각에 계속해서 영향을 끼치며 잔여물의 형식으로 각자의 심리 안에 남아 있을 수 있다.

충돌하는 믿음이 편견적 이미지와 함께 존재하는 경우, 그 편견적 이미지의 영향은 식별되기 매우 어려운 경향이 있다. 왜 우리는 우리의 판단이 우리가 믿는 모든 것들이 아닌, 실제로는 그와 반대되는 관념들에 의해 형성될 수 있다고 의심해야 할까? 앞서 언급한 열성 페미니스트가 1970년대의 정치적 의식화를 겪어, 자신이 어렸을 적 처음으로 형성한 모든 젠더 관련 믿음들이 극단적인 변화를 맞게 되었다고 상상해보자. 페미니즘적 믿음을 새로 갖게 되어 그것을 강하게 견지한다고 할 때, [그럼에도] 그녀가 자신의 사회적 지각이 성차별적 고정관념에 물든 채 남아 있는 것은 아닌지 의심해야 하는 이유는 무엇인가? 이러한 편견을 수정하는 것은 말할 것도 없고, 자신의 생각에 편견이 있다는 것을 자각하는 데조차도 특별한 자의식의 발휘가 필요하다. 그럼에도 어쩌면 그녀는 자신의 믿음과 지각적 판단 사이의 어떤 부조화를 알아차리고, 왜 자신이 여성을 정치인에게 필수적인 진중함을 지닌 후보로 지각하지 않는 경향이 있는지 스스로에게 질문할 수도 있다. 그 결과 그녀가 자신의 그런 느낌과 의심을 털어놓고, 점차적으로 향상된 자각에 도달하여, 편견적 잔여물이 스스로의 신뢰성 판단에 미치는 영향을 제한하는 낙관적 상황을 상상해보자. 하지만 [실제로] 많은 편견들은 그렇게 단명하지 않는다. [물론] 사회적 상상은 사회적 변화의 강력한 자원이며, 이는 상당 부분 우리 사고에 직접적으로(따라서 해당 시대의 편견으로 오염된 채 남아 있는 믿음들로부터 독립적으로) 영향을 미칠 수 있는 [사회적 상상의] 능력 덕분이다. 하지만 그 이미지 자체가 편견으로 오염

되어 있는 경우, 주체의 알아차림 없이 직접적으로 판단에 영향을 미칠 수 있는 바로 그 능력으로 인해 오히려 사회적 상상이 윤리적 차원과 인식적 차원의 골칫거리가 될 수 있다.[9] 집단적인 사회적 상상은 불가피하게 모든 방식의 고정관념을 포함하게 되며, 청자는 바로 이러한 사회 분위기 속에서 대화 상대를 마주한다. 사회적 상상의 편견적 요소가 우리 자신의 허락 없이 우리의 신뢰성 판단에 영향을 끼칠 수 있다는 것은 놀라운 일이 아니다.

우리는 집단적인 사회적 상상 속의 편견적 잔여물이 주체의 믿음과 충돌하는데도 주체의 사회적 의식 안에 존재하게 되는 두 가지 방식을 구분할 수 있다. 이 두 가지 방식은 각각 통시적 측면과 공시적 측면에서 포착된다. 통시적인 경우로는 앞서 언급한 열성 페미니스트의 사례를 생각해볼 수 있다. 그녀의 믿음은 변화했지만 그녀의 사회적 상상 속에 담겨 있는 내용은 그대로이며, 따라서 해당 내용들은 그녀의 판단과 동기를 계속해서 형성하는 잔여 편견적 효력을 발휘한다. (이는 엄밀한 정신분석학적 의미에서 무의식적인 것은 아니더라도, 집중하여 알아차리는 것 없이도, 그리고 본인의 허락 없이도 작동한다.) 그리고 공시적인 사례로는, 평생을 열성적인 반-인종주의자로 살아왔지만, 여전히 집단적인 사회적 상상 속 인종차별적 요소의 잔여물들을 드러내는 사회적 판단의 패턴을 지닌 사람을 생각해볼 수 있다. 이 경우 개별 주체는 사회적 판단의 분위기 속에서 편견을 완전히 효과적으로 걸러낼 수 없으며, 따라서 분위기적 편견atmospheric prejudice의 잔여물들은 해당 주체의 판단 패턴에 또다시 그의 허락 없이 영향을 미친다.

잔여 편견은 통시적인 형태로든 공시적인 형태로든 간에 가장 은밀하고 심리적으로 미묘한 형태의 증언적 부정의를 발생시킬 것이다.

나는 편견이 우리 자신도 모르는 사이 은밀하게 신뢰성 판단을 형성할 수 있다는 자각이, 다양한 수준의 증언적 부정의가 언제나 발생하고 있다는 발상을 뒷받침한다고 생각한다. 주디스 슈클라가 지적한 것처럼, 철학사는 우리로 하여금 정의가 표준이고 부정의가 일탈인 것으로 잘못 생각하도록 만든다.

정의에 대해 생각하는 하나의 정상적인 방식이 있다. 아리스토텔레스가 발명한 것은 아니지만, 그가 분명하게 성문화하여 우리 모두의 마음에 영원히 각인시킨 방식 말이다. 정의의 정상 모델은 부정의를 무시하지 않지만, 마치 부정의가 놀라운 비정상성이라도 되는 듯, 이를 정의의 서곡_prelude_이나 정의에 대한 거부 및 정의의 붕괴로 환원하는 경향이 있다.[10]

슈클라는 사실 부정의가 [오히려] 정상적인 사회적 기준선이고, 적극적인 분개의 외침과 개선의 요구는 귀중한 예외라는 논점을 설득력 있게 전개한다. 나는 증언적 부정의가 담화적 삶의 정상적 부분이라고 생각한다. 비록 여기에서는 분개의 외침조차 상대적으로 거의 없고 아주 드묾에도 말이다. 이에 대해서는 다양한 설명이 주어질 수 있다. 예를 들어 당신이 장애를 갖고 있다는 이유로 상사가 당신에게 마땅한 신뢰를 주지 않는다는 불평은

인식적 부정의

손쉽게 입증될 수도 없으며, [입증한다고 하더라도 거기에는] 상당한 사회적 위험이 따를 것이다. (당신은 문제 직원이라는 오명을 얻을 수도 있고, 승진에서 배제될 수도 있다.) 그러나 나는 우리의 일상적인 도덕적 담화에 우리가 누군가를 이런 방식으로 대우할 때 그 사람에게 저지르게 되는 잘못에 대한 잘 정립된 이해가 없다는 점이 [이런 상황의] 또 다른 이유라고 생각한다. 증언적 부정의(라고 내가 부르는 것)가 사소하지 않으며, 실로 깊은 피해를 입히고, 심지어는 다른 형태의 사회 부정의들과 체계적으로 연결되어 있을 수 있는 윤리적 잘못에 해당한다는 발상은 그동안 거의 인식된 바 없었다. 만약 이러한 발상이 널리 인식되었더라면, 우리는 아마 분개의 목소리를 좀 더 낼 수 있었을 것이며, 개선을 위해 논쟁할 준비가 되어 있었을 것이다. 그리고 그러한 불평을 공개적으로 말하고 그에 대응하는 데서 더 나은 언어와 논의의 장을 개발하기 위한 사회적 변화가 일어났을 것이다. 또한 [증언적 부정의라는 발상이 널리 인식되었더라면] 우리는 타인에게 증언적 부정의를 저지를 가능성을 낮추기 위해 더 잘 준비하고, 우리의 신뢰성 판단의 패턴을 변화시킬 수 있었을 것이다.

이 절에서 나는 고정관념적 이미지가 (때로는 반대되는 믿음에도 불구하고) 우리의 믿음에 대한 일상적인 자기검열의 레이더를 피해 작동할 수 있으며, 이처럼 편견이 집단적인 사회적 상상 내에 존재하는 고정관념적 이미지를 통해 작동하는 경우 가장 억제되지 않는 경향이 있다고 주장했다. 편견이 실제로 화자에 대한 청자의 지각에 직접적인 영향을 주는 경우에는, (여성 후보에 대한 자신의 편견적 지각을 극복한 열성 페미니스트의 사례에서와 같이) 청자의 믿음이 어느 순간 교정적인 힘corrective force으로 기능하리라는 희망이 있다. 그러나 나는 반대의 가능성 또한 지적하고자 한다. 즉 반대로 비-편견적인 사회적 지각에 의해 편견적 믿음이 교정될 가능성이 또 다른 희망의 원천일 수 있으며, 이는 사회적 상상이 사회를 변화시키는 강력한 긍정적인 힘을 가질 수 있다는 일반적 생각을 뒷받침한다. 아팔리가 논의한 사례가 이러한 가능성을 보여준다. 마크 트웨인Mark Twain의 소설 《허클베리 핀의 모험》에 대한 아팔리의 독해에 따르면, 허클베리 핀은 탈출한 노예 짐이 그의 합법적인 주인에게 돌려보내질 수 있도록, 자신에게 짐을 당국에 넘길 도덕적 요구가 있다고 확고히 그리고 일관되게 믿고 있다. 하지만 허클베리 핀의 행위는 이러한 믿음과 그의 지각적 능력 사이에 존재하는 충돌을 보여준다. 즉 그는 짐을 돌려보낼 기회가 생겼을 때 짐을 돌려보내는 데 실패한다. 아팔리는 허클베리 핀이 관습적이며 매우 인종차별적인 편견적 믿음들을 가지고 있음에도 짐을 완전한 인간으로 받아들이는 비-편견적인 도덕적 지각을 지닌 것으로 여기며, 따라서 허클베리 핀이 도덕적으로 칭찬받을 만하다고 설득력 있게 논한다. 허클베리 핀은 짐을 고발하지 않음으로써, 자신이 진정으로 받아들이고 있던 편견적 믿음에도 불구하고 자신이 지각적으로는 편견적이지 않으며 실로 도덕적으로 훌륭한 사람임을 증명했다고 할 수 있다.

나는 우리의 신뢰성 판단 패턴을 개혁하는 것을 포함해 어떻게 사회적 변화가 가능할지를 이해하는 데서, 다른 인간에 대한 주체의 비-편견적 지각이 그의 편견적 믿음에 맞서 승리할 이 가능성이 매우 중요하다고 생각한다. 어떤 상황에서 청자의 효과적인 자기-비판이라는 희망이 그 자신의 믿음이 지각을 개선시킬 가능성에 있든, 아니면 그 자신의 지각이 믿음을 개선시킬 가능성에 있든, 좀 더 일반적인 논점은 두 가지 형태의 인지적 개입 사이에 존재하는 부조화의 가능성이 자신의 신뢰성 판단에 내재하는 편견을 줄이고자 하는 사람에게는 중요한 인식적·윤리적 자원이라는 점이다.

2.
편견 없는 증언적 부정의?

우리는 증언적 부정의가 필연적으로 편견을, 특히 그 핵심 사례에서는 정체성 편견을 동반한다는 정의definition를 받아들였으며, 따라서 지금까지는 편견의 본성과 그것이 신뢰성 판단에 미치는 영향에 대해 탐구했다. 하지만 인식적 불운이 발생할 경우, 청자가 어떤 편견도 품지 않으면서 증언적 부정의를 저지를 수 있는 것처럼 보인다는 반론이 있을 수 있다. 심지어 가장 신빙성 있는 비-편견적 고정관념non-prejudicial stereotypes조차 예외를 허용한다는 사실은 다음의 사례와 같은 유형의 인식적 불운을 만들어낸다. 상대가 자신의 눈을 쳐다보는 것을 피하고, 자꾸 곁눈질하며, 문장 중간에 마치 이야기를 지어내고 있는 것처럼 스스로를 자꾸 의식하면서 말을 멈추곤 했다는 사실에 근거해 화자가 부정직하며,

따라서 신뢰할 만하지 않다고 청자가 판단하는 경우를 상상해보자.¹¹ 화자의 행동이 부정직함과 관련한 경험적으로 신빙성 있는 고정관념에 부합하는 이상, 화자의 행동은 청자의 판단을 정당화한다. 하지만 사실 상대는 전적으로 솔직하게 말하고 있었으며, 그의 미심쩍은 태도는 단순히 표준을 벗어난 그의 개인적 수줍음이 유별나게 발현된 탓이었다. 우리는 이 화자가 경험적으로 신빙성 있는 규칙의 예외에 해당하며, 따라서 그가 겪는 증언적 부정의는 편견이 아니라 단순한 불운에 의해 야기된 것이라는 점에 동의할 수 있을 것이다. 이러한 사례에 대해 우리는 어떤 이야기를 할 수 있을까?

만약 우리가 이 수줍음의 사례를 증언적 부정의의 사례로 간주할 수 있다면, 이는 비난할 수 없는 증언적 부정의의 사례일 것이다. 청자는 분명 인식적으로도 윤리적으로도 비난받을 만한 일을 한 적이 없다. 아주 예외적인 지각을 소유한 청자라면 자기 대화 상대의 유별난 태도가 부정직성이 아니라 수줍음의 발현임을 알아차릴 수 있을 수도 있지만, 우리가 윤리적인 판단을 내릴 때 일상적 행위자들에게 예외적으로 높은 기준을 적용하지 않는 것처럼, 일반적인 청자들에게도 예외적으로 높은 기준을 요구할 수 없다. 만약 청자가 결함 있는 신뢰성 판단을 내리게 된 근거로 인해(이 근거들이 휴리스틱으로 구현되어 있든 숙고된 논증으로 구현되어 있든) 비난받을 수 없다면, 청자는 그것이 낳을 수 있는 해악으로 인해서도 비난받을 수 없다. 위의 사례에서 청자의 결함 있는 신뢰성 판단은 상황적인ᶜⁱʳᶜᵘᵐˢᵗᵃⁿᵗⁱᵃˡ 인식적 불운에 기인한다. 청자는

인식적 부정의

부정직성과 관련한 신빙성 있는 고정관념이 불행히도 오도적인 상황에서 이를 적용했다.

하지만 나는 최종적으로, 이러한 사례를 증언적 부정의의 사례로 간주하지 말아야 한다고 보는 쪽으로 의견이 좀 더 기운다. 만약 앞선 사례에서 수줍은 사람에게 잘못이 행해진 것으로 여긴다면, 자신의 흠결 없이도 타인에게 인식적으로 잘못을 행하는 것이 너무나도 저지르기 쉬운 일이 되어버리는 것처럼 보이고, 따라서 증언적 부정의는 훨씬 덜 명확한 윤리적 관념으로 다가오게 된다. 만약 청자가 수줍은 사람에게 잘못을 범했다고 본다면, 정직한 중고차 판매원은 어떤가? 그 또한 신빙성 있는 고정관념의 예외에 해당한다는 점을 감안할 때, 마찬가지로 우리는 그에 대한 청자의 의심이 그에게 잘못을 가할 가능성을 허용해야 하지 않겠는가? 그렇다면 더 나아간 다른 사례로, 끔찍한 거짓말들을 해왔기 때문에 창문에서 집에 불이 났다고 진실을 외칠 때조차 청자의 불신이 그녀의 평판으로 인해 정당화될 지경에 이르게 된 마틸다를 고려해보자. 그런 불신이 비난받을 만한 것인지 여부를 떠나, 마틸다에게 잘못이 범해졌는가? 분명히 그렇지 않은데, 왜냐하면 그 누구도 그녀가 말하는 바를 믿지 않는 것은 그녀 자신의 흠결에서 비롯된 것이기 때문이다. 또한 비록 중고차 판매원의 경우는 그 자신의 불운에(말하자면 [부정직하다고 여겨지는 중고차] 거래를 하게 된 불운에) 더 의존하기 때문에 덜 분명하긴 하지만, 그 또한 잘못을 당한 것이 아니다. 우리가 일반적으로 얼마나 수줍어할 것인지나 그것이 우리 행동에서 어떤 모습으로 나타날지에 대해 거의 통제력을 갖지 못한다는 점을 고려할 때, 앞선 수줍은 사람의 경우는 정직한 중고차 판매원의 경우보다 훨씬 더 운이 나쁘다. 그럼에도 다른 두 사례와의 연속성을 고려할 때, 우리는 수줍은 사람의 경우에서조차 증언적 부정의는 존재하지 않는다고 결론 내리게 된다. 이는 세 경우 모두에서 공통적으로 청자가 잘못한 것이 없다는 점 때문이다. 청자는 증거와 부합하는 신뢰성 판단을 내렸지만, 불운하게도 해당 사례가 규칙의 예외인 것으로 드러난 것이다. 세 사례 모두 청자 입장에서는 무고한 오류에 해당한다. 인식적으로든 윤리적으로든 [청자를] 비난할 만한 거리가 없는 것이다. 여기에 증언적 부정의는 없으며, 우리의 정의_definition_는 그대로 유지된다.

3.
증언적 부정의의 잘못

내가 제시해온 인간의 담화적 관계에 대한 묘사에 따르면, 증언적 부정의는 우리의 증언적 실천이 갖는 표준적인 특징이다. 때로 이것은 거의 아무런 피해도 입히지 않을 수 있고 지극히 사소한 영향만을 미칠 수도 있다. 하지만 다른 경우, 특히 증언적 부정의가 지속적이고 체계적일 경우에는 심각하게 해로울 수 있다. 문제가 되는 해악의 본성에 대해 더 이야기해보자. 편견적 고정관념이 신뢰성 판단을 왜곡하는 경우에는 분명 순수하게 인식적인 피해가 있을 것이다. 즉 그 경우 청자에게 전달되었을 지식이 정작 받아들여지지 않는 것이다. 이는 개별 청자들이 겪게 되는 인식적 불이익이자, 전반적인 인식적 실천이나 인식적 체계 안에서 오작동이 일어나는 순간이다. 증언적 부정의가 인식적 체계에 손상을 입힌다는 사실은 앨빈 골드먼Alvin Goldman이 언급한 진리주의 veritism와 같은 사회인식론social epistemology과 직접적인 관련이 있다.[12] 편견은 직접적으로는 청자로 하여금 어떤 특정한 참을 놓치도록 만듦으로써, 또는 간접적으로는 비판적 사고의 흐름을 방해함으로써 참에 대한 장벽을 만들어내기 때문이다. 나아가 편견이 화자로 하여금 지식을 공적 영역에 성공적으로 들여놓지 못하게 만들 수 있다는 사실은, 증언적 부정의가 집단적 발화 상황에서 발생하는 아주 심각한 형태의 부자유임을 드러낸다. 그리고 칸트적 관점에 따를 때, 발화 상황에서 우리가 갖는 자유는 정치체의 권위, 심지어는 이성의 권위 그 자체보다 더 근본적이다.[13] 이는 풍부한 논의 거리를 갖는 영역이며, 나는 증언적 부정의의 개념이 정의롭고 잘 작동하는 인식적 신뢰라는 관행이 갖는 정치적 중요성을 이해하는 데 기여할 여지가 있다고 믿는다. 그러나 이러한 목적을 위해서는 윤리적인 것에 특별히 초점을 맞출 필요가 있다. 여기서 우리가 관심을 갖는 해악은 청자나 인식적 체계에 의해 야기된 인식적 해악도, 정치체와 그 제도적 기초에 가해진 손상도 아니며, 오히려 증언적 부정의를 당하는 쪽에 놓인 화자에게 청자가 즉각적으로 행하는 잘못이다.

우리는 이러한 해악의 일차적 측면과 이차적 측면을 구분해야 한다. 일차적 해악은 포괄적 의미의 인식적 부정의를 정의하는 일종의 본질적 해악이다. 모든 인식적 부정의의 경우에서, 인식자로서의 주체의 능력에 잘못이 범해진다. 인식자로의 능력에 잘못이 범해진다는 것은 곧, 인간 가치에 본질적인 어떤 능력에 잘못이 범해진다는 것이다. 인간 가치에 본질적인 어떤 능력이 훼손되거나 그 능력에 잘못이 범해지는 경우, 우리는 내재적 부정의intrinsic injustice를 겪게 된다. 증언적 부정의의 경우에서 내재적 부정의가 취하는 특이적 형식은, 지식 제공자로서의 주체의 능력에 잘못이 범해진다는 것이다. 타인에게 지식을 제공하는 능력은, 인간에게 매우 중요한 다면적 능력인 이성의 능력의 한 측면이다. 우리는 인간성에 고유한 가치를 부여하는 것은 합리성이라는, 철학의 역사를 통해 다양하게 변주되어온 발상에 아주 친숙하다. 그렇기에 지식 제공자로서의 능력이 모욕당하거나, 약화되거나, 혹은 다른 방식으로 그 능력에 잘못이 범해질 때 당사자가 깊은 손상을 입을 수 있다는 것은 익숙한 발상이다. 억압의 맥락 속에서 권력자들이 권력 없는 자들의 그런 [지식 제공자로서의] 능력을 분명 훼손할 것이라는 점 또한 놀랍지 않은데, 이는 그것이 [힘없는 자들의] 인간성 그 자체를 훼손시키는 어떤 직접적 방법이 되기 때문이다.

일차적 부정의가 인간 가치에 본질적인 어떤 능력과 관련해 누군가를 모욕한다는 사실은 (심지어 가장 해롭지 않은 경우에서조차) 상징적인 권력을 부여하는데, 이 권력은 그 자체로 해악의 한 층위를 더하게 된다. 즉 인식적 잘못은 주체가 완전한 인간에 미치지 못한다는 사회적 **의미**를 지니게 된다. 증언적 부정의를 겪는 사람들은 인식자로서 비하되며, 인간으로서도 상징적으로 비하된다. 증언적 부정의의 모든 사례에서 당사자는 단순히 인식적 잘못 그 자체뿐 아니라, 그렇게 대우받는다는 것의 의미 또한 겪게 된다. 그렇게 비인간화하는 의미가 특히 다른 사람들 앞에서 표현될 경우, (설령 그 부정의가 다른 측면에서는 꽤나 경미하다고 하더라도) 당사자에게 깊은 모욕감을 남길 수 있다. 그러나 문제가 되는 편견적 고정관념이 '특정 사회적 유형[에 속하는 사람들]이 인간적으로 열등하다'는 관념을 포함하는 증언적 부정의인 경우 (이를테면 '**모든** 깜둥이는 거짓말을 한다'는 식의, 톰 로빈슨에게 가해진 것과 같은 인종차별을 생각해보라[14]), 인간으로서 당하게 되는 비하는 단순히 상징적 차원에 국한되지 않는다. 오히려 이는 문자 그대로 핵심적인 인식적 모욕의 일부가 된다.

인식적으로 신뢰할 만함epistemic trustworthiness은 서로 다른 두 가지 구성요소, 즉 유능함competence과 신실성sincerity으로 이뤄져 있다. 이제 증언적 부정의의 경우에서 두 구성요소 모두가 청자의 편견에 의해 종종 침해당할 수 있으며, 이때 부정의의 경험은 복합적인 성격을 갖게 된다. 반면 편견이 서로 다른 구성요소 중 어느 하나만을 공격하는 경우도 있을 수 있으며, 이 경우에 훼손된 것이 유능함인지 아니면 신실성인지 여부에 따라 부정의의 경험은 서로 다른 성격을 가지게 된다. 엘리자베스 영-브륄Elisabeth Young-Bruehl은 세 가지 방식의 편견을 묘사했는데, 그중 두 가지가 지금 이 논의의 맥락과 관련이 있다. 강박적obsessional이라는 편견과 히스테리적hysterical이라는 편견이 바로 그것이다. 전자의 편견을 가진 사람들은 대상 집단을 "과거 위대한 문명의 후손들, 따라서 매우 박식한 사람들"로 구성하거나 상상하곤 하며, 또한 대상 집단은 "굉장히 지적이면서도 …… 굉장히 물질주의적"인 모습으로 구성된다. "그리고 이 [이질적인 두] 모습 사이에서 어떤 모순도 느껴지지 않는데, 이는 그들이 [강박적] 통제력을 얻기 위해 너무나 전체주의적인 방식으로 분투하기 때문이다." 반대로 후자의 편견을 가진 이들은 대상 집단을 "본성상 농노 혹은 노예 같은, 자신의 생계를 유지할 수 있는 수단은 오로지 스스로의 육체적 힘밖에 없는 사람들로 여긴다". "대상 집단은 투박하고 어리석으며, 정신적인 성취가 없거나 음악처럼 비문자적 예술과 관련해서만 재능을 가지고 있는 것으로 여겨진다."[15] 이처럼 서로 다른 두 편견적 고정관념은 각각, 인식적으로 신뢰할 만함을 이루는 서로 다른 두 구성요소들과 연결되어 있다. 즉 강박적이라는 편견의 경우 신실성과, 히스테리적이라는 편견의 경우 유능함과 연결된다.

하지만 편견이 인식적으로 신뢰할 만함의 두 구성요소들을 분리시킬 가능성에도 불구하고, 나는 [증언적 부정의에서 화자는] 지식 제공자로서[의 능력에] 잘못을 당한다는 통일된 윤리적 묘사가 가능할 만큼 증언적 부정의의 경험이 충분히 통합되어 있다고 생각한다. 인식적으로 신뢰할 만함에는 유능함과 신실성이 결합되어 있어야 하며, 따라서 둘 중 어느 한 요소에 대한 잘못을 초래하는 공격만으로도 그 능력[인식적으로 신뢰할 만함]에 잘못이 범해질 수 있다. 그 해악의 형태는 다를지라도, 둘 다 정체성 편견에 의해 [잘못을 당하는 사람이] 인식적 신뢰의 공동체로부터 배제되는 사례이므로 같은 부정의의 범주에 속한다. (이와 관련해, 인권 침해가 인간성의 다양한 측면에 대한 공격을 포함할 수 있을지라도 이것이 여전히 단일한 윤리적 범주에 속한다는 생각과 견주어보라.)

홉스는 (나의 표현에 따르면) 신뢰성 판단이 서로 다른 두 가지에 대한 평가를 동반한다는 점을 다음과 같이 아주 분명히 했다. "믿음에는 두 가지 종류가 있는데, 하나는 사람의 말에 관한 것이고, 다른 하나는 그의 덕virtue에 관한 것이다." 한편 우리는 증언에 대한 홉스의 언급에서, 편견에 의해 신뢰가 축소될 때 행해진 잘못과 관련해 우리가 제안한 통합된 관점에 상응하는 선례를 발견할 수 있다. 홉스는 우리가 대화 상대를 믿을 때 상대에게 부여하는 **명예**honour에 대해 다음과 같이 말한다.

> 어떤 사안에서 어떤 말을 진실이라고 믿을 때, 그것이 그 자체에서 또는 자연적 이성의 원리에서 비롯된 논증에 의해서가 아니라, 그렇게 말한 사람의 권위나 그 사람에 대한 우리의 좋은 평가에 의해 도출되었을 경우, 우리들이 믿고 있는 대상은 그렇게 말한 사람, 혹은 우리가 신앙을 가지고 있거나 신뢰하고 있는 인격이다. 이 경우 그 믿음에 나타난 존경은 오직 그 사람을 향한 것이다.[16]

침해당한 것이 유능함인지 아니면 신실성인지 여부와는 무관하게, 누군가가 부당하게 신뢰받지 못했다면 그 사람은 **불명예를 당한**dishonoured 것이다. (이는 증언적 부정의의 일차적 해악과 관련해 사용하기에 부적절한 용어는 아닐 것이다.)

　이제 해악의 이차적 측면으로 눈을 돌리면, 우리는 이차적 해악이 일차적 부정의의 부분이 아니라 그것에 의해 야기되는 결과라는 점에서 일차적 부정의에 외재적이며, 일차적 부정의에 따라 발생할 수 있는 불이익들로 이뤄져 있음을 발견하게 된다. 이차적 해악은 크게 **실천적**practical **차원**과 **인식적**epistemic **차원**이라는 두 범주로 구분되는 것으로 보인다. 첫째, [이차적 해악의] 실천적 차원과 관련한 예시들은 다음과 같다. 이를테면 만약 누군가 법정에서 증언적 부정의를 겪게 되어 무죄 대신 유죄로 판명된다면, 그는 벌금 혹은 그 이상의 처벌을 받게 될 것이다. 혹은 누군가는 지속되는 증언적 부정의의 경험으로 인해 직장생활에서 관리자로서의 역할에 필요한 확고한 판단력과 권위를 결여한 것처럼 보일 수 있으며, 이는 그를 관리자에 적합한 인사로 보이지 않도록 할(외양이 중요시하는 상황에서는 정말로 부적합한 것으로 만들어버릴) 수도 있다. 나는 남성 위주의 다국적 대기업에서 일하는 여성 전문가 모임에서 편견과 신뢰성에 대해 두 차례 강연을 한 적이 있다. 그들이 말해준 이야기 일부는, 그들이 직장에서 견뎌야 하는 일상적인 증언적 부정의가 그들에게 상당한 직업적 불이익을 초래하는 사례를 잘 보여준다.[7] 카이로에서 일하는 한 이집트 여성은 회의 중 제안하고 싶은 정책이 있을 때, 자신의 제안을 작은 종이에 적어 동조적인 남성 동료에게 몰래 건네준다고 한다. 그리고 그 남성 동료에게 해당 제안을 발언하게끔 하고, 그 제안이 잘 수용되는지 지켜본 다음 그때부터 토론에 참여한다는 것이다. 그녀는 자신의 아이디어를 자기 자신의 것으로 제안했을 때 남성 동료들이 전형적으로 보여온 회의적인 반응으로 인해 좌절감을 느끼고서 이런 방안을 채택하게 되었다고 한다. 나는 그녀의 태도를 이런 식으로 일을 처리할 수 있다는 적극적 체념으로 보며, 또한 이렇게 일을 처리함으로써 아마도 그녀는 표면적으로 비춰지는 것보다 더 많은 인정을 받았을 것이라 생각한다. 그러나 그럼에도 그녀는 여성으로서의 자신의 발언에 대한 편견적 태도로 인해 상당한 불이익을 겪었다는 점을 분명히 했다.

미국의 회사에서 일하는 또 다른 여성은, 자신이 제시한 아이디어가 실현되기만 한다면 그 공로가 누구에게 돌아가는지에 대해서는 크게 신경 쓰지 않는 편이라고 말했다. 그녀는 자신이 한 제안이 다른 남성 팀원에 의해 다시 발화되기 전까지는 받아들여지지 않는다 하더라도 개의치 않는다고 했다. 그녀에게 중요하고 직업적 만족감을 주는 것은 일이 진행되도록 하는 것이었기 때문이다. 그러나 그녀는 이것이 직업적 성공을 이루는 데 걸림돌이 되었을지도 모른다는 점을 토로하기도 했다. 왜냐하면 그녀의 상사가 연례 성과 평가에서 그녀가 성과가 좋은 팀에 속한 것이 얼마나 큰 '행운이었는지' 그녀에게 여러 차례 언급했기 때문이다. 직장 내 편견으로 인해 마땅한 신뢰를 얻지 못했으며, 이로 인해 직업적 성공을 방해받고 있는 것에 대한 교정 요구가 회사의 기회 균등 제도 안에 포함되어 공감대를 형성할 수 있었더라면, 이 여성들은 분명 직장에서 좋은 선례가 될 수 있었을 것이다. 일하는 여성들의 이러한 경험은, 증언적 부정의가 초래하는 이차적 해악의 실천적 유형에 해당하는 것으로 보인다.

증언적 부정의에 의한 이차적 해악의 두 번째 범주는 (좀 더 순수하게) 인식적인 해악이다. 이를테면, 누군가는 한 차례의 증언적 부정의를 겪음으로써, 자신의 믿음 혹은 그 믿음에 대한 정당성에 확신을 잃고 지식의 조건을 더 이상 충족시키지 못하게 될 수 있다. 혹은 지속적인 증언적 부정의를 계속해서 경험해온 사람은, 교육이나 다른 지적 발달 과정에서 진정으로 방해를 받은 사람과 비슷한 정도로 자신의 일반적인 지적 능력에 대해 자신감을 잃게 될지도 모른다. 화자는 자신의 특정 발화와 관련해 증언적 부정의를 겪을 수도 있고, 어떤 사회적 역할에서 자신이 가지는 권위와 관련해 증언적 부정의를 겪을 수도 있으며, 혹은 전방위적으로 증언적 부정의를 겪을 수도 있다. 하지만 **정체성** 편견으로 인해 발생하게 된 체계적인 증언적 부정의의 경우에는 이 세 가지 형태의 공격이 함께 나타나는 경향이 있으며, 따라서 화자의 특정 주장을 정체성-편견적으로 수용하는 것은 화자의 인식적 권위에 대한 매우 전방위적인 공격에 해당한다. 린다 마틴 알코프Linda Martín Alcoff는 정년을 보장받지 못한 채 철학 교수를 하고 있는 친구인 멕시코계 미국 여성이 백인 남성 강의 조교에게 불평을 들은 이야기를 들려준다. 이 여성은 조교의 불평이 전혀 근거 없는 것이었다고 믿었으며, 그렇게 믿을 만한 적절한 근거가 있었다. 그러나 이 젊은 여성 교수가 자신의 사정을 동료들에게 이야기했음에도, 선배 백인 교수가 그 학생으로부터 같은 종류의 불평을 듣기 전까지는 동료들로부터 거의 신뢰를 받지 못했다.

그제야 선배 교수는 그 학생들이 자신의 동료에게 불만이 있다기보다는 어떤 형식으로든 그녀의 권위에 불만이 있는 것이라고 결론 내렸다. 그리고 나머지 동료들은 그제야 그녀에 대한 자신들의 견해를 바꾸었으며 그녀를 다시 일원으로 맞아들이기 위해 노력했다. ······ **그녀는 경력상의 그런 방해물로 인해 2년간 고뇌와 자기회의로 고통받았다.**[18]

이 사례에서 우리는 어떻게 누군가가 이중의(우선적으로는 그녀가 학생들에게 철학에 대해 강의한 바와 관련해 강의 조교로부터,[19] 그다음으로는 해당 문제에 대한 그녀의 설명과 관련해 그녀의 동료들로부터) 증언적 부정의를 겪음으로써 지식 제공자로서 이중으로 훼손되고, 그 결과 지속적인 자기회의와 지적 자신감 상실로 고통받을 수 있는지 알게 된다.

증언적 부정의에 동반될 수 있는 실천적·인식적인 이차적 불이익의 이와 같은 사례들은, 그런 부정의의 대상이 된다는 것이 한 개인의 삶에 얼마나 광범위한 부정적 영향을 미칠 수 있는지 보여준다. 하지만 이미 언급했듯 그 이차적 불이익들이 내재적 부정의의 효과라는 사실은, 엄밀히 말하자면 그것들이 외재적인 것으로 이해되어야 함을 뜻한다. (그렇다고 해서 이러한 결과가 부정의하지 않음을 보여주는 것은 아니다. 통상 그 인과적 기원으로부터 부정의의 지위를 이어받게 되기 때문이다. 마치 증언적 부정의의 실천적 결과가 그 자체로 법적 부정의에 해당했던 톰 로빈슨의 경우에서처럼, 이러한 결과는 그 자체로 또 다른 종류의 부정의함이 될지도 모른다.) 이처럼 이차적 결과들은 한 개인의 삶 전반에 파급력을 끼치는 경향이 있으므로 놀라울 만큼 광범위할 수 있다. 그리고 그 해악의 인식적 차원을 조금만 더 탐구해보면 알 수 있듯, 이차적 결과들은 예상보다 더 깊은 영향을 미칠 수도 있다.

지식에 대한 여러 정의_definition와 개념화 방식들은, 일종의 인식적 확신을 지식의 조건(그 조건이 믿음 조건_belief condition의 부분을 이루든 아니면 정당화 조건_justification condition의 부분을 이루든 간에)으로 제시한다. 이와 관련된 중요한 인식론적 관점 하나를 꼽자면, 틀림없이 자신의 믿음에 대한 절대적인 확신 상태, 즉 확실성의 상태_state of certainty를 지식의 필수 조건으로 논한 데카르트의 사유를 들 수 있을 것이다. 데카르트의 이러한 내재주의적 가정은 지식에 대한 후대의 다양한 개념화 방식들에 영향을 미쳤다. 본 논의에서 중요한 것은, 지식에 대한 어떤 개념화든 거기에 확신이 포함되어 있다면, 그 개념화는 지속적인 증언적 부정의를 겪은 사람에 대해 암울한 함의를 갖게 될 것이라는 점이다. 당사자는 반복적으로 일차적 부정의에 해당하는 내재적인 인식적 모욕의 대상이 될 뿐만 아니라, 지속적인 지적 측면에서의 이러한 훼손은 당사자로 하여금 자신의 믿음에 대한 확신이나 정당성을 잃게 만들고, 그는 말 그대로 **지식을 상실하게 된다**. 어쩌면 그가 소유하고 있던 몇몇 지식들은 확신 부족이라는 파도가 단 한 번만 휩쓸고 지나가도 쉬이 씻겨 내려가버릴지 모른다. 혹은 어쩌면 그는 오랜 기간 인식적 확신이 침식되는 경험을 함으로써 지속적으로 불이익을 당하고, 자신이 얻을 수 있었던 지식들을 획득하는 데 계속해

서 실패할 수도 있다.[20]

　누군가의 인식적 확신의 일반적 상실이 지속적인 지식 습득의 실패로 이어질 수 있는 비교적 덜 직접적인 방식은, 그가 특정한 지적인 덕들을 개발하는 것을 막는 것이다. 예를 들어, 인식적 확신의 상실은 도전에 직면했을 때 지나치게 빨리 자신의 신념을 철회하지 않는 덕인 지적 용기의 발달을 저해할 가능성이 높다. 이는 지적 기능의 중요한 특징이다. 제임스 몽마르케James Montmarquet 는 인식적 덕을 '불편부당성impartiality', '지적 냉철함intellectual sobriety', 그리고 '지적 용기intellectual courage'라는 세 가지 범주로 구분하는데, 마지막 범주는 "가장 두드러지게는 대중적인 믿음에 대한 대안을 구상하고 검토하려는 의지, 타인의 반대에도 불구하고 (자신이 실수했다고 스스로 확신할 때까지) 굴하지 않는 것, 그리고 그런 기획을 완성에 이르도록 하는 결단"을 포함한다.[21] 이 다양한 덕목들은 인식적 확신을 요구하며, 지속적인 증언적 부정의에 의한 침식에 명백히 취약하다. 따라서 만약 이러한 부정의의 역사가 누군가의 지적 자신감을 갉아먹거나 애초에 발달시키지 못하도록 한다면, 이는 그의 인식적 기능을 상당히 일반적으로 손상시킬 것이다. 확신이 부족한 주체는 도전에 직면하거나 심지어 도전이 예상되는 상황에서조차 포기하는 경향을 갖게 될 것이며, 이러한 경향은 분명 다른 경우였다면 그가 얻을 수 있었을 지식들을 얻지 못하도록 만들 것이다. 이 경우 일련의 특정한 지식 박탈, 즉 믿음이나 가설을 지나치게 빨리 포기해서 생기는 지식의 박탈이 있을 수 있으며, 이러한 인식적 박탈 일부는 상당한 손실을 초래하게 될 수도 있다. 확신의 부족을 느끼는 것이 그 자체로도 일반적으로 불쾌한 것이라는 분명한 사실 외에도, 주체에게는 그 자신의 지적 성품과 관련된 좀 더 일반적인 인식적 손실이 있을 것이다. 지적인 덕_{intellectual virtue}의 가치는 그것이 가져올 수 있는 특정 지식의 가치로 환원될 수 없으며, 한 사람의 전반적인 지적 성품의 조화에서 비롯된다. 그러나 지속적인 증언적 부정의가 야기할 수 있는 지적 확신의 상실은 이러한 조화를 훼손할 수 있다.

어떤 경우에는 주어진 인식적 확신 부족의 순간이 일회적인지 아니면 지속적인 침식 과정의 일부로 여겨져야 하는지 판별하는 것이 어려울 수 있다. 우리는 시몬 드 보부아르_{Simone de Beauvoir}의 《순종적인 딸의 회고록》에서 눈에 띄는 예시 하나를 찾을 수 있다. 이 책에서 보부아르는 친구이자 동료 학생이었던 장-폴 사르트르_{Jean-Paul Sartre}와의 철학적 논쟁에 대해 이야기하는데, (보부아르가 저자로서 딱히 비판적이지 않은 관점을 취하는데도) 이 이야기의 행간에서 우리는 그가 그녀에게 증언적 부정의를 저지르고 있는 정황을 발견하게 된다.[22] 보부아르는 사르트르의 지겨운 완고함은 언급하지도 않은 채, 자신에 대한 사르트르의 폄하적 대우에 대해서조차 표면적으로는 무고하다고 적고 있다. 그러나 이처럼 성숙한 보부아르가 다음과 같이 자신의 경험을 적은 부분에서 우리는 진정한 파토스를 느낄 수 있다.

나는 매일같이, 온종일 사르트르와 나 자신을 비교하여 평가했고, 우리의 논의는 단지 그의 강의실에서만 이뤄지지 않았다.

어느 날 아침 메디치 분수 인근 뤽상부르 공원에서 내가 좋아하지만 닮고 싶지는 않은 사람들을 정당화하기 위해 고안해낸 다원주의적 도덕성의 개요를 그에게 설명했는데, 그는 그것을 갈기갈기 찢어버렸다. 나는 내 아이디어에 애착을 느끼고 있었는데, 왜냐하면 그것이 나로 하여금 선과 악의 중재자가 된 것처럼 느낄 수 있게 만들어주었기 때문이다. 나는 그와 세 시간 동안 분투했다. 끝내 나는 내가 패배했음을 인정해야 했다. 또한 나는 토론 과정에서 나의 의견들 중 상당수가 기껏해야 편견, 부정직 혹은 몰상식에 기초하고 있다는 것과 나의 추론은 불확실하다는 것, 또한 나의 생각들은 불분명하다는 사실을 깨닫게 되었다. 나는 완전히 무너져 내린 채, **"나는 더 이상 내 생각에 대해, 심지어는 내가 생각을 하는지조차 확신하지 못했다"**고 썼다.[23]

여기에는 증언적 부정의를 경험하고서 완전히 풀이 죽은, 심지어 자신이 생각하는지조차 확신할 수 없게 된 (이례적으로 성공한) 한 철학도가 있다. 다행히도 그녀에게는 이를 딛고 나아갈 수 있는 회복탄력성과 지적 훈련의 경험이 있었으며, 회고록에도 나와 있듯 이 경험은 그녀가 철학은 자신에게 맞지 않으며, 대신 작가로서의 삶을 살아야겠다고 결심하게 되는 지적 발달의 전환점이 된다. 모든 측면을 고려했을 때 이는 올바른 결정이었을 수 있다. 하지만 만약 그렇다 하더라도 이것이 선과 악에 대한 그녀의 아이디어가 "기껏해야 편견, 부정직 혹은 몰상식에 기초하고 있"

음과 그녀의 추론이 "불확실"하고 그녀의 생각이 "불분명"하기 때문은 아닐 것이다.[24] 증언적 부정의, 그리고 그것이 지적 확신에 가하는 공격은 단 한 번의 사건으로든, 혹은 지속적인 소소한 지적 훼손 경험의 마지막 결정타로든 누군가의 지적인 궤적을 단번에 틀어버릴 수 있다. 우리가 [이 사건에 대해] 어떻게 판단하든, 당시의 경험이 상당한 개인적·직업적 결과를 초래하는 부당한 인식적 굴욕에 해당할 수 있었다는 것만큼은 분명하다.

이런 것들이 증언적 부정의의 이차적인 실천적·인식적 효과다. 나는 이러한 불이익이 한 사람의 삶에 광범위하고 깊게 영향을 미칠 수 있다고 주장해왔다. 그러나 이제 나는 증언적 부정의의 일차적 측면으로 돌아가, 인식적 훼손의 경험이 우리가 견지했던 것보다 주체의 심리에 더 중대한 의의를 가질 수 있는지 살펴보고자 한다. 우리의 다양한 심적 내용들을 (거칠게 말하자면) 믿음belief이라는 한 부류와 욕구desire라는 또 다른 부류로 분류하는 버나드 윌리엄스Bernard Williams의 심리적 메커니즘 모형 속에서, 우리는 윌리엄스가 마음을 확정적 태도를 부여받지 않은 내용의 층위를 포함하는 것으로 묘사하고 있음을 발견할 수 있다. 그 층위는 바로 '소망wish'이다. 소망은 믿음이나 욕구가 되기를 기다리고 있는 것이며, 따라서 주어진 소망은 모두 그 둘 중 하나가 되어가는 중에 있는 것이다. 그리고 소망이 [믿음과 욕구] 두 가지 중 어떤 하나의 범주로 분류되는 과정을 윌리엄스는 '마음의 확고화steadying the mind'라 부른다. (이는 주체의 심리 안에서 진행되는 하나의 과정이지만, 주체의 숙고적 활동은 아니다.)

기본적인 메커니즘은 우리의 성향에 의지할 필요가 있는 타인들이 있다는 사실, 그리고 (우리도 어느 정도는 그들의 성향에 의지하기를 원하므로) 그들이 우리 성향에 의지할 수 있기를 우리가 원한다는 사실에 의존한다. 우리는 타인에게, 결과적으로는 우리 자신에게도 스스로를 적정하게 확고한 관점이나 믿음을 가진 사람으로 제시하는 법을 배운다.[25]

합당한 시간적 지속성을 갖지 않는 심적 상태는 믿음으로 간주될 수 없다. 믿음이란 해당 개인이 단지 지금뿐 아니라 미래에도 여전히 그것을 주장하려는 성향을 갖는 종류의 것임이 분명하다. 그리고 윌리엄스는 타인과의 상호의존적이고 상호신뢰적인 대화에 참여하는 것이 마음이 확립되어가는 이러한 과정의 주요한 원동력이라고 제안한다. 왜냐하면, 만약 나의 대화 상대가 내게 질문을 하고, 내가 그 상대와의 지속적인 신뢰를 쌓고자 하는 마음가짐으로 대화에 임한다면(얼마 후에는 내가 알아야 하는 것을 상대가 내게 말해줄 수 있을 것이다), 나는 상대의 질문에 진실되게 답하기 위해 세상이 어떤 모습인지 스스로에게 묻게 되기 때문이다. 이는 나에게 공상을 피하고(구체적으로는 욕구가 믿음으로 미끄러져 소망적 사고를 만들어내는 것을 피하고) 상대에게 내가 참이라고 믿는 것을 이야기하도록 함으로써 내 마음의 확고화에 기여하게 된다. 따라서 타인과의 신뢰할 수 있는 대화는 마음이 자기 스스로를 확고하게 만드는 기본 메커니즘이라고 할 수 있다. 이러한 [신뢰할 수 있는] 대화는 주체로 하여금 오직 그럴 만한 명제들에 대해서만 믿음이라는 태도를 갖도록 압력을 가한다. 이는 주체로 하여금 변덕스런 주장에서 벗어나 믿음의 안정성으로 나아가도록 이끈다.

> [주체는] 자신에게 의지하는 타인과 함께 신뢰할 수 있는 대화에 참여하며, 이때 관건은 주체가 상대로 하여금 그 명제를 믿도록 만들 수 있는지 여부이다. 그렇게 함으로써 그는 자기 자신 또한 그것을 믿도록 만들 수 있다. 타인의 존재와 그에 대한 필요는 우리의 사실적 믿음을 구축하는 것마저 돕는다.[26]

하지만 이제 우리는 우리 자신의 심리를 형성하는 데서 신뢰할 수 있는 대화가 담당하는 역할에 대한 이러한 구상에 무엇인가를 더 추가해야 한다. 윌리엄스는 마음을 확립하는 과정이 우리가 우리 자신이 되어가는 가장 기본적인 메커니즘이라고 제안한다. 이러한 대화의 과정은 우리의 마음을 확립할 뿐 아니라, 이를 통해 우리 자신의 정체성(의 기본적 측면들 일부) 또한 확립한다. 우리의 믿음과 욕구뿐 아니라 견해 및 가치에 대한 우리의 개입마저 사회적 대화를 통해 어느 정도 안정적인 상태로 확립되고, 그 결과 우리 정체성의 중요한 차원이 형성되는 것이다.

> 타인들이 공유하는 가치들에 나 자신을 결속시키고, 나 자신의 믿음과 느낌을 더 안정되게 만들게 되면서…… 나는 점점 더 안정적으로 내가 진심으로 고백할 수 있는 존재가 된다. 나는 내

인식적 부정의

가 그들에게 진심으로 선언한 존재가 된다.[27]

현재의 정체성 개념은 개인의 사회적 정체성에서 가장 중요한 부분과 관련된다. 이는 바로 특정 개인이 스스로 받아들이는 (인종적·정치적·성적·종교적) 집단 정체성으로의 소속에 대한 것으로, 적어도 우리 문화에서 이러한 소속은 자신이 진정 누구인지를 가늠하는 데서 본질적인 것으로 경험되는 경향이 있다. 우리는 그 소속이 어떤 것인지 혹은 어떤 것이어야 하는지와 관련해 자신 혹은 타인이 실수를 저질러왔음을 알게 된다. 이는 또한 우리가 우리 자신이 누구인지를 구성할 뿐 아니라 발견하기도 한다는 아이디어에 실체를 부여한다. 그렇다면 마음이 확고해지는 과정은, 우리 [내면] 깊은 곳에서 일어나는, (아마도 본질적인) 자신이 되어가는 과정이기도 하다.

이제 우리는, 우리의 심리와 사회적 정체성에 대한 이러한 묘사가 증언적 부정의라는 현상에 대해 갖는 중대한 의의를 파악할 수 있다. 증언적 부정의는 주체를 신뢰할 수 있는 대화에서 배제한다. 따라서 이는 개인에게 심리적으로 근본적인 중요성을 갖는 두 과정, 즉 자신의 마음을 확고하게 하고 정체성의 본질적 측면을 주조하는 바로 그런 활동에 참여하는 데서 주체를 주변화한다. 나아가 증언적 부정의는 주체를 이러한 이중적인 심리적 가치를 가진 활동으로부터 단순히 배제하는 것이 아니라, 편견적으로 배제한다. 앞서 나는 어떤 편견들은 상대적으로 국소적이며 부수적인 방식으로 증언적 부정의를 야기하는 반면, 다른 편견들

(정체성 편견들)은 더 사회구조적이어서 더 체계적인 부정의를 야기한다고 지적한 바 있다. 하지만 정체성에 대한 윌리엄스의 개념화는, 어떻게 특정한 담화 교환의 상황에서 화자에게 작용하는 편견이 그의 정체성에, 그리고 그가 누구인지에 **본질적인** (인종적·정치적·성적·종교적) 사회적 정체성의 범주와 관련되어 있을 수 있는지를 알 수 있게 해준다. 따라서 이제 우리는 부정의가 발생할 때 이것이 어떻게 주체에게 깊은 상처를 남기는지를 더 잘 이해할 수 있다. 이는 인간으로서의 가치에 본질적인 능력(앎의 능력)의 측면에서 주체를 훼손할 뿐 아니라, 사회적 존재로서의 주체에게 본질적인 특징과 관련해 그를 차별한다는 근거에서 또한 주체를 훼손한다. 인격성에 가해지는 이러한 이중적인 공격 앞에서, 특히나 지속적이고 체계적인 공격 앞에서 자신의 존엄을 지키는 것은 엄청난 용기를 필요로 한다. 톰 로빈슨과 같은 인물 역시 다행히도 전체적으로 볼 때 사회적 정체성이 단편적인 특성을 띤 덕분에 겨우 그에 맞설 수 있었다. 자신이 속한 인종 공동체의 일원이라는 것은, 그 공동체 내에서 상호신뢰와 존중의 대화와 다른 활동을 통해 정체성의 본질적인 차원이 부분적으로 형성되고, 그로부터 심리적 저항을 위한 연대와 공유의 자원을 찾을 수 있다는 것을 의미한다.

　누군가가 증언적 부정의를 겪을 때마다 이로 인해 (그것이 무엇을 의미하든) 아주 미미하게라도 정체성 형성에 방해를 받을 것이라고 말한다면, 그것은 과장일 것이다. 하지만 이런 유의 그릇된 인식적 배제가 지속된다면, 특히 그 배제가 체계적일 경우, 그것이 한 사람의 정체성이 본질적 측면에서 발달하지 못하도록 진정으로 억제한다고 주장하는 것이 과장은 아닐 것이다. 이런 유의 부정의를 겪는 사람은 저항을 위한 자원을 찾을 수 있는 공동체를 **갖지** 못할 수도 있다. 왜냐하면 그러한 공동체를 형성하는 것 자체가 사회적으로 주어진 것이 아니라 성취해내야 하는 것일 수 있기 때문이다. 같은 어려움을 겪는 다른 사람들과 함께 살아간다는 사실만으로는 적절한 의미에서 공동체에 소속되었다고 말하기에 충분치 않다. 정치적 사안에 대해 명민하지만 좌절된 관심을 품고 있는 19세기 중산층 여성을 상상해보자. 그녀는 여성에게 투표권이 없었던, 그리고 여성은 지적으로나 기질적으로 정치적 판단에 부적합하며 공적인 삶에 진입할 수 없다고 널리 간주되었던 19세기의 분위기 속에서 살고 있다. 만약 이 여성이 저녁 식사 자리에서 자신의 믿음과 견해를 표현했으나 기대했던 대화 상대에게서 불신의 벽을 마주한다면, 그녀가 자신의 본질적 측면을 발달시키는 데 방해를 받을 가능성은 시간이 지날수록 더 높아질 것이다. 정치에 대해 이야기하는 것이 허용된, 상호 간의 신뢰할 수 있는 대화에서 배제된 그녀는 어떤 중요한 측면에서 자기 자신이 되어가는 것을 차단당한 것이 아니었을까? 더불어, 만약 그녀가 어떤 식으로든 참정권 확대론자가 되는 [당대로서는] 위험한 사회적 도약을 선택하지 않았다면, 그녀는 [끝내] 연대와 저항을 위한 자원을 제공해줄 수 있는 공동체를 갖지 못하지 않았을까? 이 질문들에 대한 답변은 물론 '그렇다'이며, 따라서 마음을 확고하게 하고 정체성을 주조해내는 데 기여하는 신뢰할 수 있는 대화는, 우리로 하여금 지속적인 증언적 부정의의 경험이 한 사람의 심리에 얼마나 깊이 침투할 수 있는지, 그리고 [이에 대한] 심리적 저항이 주체가 달성하기 어려운 사회적 성취에 해당하는 상황에서 그러한 경험이 얼마나 주체를 취약하게 만들 수 있는지 이해할 수 있도록 해준다. 지속적인 증언적 부정의는 자아의 형성 그 자체를 방해할 수 있다.

마지막으로, 화자에게 작용하는 편견은 어떤 맥락에서는 자기-실현적 힘을 발휘할 수 있어서, 부정의를 겪는 주체가 고정관념이 묘사하는 대로(즉 사회적으로 간주되는 대로) 사회적으로 **구성**되거나, 자신에게 작용하는 편견적 고정관념을 실제로 닮아가게 되는 일이 **야기**될 수도 있다. 형성적 구성constitutive construction 혹은 인과적 구성causal construction은 푸코적 용법에 따르면 정체성 권력이 '생산적으로' 작동하는 사례에 해당한다.[28] 이 용어는 나름대로 연상시키는 바가 있지만, 지금 이 사례와 관련해서는 추가적인 언급을 덧붙이지 않는 편이 나을 것이다. 왜냐하면 현재 맥락에서는 정체성 권력이 해당 주체가 진정 누구인지를 구축하고 **왜곡**한다는 점이 중요한데, 이는 딱히 푸코적 구상에 기원을 두지 않는 발상이기 때문이다. 여성 참정권이 보장되기 이전 시대에 정치에 대한 관심을 표했던 여성의 사례로 돌아가보자. 정치적 사안과 관련된 지속적인 증언적 부정의의 경험은 공동체의 부재 속에서 그녀가 어떤 종류의 사회적 존재로 간주되는지를 고착화할 뿐 아니라, 실제로 그녀를 편견적 고정관념에 가까운 존재, 즉 지적·기질적으로 정치적 판단에 부적절한 사회적 유형에 가까운

인식적 부정의

존재가 되게끔 만든다. 젠더의 구성 역시 마찬가지이며, 그 영향권에 있는 사람들을 주조하는 정체성 권력의 능력 역시 마찬가지이다.[29]

형성적 구성은 경험적 검증에 적합하지 않지만, 인과적 구성 메커니즘을 분명히 보여주는 고정관념의 자기-실현적 힘에 대한 경험적 연구들은 존재한다. [주체에게] 고정관념은 기대의 형태로 느껴지며, 기대는 사람들의 수행performance에 강력한 영향을 미칠 수 있다. 그 수행이 지적이고 담화적인 많은 맥락들이 그러하다. 예를 들어, 학생들은 그들에 대한 교사의 기대에 반응한다는 교육학적 연구가 보여주는 증거가 있다. 로버트 로젠탈Robert Rosenthal과 레노어 제이콥슨Lenore Jacobson은 널리 논의된 자신들의 연구 결과를 다음과 같이 요약한다.[30]

어떤 초등학교의 아동 중 20퍼센트는 비범한 지적 성장의 잠재력을 보이는 것으로 교사에게 보고되었다. [그러나 사실] 그 20퍼센트의 아이들의 이름은 난수표를 통해, 즉 무작위로 결정된 것이었다. 8개월 후, 이 '아주 특별한' 아이들은 교사들의 관심을 끌지 못한 나머지 학생들보다 IQ에서 유의미하게 더 괄목할 만한 성장을 보여주었다. '특별하다'고 여겨진 아이들의 지적 수행에 대한 교사들의 기대치가 바뀌면서, 무작위로 선택된 그 아이들의 지적 수행에 실제로 변화가 초래되었던 것이다.[31]

해당 교사들은 학생들의 상대적인 능력 징후들에 대한 가짜 정보를 제공받은 것에 불과했기 때문에, 이는 편견적 고정관념이 교사들의 기대에 미치는 영향에 대한 연구는 아니었다. 그러나 일반적으로 편견적 고정관념이 어떻게 교사들의 기대를 부정적이고 부정의한 방식으로 결정하는지 상상하기란 어렵지 않다. (교사는 편견적 고정관념에 휘둘리지 않을 것이라고 여기는 것은, 교사를 다른 사람들과 완전히 다른 존재로 여기는 신빙성 없는 가정일 뿐이다.) 학생들이 교사에게서 특정 질문에 대한 사실적 답변, 해석, 견해 및 의견을 요구받는 교실의 맥락을 상상해보면, 우리는 편견적 고정관념이 다음과 같은 두 가지 작용을 하게 될 수 있음을 분명히 알 수 있다. 첫 번째로, 이는 학생이 표현한 견해에 대해 교사가 내리는 신뢰성 판단을 축소시키는 경향이 있을 것이다. 여기까지는 이해하기 쉽다. 즉 편견적 고정관념이 증언적 부정의를 산출하는 것이다. 그러나 두 번째로, 앞의 실험에서처럼 고정관념은 해당 고정관념이 실현될 수 있도록 실제로 인과적 힘을 발휘할 수도 있다. 예를 들어 자신의 운전 실력에 비판적인 승객의 부정적 기대에 반응해 그 사람과 동행 시 운전을 능숙하게 할 수 없게 되는 운전기사의 경우를 생각해보자. 이와 유사하게, 교육의 맥락에서 이뤄지는 누군가의 지적 수행 역시 그와 비슷한 경로를 밟을 수 있다고 가정해보는 것은 상당히 그럴듯하다. 예를 들어 지능과 관련해 아프리카계 미국인에 대한 부정적인 고정관념이 학업 성취에 인과적 영향을 미치는지를 확인하기 위해 설계된 최근의 다른 실증적 연구에 의하면, 실제로 학업 능력을 테스트하는 것으로 공지된 경우에는 흑인 학생들의 성취도가 백인 학생들보다 떨어지는 반면, 지능 테스트로 설계되지 않았다고 공지된 경우에는 그렇지 않다는 것이 밝혀졌다. 이런 결과는 '고정관념 위협stereotype threat'을 증명하는 것으로, 즉 부정적 고정관념(나의 명명으로는 '부정적 정체성-편견적 고정관념')의 대상이 되는 집단의 구성원은 해당 고정관념에 부합하는 방식으로 행동하는 경향을 띠게 될 것임을 증명하는 것으로 여겨진다. '고정관념 위협'은 특정한 사회적 어려움, 즉 불리한 인과적 구성에 대한 취약성이라는 어려움을 효과적으로 포착한다.[32]

지속적인 증언적 부정의는 주체의 지적 수행이 장기적으로 방해받고, 확신이 훼손되며, 발전이 좌절될 수 있다는 점을 함축한다. 이것이 어느 정도로 그러하며 누구에게 해당하는지는 물론 경험적 질문이지만, 사회심리학 연구는 이와 관련해 많은 것을 시사한다. 나는 신뢰할 만함에 대한 편견적 고정관념이 지닌 자기-실현적 힘에 대한 이런 사유들이, 지속적인 증언적 부정의가 한 개인의 삶과 한 집단의 사회적 궤적에 미치는 파급 효과에 대한 의미심장한 추측이라고 생각한다. 증언적 부정의는 맥락에 따라 실제로 사회구성적 힘을 행사할 수 있으며, 이러한 구성이 [증언적 부정의에] 뒤따르는 경우 해당 부정의의 일차적 해악은 끔찍할 정도로 커진다. 즉 인식적 모욕은 개인이 어떤 사람이 될 수 있는지를 제한하는 사회적 구성 과정의 한 부분이기도 하다. 일차적 해악과 그것이 야기할 수 있는 광범위한 이차적 해악을 합치면, 부정의가 한 사람의 심리와 실천적 삶에 깊고 넓게 작용할 수 있음을 보여주는 하나의 초상이 그 모습을 드러낸다. 증언적 부정의가 지속적일 뿐 아니라 체계적으로 작용할 경우, 그것의 억압적 면모가 드러나는 것이다.

억압은 (톰 로빈슨의 경우에서처럼) 명시적으로 억압적인 것일 수도 있고, 혹은 자유주의 사회에 존재하는 잔여 편견의 조용한 부산물일 수도 있다. 아이리스 매리언 영Iris Marion Young은 후자를 "어떤 폭압적 권력이 그들을 억누르기를 의도하기 때문이 아니라, 선의의 자유로운 사회의 일상적 실천들 때문에 일부 사람들이 겪는 불이익과 부정의"로 묘사한다.[33] 이 장에서 우리가 탐구했던 것은, 잔여 편견의 사회적-상상적social-imaginative 분위기 속에서 작동하는, 선의를 지닌 청자들의 일상적 실천이었다. 왜냐하면 바로 이것이 은밀하고 철학적으로 복잡한 형태의 증언적 부정의가 발견되는 사회적 맥락이기 때문이다. 샌드라 리 바트키Sandra Lee Bartky는 억압의 본성을 논의하며 프란츠 파농Frantz Fanon의 '정신적 소외psychic alienation' 개념을 인용하는데, 이는 "개인을 인격personhood의 본질적인 특성 일부로부터 분리시키는 소외"에 해당한다.[34] 나는 증언을 통해 지식의 확산에 참여할 수 있다는 것, 그리고 (그 전제 조건인) 적절한 신뢰관계 속에 간직된 존중을 향유할 수 있다는 것은, 명백히 인격의 본질적인 특성이라고 생각한다. 지식의 확산에서 반복적으로 배제되는 경험으로 인해 일부 집단이 인격의 이러한 측면에서 분리당하게 되는 문화에는 심각한 인식적·윤리적 결함이 있다. 그 집단의 구성원들은 타인 때문에 [공동체에] 제공해야 하는 지식과 다른 합리적 기여들을 놓치게 되며, 때로는 [타인 때문이 아니라] 자기 스스로 그런 것들을 상실하고 만다. 또한 그들

인식적 부정의

은 인격에 본질적인 특성이자, 인간을 정의하는 능력과 관련해서도 지속적인 공격을 받을 것이다. 이는 그야말로 일종의 인식적 부정의가 억압의 상당 부분을 차지하는 문화라고 볼 수 있을 것이다.

3장

증언에 대한
덕 인식론적 설명을
향하여

1.
변증법적 위치에 대한 스케치

내가 증언적 부정의라고 부르는 현상은 사실 증언 교환에 국한되지 않는데, 이는 설사 우리가 증언을 말하기_{telling}[상대에게 말로 알리는 행위]의 모든 경우를 포함하는 가장 넓은 의미로 사용한다고 하더라도 마찬가지이다. 왜냐하면 편견적 신뢰성 결여_{prejudicial credibility deficit}는 화자가 단지 청자에게 개인적인 의견을 표현할 때나 가치 판단을 표할 때, 혹은 청중에게 새로운 아이디어나 가설을 시험 삼아 이야기할 때에도 일어날 수 있기 때문이다. 하지만 말하기_{telling}는 증언적 부정의의 근본이 되는 사례이다. 왜냐하면 증언적 부정의의 기본적인 잘못은 인식자로서의 화자가 훼손된다는 데서 발견될 수 있는데, 다른 종류의 발화들_{utterance}은 이따금 지식을 전달할 수 있는 [것에 불과한] 반면, 지식 전달을 가장 기본적이고 직접적인 요점—우리는 이를 발화수반적_{illocutionary} 요점이라고 말할 수 있을 것이다—으로 갖는다는 점은 말하기$_{telling}$에만 고유하기 때문이다.[1] (나는 이 주장이 그 자체로도 충분히 직관적이길 바라지만, 우리는 이것이 지식 개념에 대한 특정한 계보학을 통해 입증되는 과정을 5장에서 보게 될 것이다.) 이런 이유로 증언의 인식론은 모든 편견적 신뢰성 결여의 사례들을 위치시키기에 적합한 틀이다.

증언의 인식론에 대한 설명은 추론주의적인 것$_{inferentialist}$과 비-추론주의적인 것$_{non-inferentialist}$이라는 두 가지 포괄적인 종류로 구분될 수 있다. 물론 다양한 견해가 존재할 수 있지만, (어떠한 견해가 되었든) 대화 상대로부터 지식을 얻고자 할 때 청자에게 요구되는 의무에 대해 추론주의적 묘사와 비-추론주의적 묘사 중 어느 쪽으로 기울어 있는지가 해당 견해를 지지하는 누군가의 핵심 동기를 구성할 것이다. 혹자는 정당화에 대한 익숙한 묘사를 전면에 내세워, p라고 말하는 누군가로부터 p라는 지식을 얻기 위해서는 청자가 어떤 식으로든 (아마도 매우 재빠르게, 심지어 무의식적으로) 결론이 p인 논증을 재연해야 한다고 주장할지도 모른다.[2] 또는 누군가는 현상학적 고려를 전면에 내세워, 우리가 그러한 논증을 구성해보지 않아도, 일상적으로 타인의 말을 저절로 수용하는 것만으로도 지식을 얻을 수 있다고 주장하는 쪽으로 기울 수도 있다. 후자의 비-추론주의적 묘사에 끌리는 이들은, 타인이 우리에게 말한 바를 쉽게 믿거나 수용하는 것이 [일종의] **기본값**임을 옹호하는 경향이 있다. 어쩌면 이 기본값은, 우리가 (화자로서의) 진실성$_{veracity}$과 (청자로서의) 쉽게 믿는 성향$_{credulity}$으로 기우는 자연적 성향을 가지고 있으며, 따라서 일반적으로 말해 전자

인식적 부정의

[화자의 진실성]가 후자[청자의 쉽게 믿는 성향]에 대한 경험적 정당화를 제공해준다는 근거 위에서 주장될 수 있을 것이다.[3] 혹은 이러한 기본값은 선험적으로 정당화된 것이며, 따라서 우리는 타인이 우리에게 말한 바를 무비판적으로 수용하는 기본값을 지닐 자격을 선험적으로 부여받는다고 주장할 수도 있다.[4] 어떤 식으로든 우리는 비-추론주의가 청자의 무비판적 수용의 기본값[이라는 개념]으로 구체화되는 것을 확인할 수 있는데, 이 경우 인식론이 현상학과 맞아떨어지는 것처럼 보인다. 그렇다면 우리는 거칠게 말해 증언의 인식론에 대해 두 가지 인식론적 입장 중 하나에 표를 던져야 하는 것처럼 보인다. 한 입장[추론주의적 설명]은 청자가 적절한 추론을 재연할 경우에 한해 지식을 얻는 것으로 제시한다. 다른 입장[비-추론주의적 설명]에서는 청자가 어떠한 비판적 능력도 행사하지 않은 채 자신이 들은 바를 수용할 자격을 부여받아, 이런 무비판적 수용이라는 기본값을 통해 지식을 얻는다고 제시하는 것으로 보인다.

한 입장의 단점은 다른 입장의 매력이 된다. C. A. J. 코디C. A. J. Coady가 제시하는 바에 따르면, 추론주의자는 다음과 같이 말한다. "증언에 의한 모든 지식은 간접적이거나 추론적이다. 우리는 신빙성 있게 p라고 말해졌을 때 p임을 알며, 이는 우리가 증인의 신빙성reliability과 신실성sincerity에 대해 어떤 추론을 하기 때문이다."[5] 존 맥도웰John McDowell의 또 다른 정식화는 추론주의 모형을 다음의 가정에 기초한 것으로 제시한다.

만약 어떤 명제에 대해, 이유의 공간space of reasons에서의 인식적으로 만족스러운 위상이 비-매개적인 것이 아니라 매개적인 것이라면, 이는 그 위상이 (해당 명제를 결론으로 가지는 것으로서, 그 사람이 이용할 수 있는) **논증**의 설득력에 의해 구성된다는 것을 의미한다.[6]

어떤 정식화를 따르든, 추론주의 모형은 청자에게 정당화를 제공하는 하나의 추론을 수행할 것을 요구한다는 점에서, 타인이 우리에게 말한 것을 수용하는 일의 정당성에 관한 우려를 완화하기 위한 방향으로 분명 잘 설계되어 있다. 불가피하게 이것은 일반적으로 일종의 귀납적인 논증에 해당할 것이다. 이를테면, 해당 사안에 대해 개별 화자가 과거에 부여받았던 신빙성, 혹은 이와 같은 문제에 대해 해당 부류의 사람들이 갖는 일반적인 신빙성에 대한 논증이 되는 것이다. 그러나 여기서의 문제는, 청자가 그러한 논증을 이용해야 한다는 요구가 지적으로 너무나 수고스러운, 따라서 지나치게 강한 요구로 보인다는 점이다. 이는 무엇인가를 들음으로써 배우는 일을 특별히 수고스럽지 않고 저절로 이뤄지는 것으로 묘사하는, 비공식적 증언 교환에 대해 우리가 견지하는 일상적 현상학[적 직관]에 부합하지 않는다. '그것을 아는 누군가로부터 들었음'과 같이 인간 삶에 기초적인 인식적 실천이 [추론주의적 입장에서 말하는] 그러한 수준의 지적인 노력과 성취를 요구할 수 없다는 것은 분명하지 않은가? 만약 청자가 진실을 들었을 가능성에 (경험 법칙에 얼마나 의존했든 간에) 진

인식적 부정의

정으로 능숙하게 주의를 기울이는 것으로 간주된다면, 이는 분명 우리의 일상적 증언 교환 대다수의 특징인 쉽고 저절로 이뤄진다는 점과 부합하지 않으며, [청자에게는] 매 순간 냉철한 평가를 내릴 것이 요구될 것이다. [물론] 추론적 모형의 옹호자들은, 성숙한 청자라면 정상적인 경우 자신의 논증을 매우 순조롭게 그리고 쉽게 재연할 것이라는 점을 강조함으로써 이러한 비판에 자연스럽게 대응할 것이다. 그러나 추론적 모형의 옹호자가 이러한 정당화 논증이 거의 알아차릴 수 없을 정도로 재빠르게, 심지어는 완전히 무의식적으로 일어날 수도 있음을 강조하려 애를 쓰면 쓸수록, 이 모형은 더욱 궁지에 몰린 하나의 지성주의로 비춰질 것이다.

추론주의 모형의 이러한 문제는, 우리로 하여금 비-추론주의라는 대안에 기대를 걸게 만든다. [비-추론주의 모형에서] 청자는 자신이 들은 바에 대한 무비판적 수용성을 일종의 기본값으로 갖는 것으로 묘사된다. 이는 확실히 우리의 일상적 증언 교환에 대한 현상학과 더 잘 부합하는 것처럼 보인다. 의심을 불러일으키는 단서가 없는 상황에서 우리는 분명 들은 바를 어떤 능동적인 비판적 평가를 수행하지 않은 채 받아들이고, 따라서 의심을 촉발하는 무언가가 존재하지 않는 한 [상대를] 신뢰한다는 것이 우리가 청자로서 경험하는 바이다. 토머스 리드_{Thomas Reid}가 발전시킨 것과 같이, 우리를 타인의 말에 구성적으로 열려 있는 존재로 묘사하는 견해는 이러한 측면을 잘 설명해준다. 일상적인 예로, 내가 기차역으로 서둘러 가던 중 모르는 사람에게 시간을 물어보았을 때, 그가 나에게 오후 2시라고 말하자 내가 무반성적으로 그의 말을 그대로 받아들이는 경우를 들 수 있다. 이러한 무반성성은 다음과 같은 사실에서 강조된다. 날이 저물기 시작했기 때문에 내가 지금이 그보다 늦은 시간임이 분명하다는 것을 알고 있을 때 그가 오후 2시라고 말하는 경우를 생각해보자. 만약 내가 이와 같은 의심의 신호를 알아차린다면, 나는 [기존의] 무반성적 기어*에서 반성적이고 더 노력이 드는, 능동적인 비판적 평가의 기어로 일종의 지적 변환을 경험할 것이다. 오직 이러한 기어 변환이 있을 때만, 나는 대화 상대의 신뢰할 만함과 관련된 어떤 능동적인 반성을 시작하게 된다.

그러나 이제 우리는, 우리가 타인의 말을 수용하도록 조건화된 방식에 있어 과거의 경험적 증거가 갖는 직관적 연관성이, 일상적인 무반성적 사례에서는 사라져버리는 것을 느낄 수 있다. 청자로서 우리의 반응을 조건짓는 것에는, 이를테면 [앞선 사례에서 언급되었듯] 지금이 밝은지 아니면 어두운지에 대한 우리의 자각뿐만 아니라, 그런 주제와 관련해 화자가 우리에게 참을 말할 확률에 대한 우리의 배경적 가정 또한 자리하고 있다. 이런 유의 가정들이 어떤 정당화 역할을 한다는 것은 분명하지 않은가? 만약 이처럼 대략의 귀납적인 고려들이 우리의 무반성적 증언 교환에서 전적으로 부재하며, 청자가 무엇을 적절하게 수용하는지에

---

* 이 문단에서 저자는 비-추론주의 모형을 설명하며, 무반성적 태도에서 능동적인 비판적 평가의 태도로 청자가 변환되는 것을 동력기계의 '기어gear' 및 '기어 변환'의 비유를 들어 설명하고 있다.

어떠한 제약도 부과하지 않는다면, 이는 분명 우리의 일상적인 무반성적 증언 교환을 합리성의 공백 속에 남겨두는, 받아들이기 어려운 결과로 이어질 것이다. 이런 우려는 기본값이 경험적 근거에서 정당화된다고 상정하는 견해들에 적용된다. 참을 말하려는 자연스러운 인간의 경향이, 자신이 들은 바를 무비판적으로 받아들이는 [청자의] 일반 방침을 정당화해준다는 발상은 지나치게 낙관적으로 보이기 때문이다. 자연스러운 경향도 있을 수 있겠지만, 이 기저의 경향에 의존하기에는 담화적 삶 discursive life 이 들여오는 [경향에 반하는] 상쇄 요인들이 너무나도 많다. 물론 이러한 [자연스러운 인간의 경향에 따르는] 관행이 괜찮은 것으로 판명되는 제한된 맥락들이 존재하기는 하겠지만, 일반적으로 쉽게 믿는 관행은 성공적이지 않을 것이다. 첫 번째로, 사람들은 흔히 틀린다. 즉 우리는 실수하고, 불운을 겪기도 하며, 때로 실제로는 알지 못하는 것을 알고 있다고 착각하기도 한다. 두 번째로, 사람들은 자신의 이익을 위해 때로 의도적으로 타인을 오도하거나 정보를 알려주지 않기도 한다. 타인의 말을 비판적 매개 없이 받아들이는 것을 일반적인 기본값으로 삼는다면, 이는 정당화를 하는 데 있어 태만한 일일 것이다. 우리의 증언 교환은 언제나 운의 영향을 받겠지만, 이러한 기본값은 우리를 증언과 관련된 일상적 위험에 믿기 어려울 정도로 무방비한 상태에 빠뜨릴 것이다.

하지만 타일러 버지 Tyler Burge 의 설명에서와 같이, 그 기본값이 선험적으로 정당화되는 것으로 논증되는 경우에는 과도한 낙관주의의 문제가 발생하지 않을 수 있다. 버지가 논한 것처럼, 해당 정당화가 화자의 진실성에 대한 경험적인 가능성에 의존하지 않음을 강조함으로써 이러한 문제를 피해 갈 수 있[기 때문이]다.[7] 해당 정당화는 다른 곳, 즉 이해 가능성intelligibility, 합리성rationality, 진실성veracity 사이의 개념적 연결을 통해 확보된다. (버지도 인지하고 있듯, 마지막 연결은 대단히 문제적이기는 하지만 말이다. 왜냐하면 합리성과 참 사이의 개념적 연결은 참의 경우뿐 아니라 합리적 거짓말의 경우에도 적용될 수 있기 때문이다.[8]) 심지어 화자를 신뢰할 수 없는 경우가 대부분인 특정한 맥락 속에서도, 우리가 들은 것을 수용하는 선험적인 기본값에 대한 자격 부여는 유지될 수 있다. 통상적으로 신뢰보다 불신이 더 요청되는 맥락에서조차, 기본값이 사실상 효력을 발휘하지 못할 뿐, 그 기본값에 대한 선험적인 자격 부여는 여전히 성립할 것이다. 그렇다면 과도한 낙관주의의 문제점은 오직 우리가 쉽게 믿는 성향을 기본값으로 누린다는 발상의 [선험적 버전이 아닌] 경험적 버전에만 적용된다. 그러나 이와 밀접히 관련된 [한 가지] 문제가 기본값에 대한 두 종류의 설명 모두를 괴롭힌다. 두 설명 모두 청자의 비판적 능력을 청자가 대화 상대로부터 지식을 받아들이는 바로 그 순간에 수면 모드snooze mode에 있는 것으로 표현한다는 점이 그것이다. 이는 궁극적으로는 불만족스러운 것으로 나타나게 되는데, 기본값에 대한 설명의 이러한 측면이 표면적인 차원에서는 우리가 타인의 말을 받아들이는 자동적인 무반성성에 대한 청자의 현상학과 부합하는 것처럼 보이지만, 그럼에도 [실제로는] 두 가지 중요한 측면에서 그 현상학과 분명히 부합하지 않기 때문이다.

첫 번째로, 청자의 기본 입장이 무비판적이라는 발상은, 의심할 이유를 감지할 때 경험되는 정신적 '기어 변환'을 잘못 표현한다. 그것이 토머스 리드가 언급한 진실성과 쉽게 믿는 성향의 (한 쌍의 선천적) 원리라는 형식을 취하든, 혹은 버지가 언급한 선험적으로 정당화되는 수용의 원리라는 형식을 취하든, 청자의 주의가 자신의 비판적 의식을 일깨우게 만드는 어떤 의심의 단서에 환기되지 않는 한, 기본값 모형은 청자를 비판적 능력들이 수면 모드에 들어가 있는 존재로 묘사한다. 이러한 설명에 따르면, 기어 변환은 자신이 들은 바에 대한 무비판적 수용에서 비판적 수용으로의 변화로 표현된다. 그러나 나는 이를 무반성적 모드에서 반성적 모드로의 변화로 제시하는 것이 더욱 충실한 묘사라고 생각하며(이는 분명 대안적 묘사**만큼**이나 충실하다), 여기서의 두 가지 모드 **모두에서** 청자는 자신의 대화 상대의 말을 비판적으로 수용할 수 있다.

두 번째로, 나는 들은 바를 무반성적으로 수용하는 우리의 경험은, 우리의 비판적 능력이 전적으로 작동하지 않는 것으로 표현하는 설명이 아니라, 우리의 비판적 능력이 더 낮은 층위에서 더 자동적이고 지속적인 방식으로 작동하는 것으로 표현하는 설명에 의해 가장 잘 묘사된다고 제안한다. 책임 있는 청자는 자신의 대화 상대가 얼마나 신뢰할 만한지에 대해 능동적으로 평가하거나 반성하지 않더라도, 자신이 어디까지 믿어야 하는지에 관련된 무수히 많은 징후와 단서들에 대해 무반성적인 방식으로 주의를 기울인다. 나는 이것이 현상학에 대한 더욱 충실한 묘사라고 생각하며, 아래에서 이것을 인식론적으로 이해해볼 수 있는 견해를 발전시키고자 한다. 이전 장에서 제기되었던, 신뢰성 판단은 일종의 지각_perception일 수 있다는 발상을 다뤄보자. 좀 더 구체적으로, 이러한 [신뢰성] 판단은 '이론'-적재적_'theory'-laden 지각이며, 이때 문제의 '이론'이란 신뢰할 만함을 이루는 두 가지 측면, 즉 유능함과 신실성과 관련된 인간의 인지적 능력과 동기적 상태_motivational states에 관한 일군의 일반화이다. 신뢰성 판단이 화자에 대한 지각이라는 발상은 책임 있는 청자의 자세를 타인의 말에 대한 **비판적 개방성**으로 특징짓도록 해주고, 이러한 열린 자세는 청자로 하여금 우리의 현상학이 제안하는 것처럼 지식을 큰 노력 없이 받아들일 수 있게 해준다. 기본값에 대한 경험적 설명과 선험적 설명 모두, 만약 청자가 추론을 수행하지 않으면 대화 상대의 말에 대한 청자의 수용이 무비판적인 것임이 분명하다고 가정하는 것처럼 보인다. 따라서 두 설명에서는 자연적 경향성으로부터든[경험적 설명] 혹은 선험적인 다른 무언가로부터든[선험적 설명], 정당성의 원천을 무대 바깥의 어딘가로부터 얻어낼 필요가 있다. 실제로 이는 그들이 자신들의 반대자인 추론주의자들과 공유하는 가정이다. 이에 대응하는 추론주의자들 역시 청자의 대본 속에 하나의 논증이 쓰여 있기를 요구하기 때문이다. 그러나 지금부터 나는 이러한 가정이 거짓임을 보이고자 한다.

인식적 부정의

2.
책임 있는 청자?

맥도웰은 청자가 '믿음과 관련된 책임'을 다함으로써 증언에 의해 지식을 얻는다는 견해를 주장한다. 여기서, 믿음과 관련된 책임을 다한다는 것이 무엇인지는 윌프리드 셀라스Wilfrid Sellars의 특징적 용어인 '이유의 공간space of reasons'에서의 자신의 위치에 대한 민감성을 통해 설명된다. '이유의 공간에서의 매개된 위상standing'이라는 관념은, 명제를 지지하고 반대하는 이유들에 대한 적절한 민감성을 통해 도달한 상태—이를테면 앎의 상태state of knowledge—라는 관념이다. 그리고 이 민감성은 추론이나 논증을 통해 결코 발현될 필요가 없다. 이와 관련해 맥도웰은 다음과 같이 말한다.

> 내가 제안하고 있는 것은 이유의 공간에서의 위상이 매개된다는 것이 무엇인지에 관한 다른 개념화 방식이다. 이유의 공간에서의 위상은 주변 고려사항들의 합리적 힘에 의해 매개될 수 있는데, 이는 그 위상의 개념이 바로 그 합리적 힘에 반응적이지 않은 주체에 대해서는 적용될 수 없다는 점에서 그러하다.[9]

따라서 만약 이유의 공간에서의 위상이 'p임을 앎'이라면, 맥도웰의 제안은 이 p에 대한 앎이, 인식자가 어떤 방식으로든 p를 받아들이는 것을 지지하고 반대하는 주변 이유들에 대한 민감성을 행사했을 것을 사전조건precondition으로 갖는다는 것이다.

만약 이 매우 설득력 있는 제안을 받아들인다면, 자연스럽게 다음 질문이 이어진다. 청자가 주변 이유들의 합리적 힘에 반응적일 수 있는 것이 만약 논증하고 추론하는 우리의 일상적인 능력에 의한 것이 아니라면, 과연 **어떤** 합리적 능력에 의해서란 말인가? 믿음과 관련된 책임을 다하는 것이 논증을 요하지 않는다는 발상은, 어떻게 증언적 지식이 매개적이면서도 직접적일 수 있는지를 (혹은 쟁점을 바라보는 나의 방식에 따르면, 비판적이면서도 비-추론적일 수 있는지를) 설명하는 데 중요하다. 하지만 청자가 어떻게 그럴 수 있는지를 설명하기 위해서는 더 많은 것을 논해야 할 필요가 있다. 만약 청자가 자신의 추론 능력과 논증 능력을 발휘하고 있는 것이 아니라면, 청자는 어떤 합리적 능력을 발휘하고 있는 것인가?

맥도웰은 여기에 더 설명되어야 할 것이 없다고 여기는 듯 보인다.

만약 우리가 사물들이 이러저러하다고 타인에게서 들었다는 것이 하나의 인식적 위상이라는 사실을 사물들이 그러하다는 논증의 강도에 호소해 설명하려는 것이 아니라면 …… 우리는 이에 대한 또 다른 설명을 필요로 하는가? 나는 그렇지 않다는 주장에 끌린다. 증언에 의한 지식이라는 발상은, 만약 인식자가 자신의 지식을 이해 가능한 방식으로 표현한다면, 인식자는 그 표현을 이해할 수 있는 사람들이 그 지식을 얻어갈 수 있는 공적 영역에 해당 지식을 들여놓는다는 것이다. 화자를 믿는 것이

믿음과 관련해 무책임한 일이어서 기회가 닫혀 있는 것이 아닌 이상 말이다.[10]

화자가 언어를 사용해 하나의 지식을 공적 영역으로 들여놓음으로써 다른 화자들이 이를 파악할 수 있도록 해주는 교환을 구성하는 것이 무엇인지를 묻는 질문에 대해, 우리가 정적주의 quietism에 동의할 수 있다고 가정해보자. [즉 정적주의에 따라] 우리를 미궁으로 이끄는 특유의 철학적 방해물에서 한 발자국 떨어져 난제를 올바르게 표현하고 나면, 더 이상 어떤 난해함의 원인도 남지 않는다고 할 수도 있다. 그러나 이를 받아들인다고 하더라도, 우리가 **어떻게** 믿음과 관련된 책임을 다하는지를 묻는 질문과 관련해서는 분명 무언가가 더 필요하다. 이는 [여전히] 난제로 남아 있으며, 분명 비-추론주의자들이 다룰 필요가 있는 난제이다. 만약 청자가 믿음과 관련된 책임을 행사하는 것이 추론을 수행하는 문제가 아니라고 한다면, 이것은 어떤 차원의 문제인가? 청자가 추론을 하지 않고도 책임을 다할 수 있다고 말하는 것은 분명 옳지만, 청자가 어떤 이성의 능력을 통해 **어떻게** 그리하는 것으로 상정되는지는 의문으로 남는다.

버지의 기본값 설명에서도 약간 다른 용어로 동일한 질문이 발생한다. 그는 수용 원리acceptance principle를 주장하는데, 이에 따르면 청자는 "그렇게 하지 않을 더 강한 이유가 없는 이상, 참인 것으로 제시된 자신이 이해할 수 있는 명제를 받아들이는 데서 선험적으로 자격을 부여받는다"[11]. 따라서 수용의 기본값이 유지되는 한, 우리에게는 다른 이가 우리에게 말한 바를 받아들일 자격이 부여된다. 혹은 버지가 표현하는 방식에 따르면, '다른 것이 동일'하다면 우리에게는 수용할 자격이 부여된다. 하지만 우리가 기본값에 관한 이러한 질문에 더 집중하면 집중할수록, 비-추론주의자의 야심을 실현하는 데서 버지의 설명이 거둔 성취는 더 적어 보인다. 청자가 자신이 들은 바를 추론 없이 수용하는 것이 어떻게 정당화될 수 있는지와 관련된 전통적인 난제는 해결되었다기보다는 [다른 난제로] 옮겨졌는데, 청자가 어떻게 수용 원리를 실제로 실행할 수 있는지에 대해 우리가 여전히 전혀 알지 못하기 때문이다. 우리에게는, 어떤 특정한 경우에서의 기본값 적용 여부에 민감성을 나타내는 것과 관련해 청자에게 부여된 의무를 바라보는 새로운 시야가 필요하다.

청자가 어떻게 기본값의 지위에 비-추론적으로 민감할 수 있는지의 물음은, 비-추론주의 이론이 풀어야 하는 처음의 문제가 새로운 방식으로 제기된 것에 불과하다. 말하자면, 청자가 어떻게 추론을 수행하지 않으면서도 [무엇인가를] 수용하는 것을 지지하고 반대하는 이유들의 균형에 대한 민감성을 발휘할 수 있는지의 문제인 것이다. [버지가 제시한] 수용 원리에서는 "그렇게 하지 않을 더 강한 이유가 없는 이상 …… 수용할 것"을 요구한다. 따라서 수용에서의 기본값의 지위에 대한 민감성을 발휘하는 데서, 청자는 수용 원리가 청자로 하여금 씨름하지 않아도 되게끔 해주는 것으로 상정되는 바로 그것(즉 청자가 들은 바를 수용하는 것을 지지하고 반대하는 이유들의 균형)에 대한 민감성을 발휘할 뿐이다.

인식적 부정의

물론 버지의 설명에 따르면, 청자가 이러한 민감성을 발휘한다는 것은 정당성의 원천이 아니다. 버지의 설명의 전체적인 핵심은, 정당성의 원천을 청자의 수행에 존재하는 그 무엇과도 독립적인 방식으로 끌어내는 것이다. 그러나 이제는 정당성을 무대 바깥에서* 끌어옴으로써 얼마나 많은 것이 얻어지는가에 대한 의문이 남는다. 왜냐하면 [이러한 노력에도 불구하고] 청자는 **여전히**, 수용을 지지하고 반대하는 이유들의 균형에 대해 어떤 설명되지 않은 비-추론적 합리적 민감성을 발휘해야 할 것이기 때문이다. 유일한 차이는 청자가 행해야 하는 것이 증언 그 자체의 지위에 관한 것('증언이 수용되어야 하는가'라는 물음)이 아닌, 기본값의 지위에 관한 것('그 지위가 성립하는가'라는 물음)으로 변한다는 것뿐이다. [그럼에도] 책임 있는 청자의 무대 위에서의 수행에 대한 [기본값의 지위라는] 새롭게 구성된 직접적 관점은 비-추론주의에 많은 도움이 되는 것처럼 보인다. 나는, 만약 우리가 책임 있는 청자의 무대 위에서의 합리적 민감성이 수행하는 역할을 명확히 파악할 수 있다면, 선험적 정당성을(실은 어떤 무대 바깥의 정당성이든) 불필요한 것으로 만들어버리는, 청자의 책임에 대한 비-추론주의적 설명에 도달하게 될 것이라고 제안한다.

자신이 들은 것에 대해 청자가 취하는 비판적 개방성critical openness의 관념, 즉 (내가 묘사하는 방식에 따르면) 우리가 얼마나 신

---

* 저자는 해당 문단에서 담화 교환과 같은 수행이 일어나는 공간을 무대로 비유하며, 수행의 공간을 '무대 위on-stage'로, 그 바깥을 '무대 바깥off-stage'으로 지칭하고 있다.

뢰해야 할 것인지와 관련된 수많은 신호 및 단서들에 대한 무반성적 기민함unreflective alertness이라는 현상학을 설명해줄 수 있는 관념을 탐구해보자. 우리는 청자가 능동적인 반성이나 모종의 추론 없이도, 자신이 들은 바를 비판적으로 걸러낼 수 있게 해주는 합리적 민감성을 찾고 있다. 이때 코디의 간략한 논평이 의미 있는 출발점이 되어준다. 코디는 신뢰의 균형을 결정하기 위해 청자 안에서 비-추론적이지만 비판적으로 작동하는 어떤 '학습 메커니즘'을 다음과 같이 기술한다.

> 증언을 수용할 때 특징적으로 일어나는 것은, 청중이 특정 비판적 능력이 탑재된 일종의 학습 메커니즘을 작동시키는 일이다. 해당 메커니즘은, 특히 그 비판적 능력의 경우 비록 경험에 의해 조정되지만 부분적으로는 타고나는 것으로 생각될 수 있다. 여기서 메커니즘 모형에 호소하는 것은 유용한데, 이는 증언의 수용이 일반적으로는 무반성적unreflective이지만, 그렇다고 해서 무비판적uncritical인 것은 아니기 때문이다.[12]

코디의 이러한 지적이 비록 그 자체로는 우리에게 많은 진전을 가져다주지는 못하지만, 나는 이것이 정확히 옳다고 생각한다. 우리는 어떻게 학습 메커니즘이 저절로 작동해 우리의 능동적인 반성이 더 이상 필요하지 않도록 할 수 있는지, 나아가 어떻게 새로운 담화적 경험에 반응해 [그 경험에] 따라 스스로 발전하고 수정되는지를 이해하기 위해, 우리 학습 메커니즘의 형성과 작동에 대한 좀 더 완전한 설명을 찾을 필요가 있다. 다시 현상학으로 돌아가, 로버트 아우디Robert Audi가 제기한 사례를 살펴보도록 하자. 그는 비행기 안에서 옆자리에 앉은 승객과 대화하는 상황을 상상한다. 대화를 시작할 때 그는 상대의 말을 그렇게 진지하게 받아들이지 않았지만, 대화가 끝날 무렵 상대가 전적으로 믿을 만한 사람임을 알게 되었다. 이러한 태도 변화에 대해 가능한 여러 설명들을 숙고한 후, 그는 다음과 같이 말한다.

> 한 가지 가능성은 무의식적인 추론이다. 말하자면, 그의 설명이 갖는 일반적인 신뢰성으로부터 그것의 본질적인 부분인 이 명제가 참이라는 결론으로 이르는 추론 말이다. 하지만 '상대가 믿을 만하다'는 새로이 형성된 믿음과 같은 나의 지속적 믿음의 인지적 **영향력**이, 꼭 해당 믿음으로부터의 **추론**을 통해 이뤄질 필요는 없을 것이다. [다음과 같은] 다른 가능한 설명은 좀 더 온건하다. 상대가 결국 내 눈에 (상대의 신뢰성에 대한 믿음의 형성 없이도) 꽤나 신뢰할 만한 사람으로 비춰지면, 이는 상당히 직접적인 어떤 방식을 통해 내 안에 상대를 믿는 성향을 만들어 낸다.[13]

하지만 대화 상대가 볼 때 화자가 대략 신뢰할 만한 사람이 되어가는 이 '상당히 직접적인 방식'에 대해서는 어떤 설명이 필요한가? 홉스가 말한 것처럼, 증언에서 우리가 다른 무엇보다도 먼저 평가하는 것은 **사람**이다.

담화가 정의_{definition}에서부터 시작하지 않고 자신의 사색에서 시작하는 경우, …… 그 외에도 다른 사람의 말에서 시작하는 경우가 있다. 이 경우에는 그 사람에게 진리를 아는 능력이 있고, 또한 남을 속이지 않는 정직성이 있다고 믿고서 하는 말이기 때문에 이 담화는 사실[사물]에 관한 것이 아니라 인격에 관한 것이 되고 만다. 그리고 이러한 결심은 믿음 또는 신뢰라고 불린다. 사람에 대한 신뢰 말이다.[14]

이전 장에서 우리는 청자의 신뢰성 판단을, 특정 사안과 관련해 화자가 대략 신뢰할 만한지를 청자가 **지각**하는 일로 생각해야 한다는 발상에 대해 탐색하기 시작했다. 지각 모형은 앞서 아우디가 묘사한, 대화 도중 청자가 화자의 신뢰성에 대한 자신의 견해를 '상당히 직접적인 방식으로' 바꾸는 현상과 확실히 잘 들어맞는다. 따라서 신뢰와 관련된 많은 단서들과 신호들에 대한 청자의 민감성이, 청자가 지닌 특정한 종류의 사회적 지각 능력**에 해당한다**는 발상을 더 발전시켜보도록 하자. 이것은 어떤 종류의 지각 능력일까? 청자가 자신의 대화 상대를 인식적 색채_{epistemic colour} 속에서 바라보기 위해서는, 지각 능력이 단순히 인간의 유능함과 동기 그 자체에 대한 배경적 '이론'(일반화된 체계)이 아닌, 좀 더 구체적으로 특정한 맥락에서 특정한 사회적 유형[에 속하는 사람들]의 유능함과 동기에 대한 사회적으로 위치지어진 '이론'에 의해 뒷받침되어야 할 것이다. 청자는 대화 상대의 말을, 상대와 같은 사람이 자신과 같은 사람에게 이와 같은 상황에서 이와 같은 무엇인가에 대해 참을 말할(참을 말할 수 있을, 그리고 참을 말하려 할) 확률에 비춰 받아들일 필요가 있다. 따라서 청자의 신뢰성 판단은, 어떻게 청자에 대한 화자의 사회적 지각이 신실성과 관련된 화자의 동기에 영향을 미칠 것인지를 포함해, 여러 사회적 유형들의 [사람들이 지닐 법한] 유능함과 동기를 따져보아야 한다. 청자가 이러한 방식으로 사회적 유형들을 따져보아야 한다는 사실이 이전 장에서 우리가 고정관념이 신뢰성 판단의 실로 본질적인 부분을 이룬다고 생각한 이유였다. [그리고 이러한 신뢰성 판단에] (정체성 권력의 반-합리적인 추세와 같이) 무언가 이질적인 것이 유입되는 때는, 오직 고정관념이 편견적인 경우뿐이었다.

　　지금까지의 내용은 이전 장에서 논의한 것과 유사했다. 이제 책임 있는 청자가 대화 상대를 인식적으로 적재된 방식으로 지각한다는 발상, 즉 청자는 화자가 자신에게 말하고 있는 바를 특정 정도로 신뢰할 만하다고 지각한다는 발상을 더 완전하게 입증하기 위해, 윤리학을 유용한 유비 대상으로 소환해보자. 덕 윤리 전통에는 도덕적 지각moral perception이라는 발상을 전개하는 도덕 인지주의moral cognitivism의 한 형태가 있다. 이러한 신아리스토텔레스주의적 전통에 따르면, 유덕한 주체의 감수성은 '훈련되는 것' 혹은 사회적으로 교육되는 것으로 여겨지며, 따라서 그러한 주체는 세계를 도덕적인 색채moral colour 속에서 보게 된다. 이러한 유덕한 행위자의 윤리적 감수성이라는 관념과의 유비 관계를 통해, 우리는 어떻게 책임 있는 청자가 추론 없이도 합리적 민감성을 발휘하여 타인의 말에 비판적으로 열려 있을 수 있는지 설명해볼 수 있다. 이러한 설명은 증언에 대한 덕 인식론적virtue epistemological 설명의 틀이 되어줄 것이다. 여기서의 핵심적 발상은, 청자가 추론하지 않고 대화 상대의 말을 적절히 비판적으로 수용할 수 있는 것은, 잘 훈련된 **증언적 감수성**의 지각적 산물perceptual deliverance 덕분이라는 것이다.

3.
유덕한 지각: 도덕적인 것과 인식적인 것

내가 유덕한 행위자virtuous agent의 도덕적 지각 능력과 유덕한 청자의 증언적 지각 능력 사이에 성립시키려고 하는 유비는, 다섯 가지 서로 긴밀히 연결된 평행한 논점들을 중심으로 이뤄진다. 미리 예고하자면 그것들은 다음과 같다. (1) 도덕의 영역에서와 마찬가지로, 증언의 영역에서 판단에 대한 모형은 지각적이며 따라서 비-추론적이다. (2) 두 영역 모두에서 좋은 판단은 성문화 codification될 수 없다. (3) 두 영역 모두에서 판단은 내재적으로 동기 부여적이며, (4) 내재적으로 이유를 제공한다. (5) 그리고 일반적으로 두 영역 모두에서 판단은 인지의 부분을 이루는 정서적 측면을 포함한다. 이에 대해 좀 더 자세히 설명해보자.

덕 윤리 전통에서 비롯된 유형의 인지주의에 따르면, 유덕한 행위자는 도덕적 지각 판단의 능력을 갖춘 것으로 그려진다. 유덕한 행위자는 적절한 도덕적인 '훈육' 혹은 (내가 선호하는 표현으로는) 적절한 도덕적 사회화 덕분에 도덕적 색채 속에서 세상을 보게 된다. 특정한 도덕적 성격을 띠는 행위나 상황에 직면했을 때, 그는 그 행위가 잔인하다거나 친절하다거나 자비롭다거나 이기적이라는 것을 노력해서 알아낼 필요가 없다. 그는 단지 해당 행위나 상황을 그렇게 볼 뿐이다. 이제 이런 유의 지각 판단은 저절로 일어나며 무반성적이다. 이는 행위자 측에서의 어떤 논증이나 추론도 수반하지 않는다. 유덕한 행위자의 지각 능력은, 그가 직면한 상황에서 도덕적으로 현저한 특징들에 대한 민감성을 통해 설명된다. 증언의 경우에도, 유덕한 청자의 지각 능력은 상황과 화자의 수행에서 인식적으로 현저한 특징들에 대한 민감성을 통해 이해되어야 한다는 것이 마찬가지의 제안일 것이다. 인식적으로 현저한 특징들은 신뢰할 만함과 관련된 다양한 사회적 단서들, 즉 해당 사안과 관련해 화자가 갖는 신실성 및 유능함과 관련된 단서들이다. 이러한 민감성은 서로 다른 종류의 맥락에서 서로 다른 사회적 유형[에 속한 사람들]의 신뢰할 만함에 관한 일련의 배경적 가정들, (내 용법에 따르면) 신뢰할 만함에 관한 사회적으로 위치지어진 '이론'에 의해 보증된다. 도덕적으로 유덕한 주체의 지각이 도덕적으로_{morally} 다채롭듯, 유덕한 청자의 지각 또한 인식적으로_{epistemically} 다채롭다. 이 유비는 우리에게 신뢰성 판단이 지각적일 수 있다는 발상을 철학적으로 입증하는 방법을 제시하며, 나는 증언의 인식론이 절실하게 요청하는 '비-추론적 판단의 모형'을 여기서 발견할 수 있다고 제안하고자 한다.

한편 이 단계에서 우리는 '이론_{theory}'과 '이론 적재성_{theory-ladenness}'

이라는 용어를 사용하는 것에 특히 주의를 기울여야 하는데, 여기서 해당 용어들을 사용하는 것이 우리를 상당히 잘못된 방향으로 이끌 우려가 있기 때문이다. 왜냐하면 도덕적으로 유덕한 행위자나 인식적으로 유덕한 청자 모두, 자신이 직면한 사례에 일반화를 적용함으로써 자신의 지각 판단에 도달하는 것이 아니라는 점이(정확히는, 각각 도덕적 판단과 신뢰성 판단에 도달하는 것이 아니라는 점이), 우리가 주목하는 도덕 인지주의의 중요한 특징이자, 우리가 발전시키고 있는 유비의 두 번째 중요한 특징이기 때문이다. 그는 '**이론**'을 적용하는 것도, 이론을 '**적용**'하는 것도 아니다. 다시 말해 그것은 이론이 아니며, 그는 이를 적용하지도 않는다. 반대로, 비록 관련한 일부의 일반화나 원리들이 분명 정식화될 수 있음에도 (그리고 좀 더 반성적인 판단 모드로의 전환이 요청되는 맥락에서는 몹시 귀중함에도) 유덕한 주체는 자신의 판단에 암시되어 있는, 끝없이 복잡한 규범의 성문화된 체계를 따름으로써 지각 판단에 도달하는 것이 아니다. 선행하는 규칙에 대한 어떠한 의존도 없이, 그는 자신의 생각을 자신이 직면할 법한 무수히 많은 다양한 문맥에 따라 조정하고 고칠 수 있다. 오히려 규칙에 의존한다는 것은 아직 모방하는 단계에 있는, 완전한 덕을 달성하지 못한 사람의 특징이다. 마사 누스바움 Martha Nussbaum 은 호소력 있는 방식으로 이를 예술적인 즉흥 연주와 비교한다.

좋은 숙고는 유연성, 반응성 그리고 외부에 대한 개방성이 중요한 즉흥 연기나 즉흥 연주와 같다. 여기서 알고리즘에 의존하는 것은 불충분할 뿐 아니라 미성숙함과 약함의 징후이다. 자신의 악기의 개별적인 성질에 맞춰 약간의 변화를 주면서 악보를 따라 재즈 솔로를 연주하는 것도 가능하다. 그렇다면 질문은 누가 이것을 하며, 왜 할 것이냐는 것이다.[15]

물론 유덕한 지각 능력의 작동 대다수를 일반적인 용어로 특징짓는 것은 가능하겠지만, 그렇다고 해서 그것이 성문화가 가능함을 함축하는 것은 아니다. 어떤 규칙들의 집합도, 유덕한 도덕적 지각 민감성virtuous moral perceptual sensitivity이라는 몸에 밴 즉흥 연주를 사전에 포착할 수 없다. 즉 유덕한 판단이라는 사실은 그런 모든 규칙들에 선행한다. 마치 완전한 덕으로 향하는 여정 가운데 있는 이들에게 완전히 유덕한 이들의 행동과 판단이 지침으로서 유용한 것처럼, 그러한 규칙들은 아직 완전한 덕에 이르지 못한 이들에게는 지침으로서 유용할지 모르지만, 절대 덕의 대체물이 될 수는 없을 것이다. 우리가 도덕의 경우와 증언의 경우 모두에 공통적인 것으로 제안하고 있는 종류의 판단은, 환원 불가능한 방식으로 그저 **판단**의 문제이다. 맥도웰은 다음과 같이 말한다.

편견 없이 본다면, 적절하게 성숙한 사람의 관점이 이 같이 성문화될 수 있다는 것은 전혀 그럴듯하지 않을 것이다. 아리스토텔레스가 한결같이 말하듯, 우리가 어떻게 행동해야 하는지에 대한 최선의 일반화는 기껏해야 대부분의 경우에 대해서만 성립할 뿐이다. 만약 누군가 덕이 요구하는 바에 대한 자신의 구상을 규칙들의 집합으로 환원하려 시도한다면, 그가 아무리 예리하고 사려 깊게 규정을 작성한다 한들, 그 규칙들을 기계적으로 적용한 것이 그릇된 것으로 다가오는 경우들이 불가피하게 나타나게 될 것이다. 그리고 이는 반드시 당사자의 마음이 바뀌었기 때문은 아닐 것이며, 오히려 사안에 대한 당사자의 마음이 어떠한 보편적 공식에 의해서도 쉽사리 포착되기 어렵기 때문일 것이다.[16]

유덕한 도덕적 지각 능력이 도덕적 현저함_moral salience의 패턴에 대한 민감성, 즉 새로운 상황, 행동 혹은 사람 안에서 다양한 종류의 가치들이 어떻게 배열되는지에 대한 민감성임을 우리가 명심한다면, 도덕적 지식이 성문화될 수 없다는 발상은 더욱 분명해지리라 생각한다. 유덕한 사람으로 하여금 세계를 특정한 빛에 비춰볼 수 있도록 해주는 것이 바로 민감성이며, 이러한 민감성은 내재적인 실천적 의미를 갖는다. 그러나 민감성을 숙고의 대안으로만 축소시키는 것은 오해를 불러일으킬 수 있다. 윤리적 의식에는 무엇을 할 것인지를 결정하는 것 이상의 무언가가 있다.[17] 유덕한 지각은 우리에게 경험, 사람, 상황 그리고 사건에 대한 도덕적인 이해—나의 표현법을 따르면 도덕적 색채 속에서 세계를 보는 시야—를 제공해주며, 이러한 관점에서는 심지어 도덕적으로 가장 현명한 사람조차도 여전히 [성문화될 수 없는, 불확정적이고 창조적인] 놀라움에 열려 있다. 달리 말하자면, 오히려 경직된 도덕적 이해라는 부정직한 안온함에 저항하기 충분할 정도

인식적 부정의

로 마음이 열려 있다는 사실이 그 사람의 도덕적 지혜에 대한 최상의 표지이다. 아이리스 머독Iris Murdoch이 "도덕적 과제는 끝이 없다는 특징이 있는데, 이는 단지 주어진 개념 '안에서의' 우리의 노력이 불완전하기 때문일 뿐만 아니라, 우리가 움직이고 우리가 바라봄에 따라 우리의 개념 그 자체가 계속해서 변화하기 때문이다"라고 말한 것은 바로 그러한 의미였던 것이다.[18] 유덕한 지각을 이러한 방식으로 이해함으로써, 우리는 어떻게 유덕한 도덕적 지각이 성문화 가능성이라는 발상을 극렬히 배척하는지 좀 더 분명히 알 수 있다. 성문화에 대한 열망—이는 유덕한 감수성으로부터 유용하게 외삽될 수 있는 어떤 일반적 원리를 명시화하고자 하는 (전적으로 고결한) 열망과 혼동되어서는 안 된다—은 가짜 객관성으로 도피하려는 충동, 즉 윤리적 삶에 의해 주어지는 불확정적인 창조적 요구를 회피하려는 충동인 것으로 드러난다.

윤리적 지식의 궁극적인 성문화 불가능성은 증언 사례와의 두 번째 유사한 점에 해당한다. 이러한 유사점에 대해 논의를 시작하기에 앞서, 코디가 말했던 바를 살펴보자.

수학의 전통은 거짓보다 참을 두 배 더 많이 말하는 증인, 혹은 80퍼센트의 신뢰성을 갖는 증인과 같은 이야기로 가득하지만, C. S. 퍼스C. S. Peirce가 오래전에 지적했듯이 이런 유의 이야기는 공상에 가깝다. 이는 단지 실제 사람의 경우에 우리가 그러한 비율을 계산할 방법이 없다는 의미가 아니다. 더욱 중요하게, 이러한 비율 관념은 '사람들이 동전의 한쪽 면 혹은 다른 면으로 행위하는 꽤나 일반적인 경향이 있으며, 이 경향이 그들의 발화에 대한 충분히 긴 실험을 통해 드러날 것이라는 점에서 동전과 같다'는 환상을 조장한다. 하지만 사람들은 그렇지 않다. 사람들은 맥락이나 주제에 관계없이 거짓말을 하는 일반적인 경향이나, 특정한 상황으로부터 추상된 실수를 저지르는 일반적인 경향을 갖고 있지 않다.[19]

코디의 이러한 지적은 옳은 것으로 보인다. 물론 정확한 신뢰성 비율을 구하는 과정에도 맥락에 대한 어떤 민감성이 포함될 것이며, 확률론적 모형이 실제 화자가 신뢰성 비율을 갖기를 요구한다거나, 청자가 그런 계산을 할 것을 요할 필요가 없다는 점에 유의할 필요는 있다. 그러나 오히려 확률론적 모형은, 증거와 관련한 어떠한 종류의 변화가 화자의 발언에 대한 신뢰성을 증가시키거나 감소시키는지, 그리고 얼마나 그렇게 증감시키는지에 대한 합리성을 도식화하는 데 관심을 둘 수도 있다.[20] 내가 생각할 때 이러한 회의적 논점의 핵심은, 일상의 청자가 신뢰성 판단을 내릴 때 민감해야 하는 맥락의 범위는 너무나 방대하며, 다양한 사회적 맥락에서 신뢰할 만함과 관련된 수많은 신호와 단서들에 의해 그 맥락이 너무나도 세밀하게 구분되기에, 충분히 복잡한 성문화가 가능할 것이라고 생각하는 것이, 혹은 그러한 성문화가 있다 하더라도 그것이 유용할 거라고 생각하는 것이 명백히 현실적이지 않다는 것이다. 이것이 도덕 인지주의에서의 비-성문화 논점의 핵심이며, 우리가 이와 비교하고 있는 증언의 측면에서도 이에 대한 정확한 대응물이 존재한다. 유덕한 청자는 사전에 놓인 모종의 원리를 적용해 신뢰성 판단에 도달하는 것이 아니며, 이는 그만큼 충분한 정도로 정확하고 포괄적인 원리는 없기 때문이다. 유덕한 청자는 대화 상대를 특정한 빛 속에서 '그저 볼' 뿐이며, 그에 따라 상대의 말에 반응할 뿐이다. 물론 우리는 도덕의 경우에서와 같이 증언의 경우에서도 우리의 판단을 지배하는 특정한 일반 원리들을 명시화함으로써 이득을 볼 수 있을 것이다. 핵심은 그러한 일반 원리들이 유덕한 판단에 후행한다는 점이다. 다시 말해, 원리는 덕을 대체할 수 없다.[21] 앞에서는 상황, 행위, 사람과 관련해 도덕적 현저함에 대한 민감성을 통해 도덕의 경우를 설명했다. 그러므로 이에 상응해, 이제 우리는 증언의 경우에서도 청자가 인식적 현저함―해당 맥락에서 화자의 수행의 신뢰할 만함과 관련한 많은 측면들―에 대한 민감성을 행사해야 한다는 것을 볼 수 있다.

이처럼 유덕한 행위자의 도덕적 지각과 유덕한 청자의 화자에 대한 인식적 지각의 성문화 불가능성은 [둘 사이의] 유사성의 두 번째 핵심을 이룬다. 하지만 추가적으로, [둘 사이의] 좀 더 밀접한 연관성에 주목할 필요가 있다. 유덕한 청자가 민감해야 하는 것 중 일부는 단순히 화자가 스스로 말하고 있는 바를 아는 데서의 유능함에 관한 것이지만, 또 다른 일부는 화자의 신실성과 관련되어 있다. 신실성은 도덕적 개념이기에, 후자의 인식적 현저함은 또한 도덕적 현저함이기도 하다. 이러한 현저함은 청자를 향한 화자의 도덕적 태도와 관련된 단서이다. 이를테면 이러한 단서들로는 화자가 청자를 속이려는 동기를 얼마나 갖게 될 수 있는지, 화자가 사안과 관련해 청자가 완전한 설명을 들을 자격이 어느 정도로 있다고 생각하는지, 화자가 불편한 사실을 견디는 능력 면에서 얼마나 청자를 본인과 동등하다고 간주하는지 등이 있을 것이다. 인식적 신뢰는 윤리적 신뢰를 포함하는데, 이는 인식적으로 신뢰할 만함이 도덕적으로 신뢰할 만함의 한 종류를, 즉 신실성을 포함하기 때문이다. 따라서 인식적 현저함에 대한 유덕한 청자의 민감성은, 도덕적 현저함 일부에 대한 민감성을 포함한다. 달리 말해, 화자를 인식적 색채 속에서 본다는 것은 그들을 어떤 도덕적 색채 속에서 본다는 것을 함축한다.

이제 세 번째 그리고 네 번째 유사성의 논점으로 넘어가보자. 도덕적으로 유덕한 행위자의 특징은, 현저함에 대한 민감성에 동기부여적 부하motivational charge가 실려 있다는 점이다. 즉 도덕적 지각은 내재적으로 동기부여적이다. 내가 과거에 들은 무언가에 도덕적 반응을 보인다 하더라도, 그리고 그에 따라 나 자신의 실천적인 개입에 의문의 여지가 없다고 하더라도, 무엇이 선하거나 나쁜지, 부정의한지, 친절한지, 용감한지, 비열한지에 대한 나의 지각은 행위를 추동하는 것과 여전히 같은 종류의 지각이다. 상황을 도덕적 렌즈를 통해 바라본다는 것은, 해당 상황이 관련 당사자들에게 어떤 실천적인 반응을 요구하는 것으로 보는 것이다. 그러나 이보다 더 나아가, 도덕적 지각에는 정당화적 부하justificationally charge가 실려 있다. 즉 제공된 동기가 합리적이므로, 유덕하게 지각된 사실들은 특정한 방식으로 행위할 이유를 이루게 된다. 따라서 우리는 관련 상황을 유덕한 행위자에 의해 지각된 것으로서 언급하면서 도덕적으로 행위를 설명하고 정당화할 수 있다. 따라서 맥도웰은 다음과 같이 지적한다. "만약 [행위가] 유덕한 사람이 사물을 바라보는 특유의 방식을 드러낸다면, 그것들은 그 지각 능력의 발휘라는 측면에서 설명될 수 있어야만 하며, 이는 이유를 완전히 구체화하려는 욕구에 의해 더 부연될 필요가 없다."[22]

동기와 정당화라는 두 논점 모두와 관련해, 우리는 증언의 경우와의 직접적인 유사점을 발견할 수 있다. 유덕한 청자가 자신의 대화 상대를 인식적으로 다채로운 방식으로 지각하는 것은—예를 들어 화자가 청자에게 말하고 있는 바와 관련해 신뢰할 만하다고 지각하는 것은—[청자로 하여금] 화자가 말한 것을 수용할 동기를 제공한다. 이는 명백한 것이다. 만약 당신이 누군가가 당신에게 지식을 제공하고 있는 것으로 지각한다면, 당신은 이에 따라 그가 당신에게 말하고 있는 바를 수용할 동기를 갖게 될 것이다. 나아가, 유덕한 청자가 대화 상대를 신뢰할 만한 존재로 지각하는 것은 상대가 말한 바를 수용하는 것을 정당화한다. 즉 수용하려는 동기는 합리적이다. 이것이 우리가 지금 여기서 발전시키고 있는 증언에 대한 일반적 구상의 핵심 부분이다. 유덕한 청자가 자신의 대화 상대를 (그가 자신에게 말하고 있는 바와 관련해) 신뢰할 만한 존재로 지각하는 것은, 청자로 하여금 상대가 말한 바를 수용하려는 동기를 부여할 뿐 아니라, 이를 정당화하기까지 한다. 만약 사후에 [자신의 신뢰성 판단에 대해] 청자가 이의제기를 받은 경우, 청자는 자신의 이유를 재구성할 수 있을 수도, 없을 수도 있지만, 그의 신뢰성 판단이 해당 맥락 속 증언 수행에서의 인식적으로 현저한 특징들에 대한 잘 훈련된 민감성에 의해 내려진 것이었다면, 달리 말해 그 판단이 유덕한 증언적 감수성의 산물이었다면, 그 신뢰성 판단은 정당화된다. 결과적으로, 만약 그가 전달받은 것이 지식이라면 그가 수용한 것도 지식이다. 유덕한 청자는 본인에게 주어진 것을 논증 없이 얻을 수 있다.

물론 도덕적 맥락에서는, 어떻게 인지적인 것(즉 지각)이 본래적으로 동기부여적일 수 있는지의 문제가 당혹스러울 것이다. 이것이 당혹스러운 이유는, 도덕 인지주의자는 유덕한 행위자가 행위에 나서도록 하기 위해 욕구와 같은 어떤 상태를 독립적으로 필요로 하지 않으며, 지각만으로 충분하다는 견해를 따르기 때문이다. 반대로 우리가 증언의 경우에서 제기하려고 하는 유사한 논점은, 그런 지각이 [인식자에게] 동기를 부여하기에 충분함을 보이는 것에 엄격하게 의존하지는 않는다. 이는 유덕한 청자가 [대화 상대를] 신뢰할 때, [들은 바를] 수용할 동기를 갖기 위해 진리나 지식에 대해 독립적으로 식별 가능한 욕구를 소유할 필요가 없다는 것을 보이는 데 우리가 특별히 애쓸 필요가 없기 때문이다. 그러나 아마도 이 점을 탐색할 가치는 있을 텐데, 우리가 특정한 종류의 인지에서 감정emotion이 담당하는 구성적 역할에 대한 적절한 이해를 가지고 있는 이상, 도덕 인지주의와의 유사성이 이러한 특정한 경우에 성립한다는 것이 나의 생각이기 때문이다. 한편에는 인지가 있고 다른 편에는 감정이 있으며, 전자는 지향적 내용을 가지고 후자는 그렇지 않다는 경험론적 고정관념을 가지고 그 쟁점을 살펴본다면, 지각과 같은 인지적 상태가 행위를 추동할 수 있다는 제안이 가망 없이 당혹스럽게 느껴질 것이다.[23] 하지만 만약 우리가 감정을 인지적 내용을 가질 수 있는 것으로 개념화하면서, 또는 인지를 감정적 내용을 가질 수 있는 것으로 개념화하면서 쟁점을 살펴보게 될 경우, 동기에 대한 질문은 그 자체로 문제로 여겨지지는 않을 것이다.[24] 이와 관련해 아리스토텔레스에 대한 누스바움의 해석이 도움이 된다.

> [아리스토텔레스는] 진정 좋은 사람은 잘 행위할 뿐 아니라 그가 선택한 바에 대해서도 적절한 감정을 느낄 것이라 여긴다. ……
> 그 이면에는, 정념passion을 성격personality의 반응적이고 선별적인 요소로 바라보는 관점이 있다. 플라톤적 의미의 충동 혹은 압박과 달리, 정념은 높은 수준으로 교육될 수 있으며, 높은 변별력을 갖는다. 심지어 아리스토텔레스에게는 욕망*조차도 지향적이고 분별적인 기능을 할 수 있다. 그것은 행위자에게 필요한 대상의 존재를 알려줄 수 있으며, 지각 및 상상력과 반응적으로 상호작용하면서 작동한다. 욕망의 지향적 대상은 '외견상의 좋

---

* 아리스토텔레스에게 '욕구orexis, desire'는 이성적인 것boulesis, 기개적인 것thumos, 욕망epithumia, appetitive desire으로 구분된다. 즉 여기서 저자는 아리스토텔레스에게 비이성적 욕구로 분류되는 '욕망'조차 지향성과 선별성을 가질 수 있다는 점을 강조하고 있다. 용어 번역과 관련된 사항으로는 다음 논문을 참고하라. 강성훈, 〈플라톤에서 영혼의 기개적 부분과 분노〉, 《철학사상》 47, 2013, 35~66쪽.

음'이다. 감정은 믿음과 느낌의 복합체이며, 사고의 발달에 의해 형성되고, 그 이유에 대한 변별력이 매우 높다. 간략히 말해, 아리스토텔레스는 인지적인 것the cognitive과 감정적인 것the emotive을 예리하게 나누지 않는다.[25]

감정을 지향적인 것으로, 도덕적 지각moral perception의 부분을 이루는 것으로 생각하게 되면, 도덕적 지각의 상태가 어떻게 행위를 추동할 수 있는지에 대한 난해함이 해결된 철학적 구상에 도달하게 된다. 그 해답은, [감정이] 도덕적 인지moral cognition의 부분으로 내장되어 있다는 것이다. 만약 누군가 지각으로부터 감정을 끄집어낸다면, 그것은 더 이상 유덕한 지각이 아닐 것이다.

감정이 도덕적 지각의 부분으로서 존재한다는 이러한 논점이 어떻게 유덕한 청자에 대한 우리의 구상과 일치할 수 있을까? 유덕한 청자가 민감해야 하는, 대화 상대의 수행 속 많은 신호와 단서들은, 상대가 청자에게 말하고 있는 바에서 상대의 신뢰할 만함과 관련된다. 만약 청자가 화자를 신뢰할 만하다고 지각하는 경우, 다른 것들이 동일하다면 청자는 실제로 화자를 신뢰하고 화자가 자신에게 말하는 것을 수용할 것이다. 타인에 대한 그러한 신뢰의 태도는 순수하게 지성적인 태도가 아니다. 그 태도가 신뢰**감**feeling of trust[신뢰의 느낌]을 포함하기 때문이다. 나는 쟁점이 되는 것이 설령 오직 청자의 유능함뿐인 경우라 하더라도 여전히 그러할 것이라고[즉 신뢰의 태도는 순수하게 지성적인 태도가 아닐 것이라고] 생각하지만, 청자가 자신에 대한 화자의 신실성에 대해서도 또한 민감해야 한다는 사실은 이러한 논점을 [더욱더] 거부하기 어렵게 만든다. 화자의 신실성은 우리가 화자에 대한 모종의 사적인 감정적 반응 없이 알아차릴 수 있는 유의 태도가 아니다. 유덕한 청자가 그의 대화 상대를 이러저러한 정도로 신뢰할 만하다고 지각한 경우, 그 인지적 성취는 부분적으로 '신뢰감'이라는 감정에 의해 구성될 수밖에 없다. 따라서 청자는 도덕적 주체와 같이 (최소한 전형적인 경우에는) 감정적 측면이 있는 판단을 내린다.

그러나 이러한 유사점은, 좀 더 일반적인 감정적 관여가 상대의 신실성 혹은 불신실성에 대한 청자의 지각에 포함되어 있다는 사실에 의해 더욱 뒷받침된다. 즉 판단할 수 있는 위치에 있기 위해 청자는 상대에게 충분히 공감해야 하며, 공감은 통상적으로 어떤 감정적인 부하를 싣고 있다.[26] 공감 능력이 적은 청자는 신뢰성 판단에서 상당히 불리한 상황에 놓이게 되는데, 이는 청자가 화자의 수행을 적절한 빛에 비춰보는 데 자주 실패할 수 있기 때문이다. 예를 들어 만약 청자가 공감 능력의 결여로 인해 대화 상대가 자신에게 겁을 먹었다는 사실을 알아차릴 수 없다면, 청자는 상대의 태도를 잘못 지각할 수 있다. (이를테면 상대가 학생이고 청자는 [공감 능력이 저하된] 주임 선생님인 경우, 실제로는 학생이 부정직하지 않음에도 주임 선생님은 [학생의 겁먹은 태도로 인해] 학생이 신실하지 않다고 지각할 수 있다.) 나는 공감은 감정적인 인지적 능력이라고 생각하며, 그렇기에 잘 훈련된 증언적 감수성은 잘 훈련된 감정을 수반하고, 화자에 대한 청자의 지각에는 특정한 공감적 관여와 연관되어 있는 모든 감정 반응들(동정이나 의심의 느낌, 공동의 목표나 경쟁의 느낌, 존중이나 경멸의 느낌들)이 포함된다. 만약 우리가 인지와 감정에 대한 경험주의적 이분법에 따른 개념화 방식을 취했더라면, 대화 상대에 대한 청자의 지각과 관련된 이러한 사실은 단지 동반되는 감정으로, 설명을 통해 제거되어야 하는 당혹스러운 것으로 보였을 것이다. 하지만 감정에 대한 좀 더 아리스토텔레스적인 개념화 방식은, 청자의 느낌(신뢰감이나 불신감, 또는 특정 공감적 관여와 관련된 다른 느낌들)을 청자의 인식적으로 적재된 지각에 긍정적 인지적 기여를 하는 것으로 표상할 수 있게 해준다. 심지어 때로는 이것이 지각의 지배적 측면이 될 수도 있다. 그렇기에 순수하게 도덕적인 신뢰에서와 마찬가지로, 인식적 신뢰에서도 자신의 감정에 귀를 기울이라는 것이 좋은 충고가 될 수 있다. 다양한 화자들에 대한 유덕한 청자의 감정적 반응은 다양한 맥락에서 경험에 의해 훈련되고 다듬어지기 때문이다. 유덕한 청자의 신뢰감은 화자들의 신뢰할 만함을 감지하는 정교한 감정적 레이더이다. 따라서 다섯 번째 유사점은, 유덕한 도덕적 지각과 유덕한 증언적 지각 모두 감정을 긍정적인 인지적 입력물로 특징짓는다는 것이다.

마지막으로, 청자로서 우리가 갖는 현상학에 대해 다뤄보자. 위에서 탐구된 다섯 가지 유사점—도덕적 혹은 증언적 판단은 비-추론적이고, 성문화될 수 없고, 내재적으로 동기부여적이며, 내재적으로 이유를 제공해주고, 전형적인 경우에는 정서적 측면을 갖는다—은 모두 비-추론주의의 큰 동력이 되어온, 자동적이고 무반성적인 증언의 현상학과 일맥상통한다. 실로 그것들은 청자로서 우리가 갖는 현상학이 어떻게 비판적 활동인 동시에 또한 전적으로 무반성적이고 저절로 일어나는 인지적 활동의 부분일 수 있는지를 설명해준다. 좀 더 구체적으로 말해, 이러한 유사점들은 내가 앞서 현상적 경험에 대해 기술한, 청자는 전형적인 경우 대화 상대의 신뢰할 만함과 관련된 많은 신호와 단서들에 대해 무반성적 기민함을 겪는다는 내용과 잘 들어맞는다. 우리가 매일매일 즉석에서 내리는 신뢰성 판단이, 내가 묘사한 바ー훈련되고, 사회적으로 위치지어지며, 전형적인 경우에는 저절로 내려지는 지각적 판단ー와 같다는 점을 고려할 때, [이에 관한 우리의] 현상학은 무반성적이어야 하지만, 다른 한편으로 [신뢰성 판단을] 순전히 무비판적인 것으로 여긴다면 이는 현상학을 잘못 파악하는 것임을 알 수 있다. 만약 우리가 도덕적 지각 모델과의 유비를 수용한다면, 청자의 현상학을 무반성적이지만 동시에 비판적 기민함[을 지닌 것]으로 해석하는 것이 타당하며 또한 정당화된다.

4.
감수성 훈련하기

나는 증언적 지각 능력이 유덕한 사람의 도덕적 지각 능력과 유사하다는 발상을 개진하면서, 도덕적 훈련에 대한 아리스토텔레스적 개념을 적용해왔다. 하지만 해당 개념이 이러한 유사성과 관련해 어떻게 증언에 적용되는지를 보려면 설명이 좀 더 필요하다. 아리스토텔레스적 관점에 따르면, 유덕한 사람의 훈련은 연습과 예시를 통한 습관화에 해당한다. 아리스토텔레스는 감각sense과 덕virtue을 대조하면서 다음과 같이 말한다.

> 그러나 기예와 마찬가지로, 우리는 먼저 덕을 발휘하면서 이를 습득한다. 무언가를 배워야 할 때, 우리는 그것이 무엇이든 실제로 그것을 해보면서 배운다. 즉 사람들은 건축을 하면서 건축가가 되고, 악기를 연주하면서 연주자가 된다. 유사하게 우리는 정의로운 행위를 수행함으로써 정의로워지고, 절제된 것을 수행함으로써 절제를 갖추며, 용감한 것을 수행함으로써 용감해진다.[27]

한편 우리는 아리스토텔레스의 구상에서 개인의 훈련이 기대에 부응하지 못할 위험 역시 발견할 수 있는데, 습관화가 덕과 악덕 모두를 향해 작동할 수 있기 때문이다.

> 다시 말해, 모든 형태의 탁월함을 불러일으키는 원인 혹은 수단들은 그것을 파괴하는 것과 동일하며, 이는 기예의 경우와 유사하다. 왜냐하면 누군가가 좋은 하프 연주가가 되고 나쁜 하프 연주가가 되는 것은 하프를 연주한 결과이기 때문이다. 건축가와 다른 모든 장인들에게도 동일한 원리가 적용된다. 우리는 잘 건축한 결과 좋은 건축가가 되며, 나쁘게 건축한 결과 나쁜 건축가가 된다. 이제 이는 덕에 대해서도 잘 성립한다.[28]

인식적 부정의

이는 내가 청자의 증언적 감수성$_{testimonial\ sensibility}$에 대해 논하려는 바와 연결된다. 지금까지 우리는 잘 훈련된 감수성의 관념에 집중해왔지만, 우리의 기획에서 주된 관심사는 나쁜 훈련의 원천, 즉 편견과 편견적 고정관념임을 기억할 필요가 있다. 자신의 대화 상대에 대한 청자의 지각은 유덕할 수도 있지만, 이러저러한 방식으로 유덕하지 못할 수도 있다. 편견은 항상 존재하지만 (노예와 여성에 대한 아리스토텔레스의 입장을 생각해보라), 특정한 시점에 만연해 있는 편견은 역사가 진행되면서 함께 변화한다. [따라서] 우리에게는, 인간을 자신의 시대가 갖는 태도에 의해 형성되면서도 이러한 태도들에 비판적 태도를 취할 수 있는 능력을 가진 존재로 바라보는 관점이 필요하다. 그렇기에 우리는 아리스토텔레스에게서 발견할 수 있는 것보다 더 역사주의적이고 더 반성적인 윤리적 훈련에 대한 관점을 필요로 한다.

우리의 윤리적 감수성$_{ethical\ sensibility}$은 그 시대의 태도를 몸에 익히며 첫 번째 형태를 갖추게 된다. 따라서 우리는 (사회적 압력이 허락한다면) 기존의 어떤 신념에 대해서도 거리를 두게 될 수 있다. 역사주의[적 관점]는 우리 자신의 윤리적 삶의 방식에 대한 책임, 즉 우리가 누구인지에 대한 내재적이고 깊게 관여된 책임을 대두시킨다.[29] 따라서 나는 윤리적 감수성을 훈련하는 데는 최소한 서로 다른 두 종류의 입력물, 즉 사회적 입력물과 개인적 입력물이 포함된다는 것을 제안하고자 한다. 윤리적 감수성은 특유의 역사적·문화적 삶의 방식—혹은 앨러스데어 매킨타이어$_{Alasdair}$ $_{MacIntyre}$가 표현한 것처럼 윤리적 '전통'[30]—이 익혀짐으로써 발달하며, 이는 지속적인 윤리적 사회화의 문제로 이해될 수 있다. 또한 우리는 환원 불가능한 개인적 삶의 경험으로부터 정서적으로 특정한 방식으로 육성되며, 이 점에서 우리 감수성의 지속적 형성은 고유하게 개인적인 것이다. 이 집단적인, 그리고 개인적인 두 부류의 투입 흐름은 한 사람의 도덕적 감수성을 지속적으로 만들어낸다. [신뢰성 판단이라는] 개인 감수성의 산물은 일련의 배경적인 해석적·동기적 태도에 의해 형성되는데, 개인은 이 태도들을 처음에는 윤리적 공동체로부터 수동적으로 물려받게 되지만, 이후로는 반성적 개인이 여러 능동적인 방식으로 이를 성찰하며 실천한다. 윤리적 책임은 일차적인 윤리적 사회화를 통해 얻은 전통적 지점과, 삶이 자신에게 제공한 경험들 사이의 적절한 비판적 연결을 만들어낼 것을 개개인에게 요구한다. 삶이 제공한 그 경험들은 때로는 그의 윤리적 사회화[를 통해 과거에 익혀왔던 바]와 충돌할 수 있으며, 따라서 충돌하지 않았더라면 해당 개인이 물려받아 유지했을 감수성을 비판적으로 반성하도록 한다.[31]

나는 유덕한 청자가 자신의 증언적 감수성을 획득하는 과정인 인식적 사회화가 이와 유사한 구조를 갖는다고 제안한다. 앞선 도덕의 경우에서와 마찬가지로, 우리는 유덕한 청자의 감수성을 증언 교환의 실천에 참여하고 이를 관찰함으로써 형성된 것으로 생각해야 한다. 처음에는 이를 수동적·사회적으로 물려받게 되며, 그 이후로는 때로는 수동적이고 때로는 능동적인 청자 스스로의 경험에서 기인하는 개인적 입력이 이뤄진다. 이러한 개인적 입력과 집단적 입력의 흐름이 합쳐져, 사람들이 말한 바를 정상적이고 무반성적으로 수용하는 것이 어떻게 다양한 부수적 경험—사회적으로 위치지어진 신뢰할 만함에 대한 우리의 비공식적 배경 '이론'background 'theory'—에 의해 조건지어지는지를 설명해낸다. 윤리적 덕에 관련된 훈련의 경험이 유덕한 사람의 감수성 안에 내면화되는 것처럼, 일체의 개인적/집단적 증언적 경험은 유덕한 청자에게 내면화되어 그의 증언적 감수성 안에 자리잡게 된다. 우리는 이러한 경험 일체가 갖는 대략적으로 귀납적인 영향을 통해, 신뢰를 추정하는 것이 알맞을 때, 그리고 오직 그 경우에만 (충분히 신빙성 있게) 신뢰를 추정하는 것을 배울 수 있다. 따라서 여러 화자와 그들의 주장에 대한 우리의 지각은, 서로 다른 유형의 화자들이 여러 종류의 주제에 대해 여러 종류의 맥락에서 갖는, 신뢰할 만함과 관련된 풍부한 개인적/집단적 경험들의 안내를 받게 된다. 대화 상대에 대한 우리의 (청자로서의) 지각은, 증언과 관련된 매우 풍부하고 다양한 개인적/집단적 경험들로부터 조건지어지는 판단인 것이다.

우리가 내리는 신뢰성 판단을 조건짓는 이 거대한 수동적 유산이 존재하는 상황에서, 이것과의 비판적 연결고리를 형성하는 청자로서의 우리의 능력에 대해 말해보자. 여기서 다시 우리의 과제는 윤리적 사례와의 유비를 확인하는 것이다. 나는 개인의 증언적 감수성이 처음에는 수동적으로 물려받는 것이라고 말한 바 있다. 하지만 일단 청자가 깨닫게 된다면, 청자는 때로 증언 교환에 대한 스스로의 경험이, 자신이 수동적으로 건네받아 갖게 된 감수성의 산물과 긴장 관계에 놓인다는 것을 알게 될 것이다. 그리고 이 경우에 자신의 감수성을 새로운 경험에 맞춰 조정하는 것은 청자 스스로의 책임이다. 예를 들어 청자가 정치인에 대한 경험을 쌓아간다고 할 때, 비율상으로 청자가 존경하는 여성 정치인들이 남성 정치인들만큼 존재한다는 점이 드러날 수 있다. 그리고 청자는 한편으로는 자신의 믿음(예를 들어, 여성은 정치적 삶에 있어서 남성과 동등하다는 믿음)과, 자신의 증언적 감수성의 자동적 산물(여성의 정치적 발언을 남성의 발언만큼 진지하게 받아들이지 않도록 한 자신의 감수성의 자동적 산물) 사이의 인지 부조화를 알아차릴지도 모른다. 자신의 판단 과정을 성찰함에 따라, 청자는 '여성은 정치적 삶에 적합하지 않다'는 전통적인 편견적 이미지의 영향을 알아차릴지도 모른다. 심지어 청자 자신의 경험이 그 고정관념은 그저 편견에 불과하다고 믿게 만드는 동안에도 [여전히 은밀하게] 존재해왔던 그 영향을 말이다. 이러한 부조화를 감지했을 때, 책임 있는 청자는 스스로의 증언적 감수성이 자신의 믿음에 따라 조정되며, 이러한 새로운 조정이 어떠한 비판적 반성의 매개를 필요로 하지 않으면서도 일어날 수 있음을 발견할지도 모른다. 그러나 더 많은 경우, 청자는 스스로의 반응과 관련된 자신의 내면화된 습관을 충분히 뒤흔들어 이에 대한 조정 효과가 발생할 수 있도록 비판적 사고를 능동적으로 동원해야 할 필요가 있을 것이다.

만약 이러한 조정이 직접적이라면, 청자는 자신이 여성인 정치적 화자를 지각하는 방식에서 일종의 **게슈탈트** 전환gestalt switch을 겪게 될 것이며, 따라서 청자의 증언적 감수성에 대한 조정은 거

인식적 부정의

의 즉각적으로 일어나게 될 것이다. 만약 조정이 간접적이라면, 자신의 신뢰성 판단의 패턴에 대한 능동적인 비판적 반성은, 일차적으로는 청자의 감수성 외부에서 일종의 교정적 지침을 산출할 것이다. (예를 들어 청자는 정치에 대해 이야기하는 여성의 말을 들을 때, 여성과 남성은 지적으로 동등하다는 점에 대해 적극적으로 마음을 집중하거나, 혹은 자신의 판단 속 편견의 영향을 수정하려 사후적으로 노력할 수도 있다). 시간이 지나면 그런 교정적 지침은 청자의 증언적 감수성의 필수적인 부분으로 내면화되어, 정치에 참여하는 여성에 대해 새롭게 조건화된 증언적 지각 능력 속에 내재화될 수도 있다. 조정이 직접적이든 간접적이든, 우리는 책임 있는 청자의 감수성이 계속되는 증언 경험에 비춰 어떻게 성숙해지고 적응해갈 수 있는지 알 수 있다. 이러한 자기-비판적 성숙과 적응의 과정을 통해, 우리는 청자로서의 덕에 점점 더 가까이 다가갈 수 있다. 증언적 감수성이 이성의 능력이라는 주장은 이러한 방식의 [청자의] 적응 능력에 결정적으로 의존한다. 만약 그렇지 않다면, 증언적 감수성은 이성적 청자의 반응에 대한 정당화의 원천이라기보다 정당화에 대한 위협처럼 보이는, [변화를 어렵게 만드는] 묵직한 사회적 조건화에 불과할 것이기 때문이다.

또한 우리는 이러한 적응성을 통해, 어떻게 증언적 감수성에 대한 우리의 개념화 방식이 비판적 '학습 메커니즘'에 대한 코디의 설명을 뒷받침하는지 알 수 있다. 우리는 앞서 청자가 "(특히 비판적 능력의 문제에서) 경험에 의해 수정되는" [학습] 메커니즘을 작동시킨다고 여기는 코디의 견해를 살펴보았는데, 나는 우리가 코디의 이러한 견해에 꼭 들어맞는 결론에 도달했다고 생각한다. 즉 증언적 감수성은 개인적/집단적 경험에 따라 지속적으로 훈련되고 계속해서 적응해나가는, 자동적으로 발생하는 비판적 감수성이다. 귀납적 합리성이 어떻게 증언적 감수성의 자동적인 지각적 산물 안에 구현될 수 있는지 보여주는 이러한 설명은, 명시적인 추론적 단계들을 밟아가는 것만이 청자가 자신이 들은 바를 수용하는 것을 정당화할 수 있는 유일한 방식은 아님을 보여준다. 적절히 훈련받은 증언적 감수성은, 청자로 하여금 다른 이의 말에 (전혀 특별한 노력 없이도 지식을 공유하는 데 필요한) 비판적 개방성을 지니고 반응할 수 있도록 해준다. 증언적 감수성이라는 발상은 어떻게 판단이 합리적이면서도 무반성적일 수 있는지, 또한 비판적이면서도 비-추론적일 수 있는지에 대한 하나의 상像을 제공해준다. 이는 사회화 과정을 통해 주체에게 불어넣어지고 경험과 비판적 반성에 비춰 지속적으로 수정·조정될 수 있는, 덕으로 구성된 합리적 능력을 제시한다. 이러한 합리적 능력은 인식론 자체에서 흔히 접할 수 있는 것과는 다르지만, 이는 도덕 인식론 영역에서 고대의 선례*를 보유하고 있다. 우리는 증언적 감수성을 우리의 인식적 "제2의 본성second nature"[32]의 한 부분—실로 본질적인 부분—으로 생각해볼 수 있는 것이다.

---

* 여기서의 '고대의 선례'란 아리스토텔레스의 철학을 뜻한다. 다음 문장에서 프리커는 아리스토텔레스의 '제2의 본성' 개념을 인용하며, 이 장에서 자신이 도출한 '합리적 능력'에 관한 이론이 아리스토텔레스의 도덕 인식론 계보에 놓여 있음을 말하고 있다.

4장   증언적 정의의 덕

1.
편견을 교정하기

우리는 지금껏 청자가 인식적으로 적재된 방식으로 화자를 지각한다는, 즉 청자가 화자의 말을 더 혹은 덜 신뢰할 만한 것으로 본다는 구상을 발전시켜왔다. 이런 지각 능력은 실제의 역사적인 인간사회에서 훈련되며, 이는 집단적인 사회적 상상 속에 존재하는 정체성 편견이 증언적 감수성을 지속적으로 훈련하는 데 고질적인 위험 요소로 작용한다는 것을 의미한다. 담화적 환경에 정체성 편견이 존재하는 곳이라면 어디든 우리에게 관건이 되는 종류의 증언적 부정의(정체성-편견적 신뢰성 결여)가 발생할 위험이 있다. 이는 자신의 편견이 화자에 대한 지각을 왜곡할 위험에 대응하기 위해 청자가 가져야 할 특정한 덕목을 우리가 과연 식별할 수 있는지의 물음을 제기한다. 우리는 청자가 증언적 부정의를 저지르지 않기 위해, 또한 가치 있는 지식 역시 놓치지 않기 위해 유덕한 청자의 감수성이 담아내야 할 특정한 **반-편견적** 경향에 대해 질문해야 한다. 이 특정한 덕의 본성으로 나아가기 위해서 먼저 앤서니 밍겔라의 〈리플리〉 각본부터 유심히 살펴보자. 여기서 허버트 그린리프는 마지 셔우드를 부정의하게 침묵시킨다.[1] 나는 당대의 역사적 맥락을 고려할 때 그린리프가 결여했던 인식적 덕이 무엇이었는가의 물음, 그리고 그린리프가 정확히 어떤 도덕적 지위를 갖는지의 물음으로 넘어가기 위해, 먼저 그가 그녀에게 행사하는 증언적 부정의에 집중할 것이다.

주어진 역사적 맥락은 1950년대의 베니스이다. 부유한 미국인 사업가인 허버트 그린리프는 자신을 배신한 아들 디키의 행방과 관련된 수수께끼를 풀기 위해 고용한 사설 탐정과 함께 그곳을 방문했다. 디키 그린리프는 최근 그의 여자친구인 마지 셔우드와 약혼했는데, 그 후 그들의 '친구'인 톰 리플리와 함께 여행하며 많은 시간을 보냈다. 디키가 수수께끼처럼 사라지기 전까지는 말이다. 톰 리플리가 디키에게 집착하는 것처럼 보이기도 했고, 디키의 기이한 실종과 수상하게 연관되어 있는 것처럼 보였기 때문에 마지는 점점 더 리플리를 의심하게 되었다. 또한 마지는 디키가 분명 신뢰하기 어려운 바람둥이이기는 해도, 갑자기 달아난다거나 혼자서 자살을 하는 등 리플리가 애써 부추기고 있는 가설들이 디키답지 않은 행동이라는 것을 매우 잘 알고 있었다. 하지만 리플리는 그간 허버트 그린리프에게 성공적으로 아첨해왔기 때문에, 디키가 살해당했으며 리플리가 그 살인자라는 마지의 의심이 실제로는 옳은 것이었음에도 불구하고 이에 동참하는 이

인식적 부정의

는 아무도 없었다.

허버트 그린리프는 리플리에게 사설 탐정 매캐런이 디키 삶의 '공백을 채우는' 것을 도와달라고 요청할 뿐이었고, 리플리는 다음과 같이 답한다.

리플리: 최선을 다하겠습니다, 선생님. 저는 디키를 돕기 위해 뭐든 꼭 할 거예요.
(마지는 그를 경멸에 찬 눈으로 바라보았다.)
그린리프: 이 이론, 디키가 자네에게 남기고 간 편지, 경찰은 이게 디키가 무언가를…… 스스로에게 하려고 계획했다는 분명한 지표라고 생각한다네.
마지: 전 그렇게 믿지 않아요!
그린리프: 믿고 싶지 않겠지. 난 톰과 둘이서 이야기하고 싶구나. 아마도 오늘 오후에? 그래도 되겠니? 마지야, 남자가 애인에게 하는 말이랑 친구에게 하는 말은……
마지: 예를 들면요?[2]

여기서 마지는 그린리프에 의해 부드럽고도 친절하게 배제된다. 그리고 디키가 자살하지 않았다는 마지의 확신은 한낱 연인의 소망적 사고로 병리화된다. 또한 그린리프는 마지가 디키 삶의 저속한 사실들에 대해 무지하다는, 최소한 얼마만큼은 잘못된 가정을 하기 때문에, **마지**가 기본적으로 디키에 관한 **진실**로부터 보호받아야 한다는 태도를 취하게 된다. (리플리는 이를 이용하고 강화한다. 그날 그린리프와 리플리 둘만 남았을 때, 그린리프는 침울하게 말한다. "안 돼, 마지는 그것의 절반도 몰라." 리플리는 대답한다. "그걸 알면 마지는 상처받을 거예요.")[3] 남자가 자신의 연인에게 무엇을 말하는지[혹은 말하지 않는지]와 관련해 그린리프가 내세우는 일상적 지론은, 충분히 참일 가능성이 있기는 하지만, 얼마간 함께 살아왔던 애인에 대한 지식을 소유하고 있는 사람인 마지를 훼손하는 결과를 낳는다. 그린리프는 자신이 아들에 대해 아는 것이 얼마나 없는지에 대해서도 잘 알고 있었지만—그는 사설 탐정이 이 무지를 개선하는 데 도움이 될 수 있으리라는 전망에 가여울 만큼 열정적이었다—디키에 관한 지식의 원천임이 틀림없는 마지를 그렇게 바라보지 못했다.

이런 태도 때문에 그린리프는, 디키가 리플리의 손에 죽었다는 올바른 가설을 마지가 믿게 된 핵심적인 한 가지 이유를 무시하게 되었다. 마지가 디키에게 선물로 주어서 디키가 절대 빼지 않겠다고 맹세했던 반지를 마지가 리플리의 집에서 발견했다는 사실이 바로 그것이다. 그린리프가 이를 무시한 것은 부분적으로는 그가 마지에 대한 디키의 헌신을 과소평가해, 디키의 입장에서는 마지와의 약속이 사실상 무가치하다고 보았기 때문이다. 하지만 그린리프가 이를 무시하게 된 가장 중요한 이유는, 리플리가 마지를 '히스테리적'인 사람으로 구성하는 데 성공했기 때문이다. 실제로 그린리프뿐 아니라 마지의 친구인 피터 스미스-킹슬리도 마지를 그런 식으로 지각하게 되었으며, 그 결과 남성들은 마지의 말을 진지하게 고려하지 않는 쪽으로 결탁하게 된 것이다. 지식이라는 주제는 항상 대화의 전면에 등장하는데, 우리는 마지가 반지를 찾은 직후의 한 시점에, 스크린 바깥에서 그녀의 목소리를 들을 수 있다. 여기서 그녀의 표현은 자기모순적인 주문 정도로 그 힘이 약화되며, 마지는 자신을 믿지 않는 그린리프에게 "몰라요, 몰라. 전 그냥 안단 말이에요"라고 반복적으로 강조할 뿐이다. 그린리프가 "마지, 여자의 직감도 좋지만 팩트라는 게 있어"라는 친숙한 말로 마지를 무시하는 것도 바로 이 대목에서다. 이런 유의 대화는 계속 쌓여, 마침내 마지가 미국으로 돌려보내지는 보트에서 달아나 리플리에게 달려들며 "난 너인 거 알아. 난 너인 거 안다고, 톰. 난 너인 거 알아. 네가 디키를 죽인 거 안다고. 난 너인 거 알아"라고 외치는 장면까지 나오게 된다. 사설 탐정 매캐런은 마지를 물리적으로 제압하기 위해 대기 중인 보트에서 나오고, 대본의 지시문에는 이렇게 적혀 있다. "리플리는 마치 '저 히스테리에 당신이 뭘 할 수 있겠어요'라고 말하듯 매캐런을 쳐다본다. 매캐런은 고개를 끄덕이고는 마지를 보트로 끌어당긴다."⁴

여기서 우리는 불쌍한 마지가 어느 정도는 남들이 구성하는 바대로 실제 되어가는 것을 보게 된다. 즉 히스테리적인 여성이자 자신을 반쯤은 모순 속에서 표현하고, 다른 사람들의 이유 앞에서도 자신의 직관에만 집착하며, 자신의 감정을 통제할 줄 모르는 사람 말이다. 이것이 바로 인과적 구성의 불길한 메커니즘이다. 참으로 짓궂게도, 우리는 여기서 그 인과적 구성이 어떻게 막판에, 원래의 편견적 신뢰성 판단에 대한 정당화를 [사후적으로] 제공하는 것처럼 보일 수 있는지를 느낄 수 있다. 이것이 바로 몇몇 편견이 갖는 자기-실현적 힘이다. 하지만 마지에 대한 그린리프의 잘못된 신뢰성 판단은 그 자체로는 회고적으로 정당화되지 않는다. 왜냐하면 그 판단이 내려졌을 때는 증거가 그 판단을 지지하지 않았기 때문이다. 그러나 마지의 의심이 취한 표현적 형태 역시 성공적이지 않고 반쯤만 언어화되어 있어서, 끔찍한 정당화의 순환을 만들어내고 있다는 것 역시 인정되어야 할 것이다. 그린리프의 입장에서 보면 마지가 신뢰할 만하지 않다는 자신의 지각을 마지의 행동이 입증해주고 있다고 여기더라도 아무런 비합리성도 없을 정도로 말이다. 하지만 관객은 그러한 구성이 매우 부당했고, 여전히 부당한 채로 남아 있다는 사실을 자각하고 있다. 마지는 옳았다. 마지는 디키가 바람둥이라는 것과 그이외의 사실들에 대해서도 모두 알고 있었고, 그녀의 눈이 디키에게 또렷이 맞춰져 있었기에 자신이 영영 외로이 소유할 수밖에 없었던 지식, 즉 리플리가 디키를 죽였다는 것에 대한 지식을 얻을 수 있었던 것이다. (마지는 디키에게 성적인 부분에서 신뢰를 기대할 수 없다는 것을 알고 있었지만, 디키가 그 반지를 리플리에게 줘버리지는 않았을 것이라는 점 또한 알고 있었다.) 마지의 의심은 경청되어야만 했으며, 다른 누구보다 **마지**에게 얼마간의 신뢰성이 부여되었어야만 했다. 하지만 그녀 주위의 친절하고 선의를 품은 남성들조차 마지를 인식적으로 신뢰할 만하지 않은 사람으로 보이게끔 만드는 데 공모했던 것은, 리플리가 젠더에 대한 당대의 태도를 이기적으로 이용했기 때문이다.

인식적 부정의

이 사례는 톰 로빈슨이 겪은 치명적인 증언적 부정의의 사례와 유사하게, 청자의 증언적 감수성이 화자에 대한 편견적 지각을 산출해내는 사례를 보여준다. 따라서 우리는 무반성적인 수준에서 저절로 일어나는 판단에서 발생하는 잘못을 마주하게 된다. 자동적으로 작동하는 그린리프의 증언적 감수성은 당대의 젠더 편견에 의해 훈련된 것이므로 결함이 있다. 그러나 때로 반성적 수준에서도 잘못이 있을 수 있다. 이는 해당 맥락에서 청자가 지적인 기어intellectual gear로 [모드를] 전환할 책임을, 자신의 증언적 감수성의 산출물에 대한 적극적인 자기-비판적 반성에 참여해야 할 책임을 얼마나 부여받는지에 따라 다르다. 예를 들어, 법정에서와 같이 공식적인 맥락에서 배심원들은 자신들의 증언적 감수성의 자동적인 산출물에 대해 적극적으로 반성해볼 의무가 있으며, 그렇게 하는 데 실패할 경우 심각한 잘못임은 분명하다. 어떤 방식으로든 앞의 두 사례 모두 청자들이 자신의 증언적 감수성에서 정체성 편견을 **교정하는 데 실패**하는 모습을 담고 있다. 두 사례 모두에서 청자는 화자에 대한 자신의 지각을 왜곡하는 편견에 어떠한 비판적인 자각도 발휘하지 못하며, 따라서 그들 증언적 감수성의 왜곡된 자동적 산출물은 검토되지 않은 채로 남게 된다. 나는 아래에서 마지에 대한 그린리프의 편견적 지각이 궁극적으로는 역사적 맥락 때문에 비난받을 만하지 않게 된다고 제안할 것이다. 반면, 톰 로빈슨 재판의 배심원들에 대해서는 그렇게 말할 수 없다. 그들은 한편으로는 자신들의 오염된 감수성이 자동적으로 내어놓는 불신과, 다른 한편으로는 증거에 대한 적절한 주의(그 자리에 있었던 흑인들뿐 아니라 백인들까지 분명 기울일 수 있었던 주의)가 불러일으킬 신뢰 사이의 충돌을 파악하고 개선할 기회가 충분히 있었기 때문이다. 설령 배심원들의 감수성이 당대의 강력한 인종적 편견들로 물들어 있었음을 감안해 부분적으로는 용서받을 수 있다 하더라도, 톰이 진실을 말하고 있다는 판단을 지지하는 압도적인 증거들을 고려할 때, 그들은 재판에서의 고조된 증언적 경험에 적절하게 반응하는 데 실패했다는 점에서 여전히 뚜렷하게 비난받을 만하다.

주어진 신뢰성 판단에 작용하는 정체성 편견을 교정할 수 있으려면 청자에게 어떤 종류의 비판적 자각이 필요한가? 허버트 그린리프의 경우에는 자신이 청자로서 보이는 반응의 습관들이 젠더에 대한 성차별적 구성에 물들어 있는 방식을 교정하는 데 실패했다. (이때의 성차별적인 젠더 구성으로는 여성들이 남성의 진실에 대해 무지하다는 관념, 여성들은 그런 진실들로부터 보호받아야 한다는 관념, 여성적 직관은 합리적 판단에 방해가 된다는 관념, 그리고 심지어 여성은 히스테리에 취약하다는 관념 등을 들 수 있을 것이다.) 이와 유사하게, 메이컴 카운티의 배심원단은 자신들이 청자로서 보이는 반응의 습관들이 '깜둥이Negro'에 대한 인종차별적 구성에 물들어 있는 방식을 교정하는 데 실패했다. "**모든** 깜둥이는 거짓말을 하고, **모든** 깜둥이는 기본적으로 비도덕적인 존재들이며, **모든** 깜둥이 남자는 우리 여자들 주위에 믿고 내버려둘 수 없다"[5]는 생각들 말이다. 청자의 증언적 감수성 내에서 편견적 고정관념이 미치는 영향은 두 사례 모두에서 화자와 청자 사이의 정체성 권

인식적 부정의

력이 왜곡된 방식으로 작동하고 있음을 보여준다. '깜둥이' 혹은 '여성'에 대한 사회적-상상적 관념들은 청자의 신뢰성 판단을 왜곡하며, 이런 정체성 권력의 작용은 누가 누구에게 지식을 전달할 수 있는지, 누가 누구로부터 지식을 얻을 수 있는지를 통제한다. 해당 시나리오의 어떤 측면을 강조하고 싶은지에 따라, 그린리프가 마지에게 적극적으로 행사하는 행위자적 정체성 권력에 초점을 맞출 수도 있고, 그린리프와 마지, 그리고 배심원과 톰 로빈슨을 효과적으로 통제하는 정체성 권력의 순수하게 구조적인 작동에 초점을 맞출 수도 있다. 이 후자의 기술, 즉 순수하게 구조적인 기술은 모든 당사자들이 어느 정도는 젠더 이데올로기나 인종 이데올로기의 통제 아래 놓여 있다는 사실을 강조하고자 하는 경우에 적절하다. 하지만 내 목표는 현존하는 부정의를 강조하고, 또한 화자가 지식을 전달하지 못하도록 청자가 막고 있다는 것이 어떤 의미인지를 강조하는 데 있으므로, 여기서는 [첫 번째 측면인] 행위자적 기술이 가장 관련성이 높다. 어떤 해석에서든 청자는 자신의 신뢰성 판단을 왜곡하고 있는 정체성 권력의 반-합리적 작동을 교정하는 데 실패하는 것으로 그려진다.

청자가 자신의 신뢰성 판단에 정체성 권력이 미치는 영향을 식별하기 위해서는, 화자의 사회적 정체성이 그 판단에 미치는 영향뿐 아니라 **청자 자신의** 사회적 정체성이 그 판단에 미치는 영향에도 주의를 기울이고 있어야 한다. 배심원들은 톰 로빈슨이 흑인이라는 것뿐 아니라 **자신들이 백인이라는 것**이 화자로서의 톰 로빈슨에 대한 자신들의 지각에 발생시키는 차이를 고려하지 못했다. 그린리프가 마지에 대한 자신의 회의적인 반응에 관해 고려하지 못한 것은 **그가 남성이라는 사실이 주어졌을 때**, 마지가 여성이라는 사실이 그의 증언적 지각에 만들어내는 차이다. 그렇다면 우리가 살펴본 두 사례는 증언적 책임이 고유하게 **반성적인** 비판적 사회적 자각을 요구한다는 것을 예증한다. 청자는 청자 자신과 화자를 매개하는 정체성 권력관계가 자신의 자동적인 지각에 미칠 법한 영향을(그리고 만약 가능하다면 화자의 실제 수행에 미칠 수 있는 영향도) 고려해 최종적으로 신뢰성 판단을 내려야 한다. 만약 마지가 그린리프씨 대신 그린리프 **부인**에게 어떻게든 [리플리에 대한] 혐의를 제기할 수 있었더라면, 마지의 말은 다르게 들렸을 수 있다. 만약 배심원들이 흑인이었더라면 톰 로빈슨의 재판이 다르게 흘러갔으리라는 점은 말할 필요도 없고 말이다. 증언 교환에서는 청자와 화자 어느 쪽도 중립적이지 않다. 모든 사람은 어느 하나의 인종에 속하고, 어느 하나의 젠더를 가진다. 증언적 부정의를 피하고 진리에 대한 자신의 인식적 관심을 충족시키기 위해 청자 쪽에 필요한 것은 그 구조가 고유하게 **반성적**이며, 교정적인 반-편견적 덕이다.

그렇다면 편견이 존재할 가능성이 높다는 사실에 대한 이와 같은 반성적인 비판적 자각은, 개인의 신뢰성 판단에 존재하는 편견을 교정하는 일의 전제조건이다. 그런데 여기서 '교정한다'는 것은 정확히 무엇을 의미하는가? 청자가 자신의 신뢰성 판단에 존재하는 편견을 (자신의 지각, 믿음, 그리고 감정적 반응 사이의 인지적 부조화를 느껴서이든, 아니면 자기의식적인 반성을 통해서든) 의심해볼 때, 청자는 해당 편견이 자신의 판단에 얼마나 영향을 미치는지를 식별하기 위해, 자동적인 반성적 방식에서 적극적이고 비판적인 반성적 방식으로 자신의 지적 기어를 바꿔야 한다. 만약 청자가 자신이 화자에 대해 내린 낮은 신뢰성 판단이 부분적으로 편견 때문이었음을 발견한다면, 청자는 이를 보상하기 위해 신뢰성을 상향 조정함으로써 교정할 수 있다. 신뢰성이 얼마나 상향 조정되어야 할지를 결정하기 위해 청자가 사용할 수 있는 알고리즘 같은 것은 없지만, 지침이 되는 분명한 이상은 존재한다. 우리의 이상은, 편견이 없었을 때의 신뢰성 정도에 도달할 수 있도록 상향 보상을 통해 편견이 개인의 신뢰성 판단에 미치는 모든 부정적 영향을 중화하는 것이다. 그리고 이러한 이상은 적어도 우리의 신뢰성 판단 실천을 규제할 수 있다. 이 이상에 근접한 결과는 실제로 판단의 신뢰성 수준을 다시 높이는 것일 수도 있지만, 판단을 더 모호하고 잠정적이게 만드는 것만이 우리가 할 수 있는 전부일 수도 있다. 신뢰성을 판단하는 일이 너무 불확정적일 경우에 우리는 전적으로 판단을 유보해야 할 수도 있고, 아니면 확정적인 판단을 내려야 할 책임이 있는 경우에는 그 이상의 증거를 찾을 수단을 갖게 될 수도 있다. 어쨌든 신뢰성을 깔끔하게 보상적으로 조정하여 편견의 영향을 '교정'하는 것이 항상 가능하지는 않기 때문에, 유덕한 청자는 **자신의 신뢰성 판단에서 편견의 영향을 어떻게든 중화한다**고 말하고자 한다.

이것이 바로 우리가 찾고 있는 반-편견적 덕이다. 이 덕을 소유하려면 청자는 자신의 신뢰성 판단에서 편견의 영향을 신빙성 있게 중화할 수 있어야 한다. 이를 **증언적 정의**의 덕이라고 부르자. 그러나 혼동을 피하기 위해서는 이 명칭이 훨씬 더 일반적인 개념, 즉 반-편견적 덕이라는 특정한 덕목만이 아니라 타인의 말을 받아들이는 일에 관련된 모든 덕들이 발휘되는, 완전히 정의로운 증언적 만남에서 요구되는 (증언에 대한 완전한 덕 인식론적 설명이 제공해줄) 덕목에 대한 개념을 포함한다는 것에 유의해야한다. 아리스토텔레스는 이와 비슷하게 정의의 개념을 구분한다. 그는 덕목 전체로서의 '보편universal 정의'와 특수한 (분배적) 덕목으로서의 '특수particular 정의'를 구분한다.[6] 이제 우리도 우리의 용어법을 유지하며, 한편으로는 타인의 말에 대한 청자의 수용과 관련된 지적인 덕들의 전체 복합체로서의 일반적인 증언적 정의의 개념이 있고, 다른 한편으로는 부정적 정체성 편견이 신뢰성 판단에 영향을 미칠 특수한 위험에 (가장 주요하게) 관련된 특수한 증언적 정의의 의미가 있다고 하자. 우리가 관심을 갖는 것은 바로 이 후자의 덕목이다.

  이제 우리는 화자가 특수한 증언적 정의의 덕을 발휘하는 방식에 대해 무엇을 더 이야기할 수 있을까? 앞서 우리는 청자가 특정한 반성적인 비판 의식을 발휘해야 한다고 했는데, 그렇다면 이는 과연 어떤 형태를 취해야 하는가? 이는 항상 의식적이고 숙고적인 반성이어야 하는가, 아니면 이 덕은 때로 저절로 발휘될 수 있는 것인가? 그 덕은 가장 기본적으로는 **비**-편견적인 신뢰성 판단의 문제이다. 비-편견적인 신뢰성 판단은 처음부터 편견이 없었기 때문에 나타나는 것일 수도 있고, 편견의 영향이 어떻게든 중화되었기 때문에 나타나는 것일 수도 있다. 그러므로 그 덕이 완전히 **순진하게**, 즉 주체의 신뢰성 판단이 어떠한 자기감시나 교정 없이도 처음부터 편견으로부터 자유로운 방식으로 발휘될 수도 있고, 아니면 **교정적인** 형태로, 즉 주체가 일종의 자기감시에 참여해 자신의 판단을 적절히 교정함으로써 발휘될 수도 있다는 점을 먼저 인정하고 시작하자.

어떻게 증언적 정의의 덕을 순진하게 소유할 수 있는가? 예컨대 편견이 전혀 없는 사회(만약 그러한 사회를 상상할 수 있다면)에서는 그 덕이 순진하게 발휘되는 것을 상상해볼 수 있다. 좀 더 현실적으로, 특정 분위기상의 편견이 존재하는 사회나 하위문화에서 자란 청자는 적어도 다른 사회에 특유한 일부 편견들에서는 분명 자유로울 것이다. 따라서, 예컨대 잉글랜드 남쪽에서 자란 사람들 일부는 북아일랜드의 개신교도와 가톨릭교도 사이에 존재하는 정체성 편견들을 (단지 그것이 그들 자신의 사회적 의식과 이질적이라는 이유로) 의식하지 못할 수 있다. 물론 그들의 인식적 성품을 형성한 사회에도 이러한 범주들이 있었지만, 여기서는 그들의 신뢰성 판단에 영향을 미칠 수 있는 어떤 사회조직적 역할도 그 범주들에 부여되지 않았[기에 편견에서 자유로울 수 있었]던 것이다. 그들이 증언적 정의의 덕을 소유한 것으로 여겨지려면, 비-편견적 신뢰성 판단을 내리려는 동기가 꽤나 확고하게 있어야 한다. 그런데 공교롭게도 우리가 염두에 두고 있는 특정한 종교적 편견은 이에 전혀 위협이 되지 않는다. 그렇다면 그들은 이러한 특정 편견들에 관해 증언적 정의의 덕을 순진하게 소유할 것이다.

 증언적 덕이 순진한 형태를 취하는 또 다른 상황으로는 청자가 상대적으로 편견적인 사회에서 자랐음에도, 타고난 비-편견적인 사회적 지각 능력이 영향받지 않은 채 그대로 남아 있는 경우를 꼽을 수 있다. 편견과 편견적 고정관념에 대한 2장의 논의를 상기해보라. 신뢰성 판단은 믿음에 의해서만이 아니라 감정적 반응과 사회적 상상의 내용에 의해서도 형성되는 지각이므로, 믿음과 신뢰성 판단은 서로 분리될 수 있다. 화자의 신뢰성을 훼손하는 편견적 믿음을 갖고 있음에도 화자를 상대적으로 비-편견적으로 지각할 수 있는 능력을 가진 청자는, 그의 타고난 지각적 능력이 어떻게든 당대의 편견적 오염을 벗어나게 된 경우에 해당한다. 청자의 믿음이 편견에서 벗어나지 못했다는 점을 감안할 때, 그 사람의 믿음과 지각적 판단에는 부조화가 존재할 것인데, 이 부조화로 인해 그는 인지 능력들[믿음과 지각적 판단]이 더 일관되게 편견적인 대부분의 동료들보다 상대적으로 더 나은 위치에 있게 된다. 이런 사람은 노미 아팔리가 언급했던, 자신의 믿음을 지배하는 인종차별적 편견을 어떻게든 벗어나 [극 중에 등장하는 흑인 노예인] 짐을 도덕적으로 지각했던 허클베리 핀의 인식적 대응 사례에 해당한다.

 상대적으로 편견적인 사회에서 자라나는 (윤리적·인식적 사회화 단계 중 급변하는 초기 단계에 놓인) 아이 또한 증언적 정의의 덕을 거의 순진하게 발휘하는 사람의 사례를 보여줄 수 있다. 소설《앵무새 죽이기》에서 재판이 진행되는 동안, 우리는 애티커스 핀치의 어린 딸인 스카우트가 증언적 정의의 덕을 획득해가는 과정에 있는 흥미로운 한 장면을 발견할 수 있다. 나이에 걸맞게 그녀는 아직 그 덕을 모방하고, 그에 대해 적극적으로 반성하며, 실험해보는 단계에 있다. 재판에서 애티커스는 톰 로빈슨에게 다음과 같이 묻는다.

> "피고는 한 번이라도 유얼씨의 집에 가본 적이 있습니까? 피고는 한 번이라도 유얼씨 가족이 분명하게 초대하지 않았는데 그 집에 발을 들여놓은 적이 있나요?"
> "아니요, 핀치씨. 절대 그런 적 없습니다. 전 그런 일은 안 합니다."
> 아빠는 가끔, 증인이 거짓말을 하는지 진실을 말하는지를 알 수 있는 한 가지 방법은 보는 것이 아니라 듣는 것이라고 말씀하시곤 했다. 나는 아빠의 방법을 적용해보았다. 톰은 한 숨에 세 번이나 부인했지만 투덜거리는 기색 없이 조용히 말했고, 나는 톰이 과하게 항변하는데도 불구하고 톰을 믿고 있는 나를 발견했다. 그는 꽤 괜찮은 깜둥이처럼 보였는데, 꽤 괜찮은 깜둥이는 자기 마음대로 남의 집 마당에 올라갈 리 없을 것이다.[7]

스카우트는 편견 없이 자신의 사회적 경험, 즉 다른 사회적 유형[에 속하는 사람]들이 실제로 어떻게 행동할 가능성이 높은지에 대한 경험에 근거하여 판단을 내린다. "꽤 괜찮은 깜둥이 respectable Negro"가 할 법한 일이 무엇인지에 대한 그녀의 일반화 역시 건전하다. 이 인용문은 스카우트가 반-편견적인 증언적 정의의 덕을 소유해가는 과정을 보여주지만, [동시에] 스카우트가 매우 편견적인 사회에서 성장하고 있다는 것 역시 보여준다. 물론 여기서 그녀의 증언적 감수성 형성에 핵심적인 영향을 미치는 인물은 명백히 그녀의 아버지이며, 그녀의 가족을 위해 일하는 캘퍼니아 같은 반-편견적인 인물과 친밀하게 지내는 것 역시 그녀에게 영향을 미치고 있다. 그러나 그녀는 어쩔 수 없이 다른 인물들과 메이컴 카운티 민중들의 태도에서도 영향을 받는다. 여기서 스카우트는 자신을 둘러싼 편견의 힘을 반성적으로 의식하기에도, 이를 교정적으로 숙고하기에도 너무 어린 탓에 대체로 순진하게 유덕하다. 다행히도 그녀의 증언적 감수성은 당분간 화자로서의 톰을 비-편견적이고 직접적으로 지각할 수 있는 정도는 된다. (스카우트는 톰의 목소리를 듣고서는 "톰을 믿고 있는 [자신을] 발견"했다고 말한다.) 그러나 [눈을 감음으로써] 화자의 피부색을 보지 않는 시험을 시행한다는 점에서, 스카우트의 판단에는 교정적인 측면도 있다. 만약 그러지 않았더라면 스카우트는 편견에서 완전히 자유로울 수 없었을 것이다. 스카우트의 생각은 자연히 당대의 부패한 용어들로 표현되어 있어서, 이따금 전형적으로 인종차별적인 태도들을 내비치기도 한다. 이는 부분적으로는 아이들이 비판적 존재가 되기 위해 가능한 모든 형태의 사고를 시도해보기 때문이기도 하지만, 그들의 의식이 어쩔 수 없이 이러한 태도를 통해 첫 번째 형태를 갖추게 되기 때문이기도 하다. 스카우트와 젬을 따라 깜둥이 미술관_{Negro gallery}에 갔던 어린 딜이, 톰 로빈슨에 대한 길머씨의 혐오 어린 말에 울기 시작해 스카우트가 그를 밖

인식적 부정의

으로 데리고 나갈 수밖에 없었을 때, 우리는 이를 다시 떠올리게 된다. 스카우트가 늙은 떡갈나무 아래에서 딜을 위로하며 길머의 행동을 해명해주고자 따뜻한 마음으로 한 말은 아이들이 인종차별적 분위기 속에서 성장해야 했다는 것을 압축적으로 보여준다. "그런데 딜, 길머씨도 결국 깜둥이잖아."[8]

스카우트가 증언적 정의의 덕을 발휘한다면, 그 방식에는 교정적 측면도 있겠지만, 대체로는 순진한 형태를 취할 것이다. 하지만 그 덕은 더 일반적으로는 교정적인 형태로 발휘될 것이다. 실제로 나이가 들수록 그 덕을 순진하게 소유할 가능성이 줄어들며, 이를 교정적인 형태로 소유해야 할 필요가 커질 것이라고 예측할 수 있다. 우리는 원래 "훌륭하고 유서 깊은 가문" 출신이지만 스스로 "깜둥이와 어울리는 것을 더 좋아하는"[9] 사회적 낙오자인 돌퍼스 레이먼드씨의 비관론을 기억해야 한다. 그는 어린 딜이 일상적인 인종적 혐오의 광경에 점차 익숙해져 결국에는 눈물이 말라버릴 것이라고 예측한다. 길머가 법정에서 톰 로빈슨을 향해 쏟아냈던 혐오에 대해 딜이 울먹이며 항변하는 것을 우연히 듣고서, 돌퍼스는 나무 뒤에서 나와 두 아이들에게 이야기한다. 그는 딜에 대해 다음과 같이 말한다. "저 애의 본성은 아직 세상에 때묻지 않았어. 하지만 조금만 더 자라면 아프지도 울지도 않게 될걸. 아마 몇 살만 더 먹으면 세상이 옳지 않아 보여도 울지 않게 될 거야."[10] 만약 이것이 사회에서 겪게 되는 첫 번째 성숙화에서 불가피하게 나타나는 부분이라면, 증언적 정의의 유일한 희망은 그 덕이 교정적인 덕으로서 습득된다는 데 있다. 하지만 일반적으로도 그 덕은 교정적인 형태를 띨 것이다. 왜냐하면 인간 사회에는 편견이 만연하고, 이 편견들은 청자가 자신의 믿음에서 편견을 제거하는 데 성공했는지 여부와 무관하게 그들의 신뢰성 판단을 형성할 것이기 때문이다. 즉 증언 교환의 풍토에 만연한 모든 종류의 편견의 영향을 중화할 필요가 있다는 것이 청자로서 우리가 겪는 곤경이다.

만약 청자가 증언적 정의의 덕을 교정적으로 발휘하고자 한다면, 이는 어떤 형태를 취할 수 있을까? 자신의 신뢰성 판단을 상향 조정하는 교정이 적극적인 반성을 통해 이뤄질 수 있다는 것은 분명하다. 그러나 이것이 좀 더 저절로 이뤄지는 것도 가능할까? 가능하며, 두 가지 방식이 있다. 첫째, 개인적 친밀함이 비-편견적 신뢰성 판단을 내리는 것을 초기에 방해했던 편견을 누그러뜨릴 수 있다. 처음에는 사회적으로 적재된 억양이 적응을 통해 정상으로 여겨지고, 사회적으로 낯설었던 대화 방식이 친숙해지며, 피부색이 무관해지고, 성별이 더 이상 영향을 주지 않으며, [상대의] 나이를 잊게 되는 등 말이다. 청자가 어떤 편견이나 다른 이유로 화자에 대해 갖게 된 첫인상으로 인해 그의 말에 그다지 신뢰성을 부여하지 않는다고 가정해보자. 대화가 지속되거나 친분이 쌓이며 친밀함의 정도가 증가함에 따라 편견적인 첫인상은 사라지고, 청자의 신뢰성 판단은 저절로 교정된다. 특정 종류의 편견을 무력화할 수 있는 친밀감의 힘은 화자에 대한 청자의 지각을 변화시킨다. 누군가는 온갖 종류의 편견이 있는 사회 분위기 속에서 청자의 편견이 실제 증언적 접촉의 친밀함과 신뢰성의 증거에 의해 얼마나 빠르게 저절로 사라지는지가 증언적 정의와 관련해 청자의 유덕함을 판단할 만한 좋은 척도라고 생각할 수 있다. 이는 분명 옳지만, 여기에는 청자가 그러한 **미덕**을 발휘한 것으로 간주되려면 편견이 충분히 신속하게 소멸될 뿐 아니라, 시간에 걸쳐, 그리고 적절한 범위의 또 다른 편견들에 걸쳐 충분히 신빙성 있게 소멸해야 한다는 단서가 붙는다.

청자가 반-편견적인 신뢰성 판단을 저절로, 유덕하게 내릴 수 있는 두 번째 방식은 증언적 정의의 덕을 완전히 소유하는 이상적인 경우에서 찾아볼 수 있다. 만약 그 덕을 완전히 소유하는 것이 이상이라면, 이상적으로 청자는 어떠한 편견적 첫인상도 제거해야 할 필요 없이, 어떠한 적극적 반성이나 모방도 반복도 없이, 전적으로 즉각적이면서도 저절로 그 덕을 소유할 것이다. 그러한 이상에 따르면, 유덕한 화자의 증언적 감수성은 **이미 교정된** 신뢰성 판단을 자동적으로 내어놓을 것이다. 나는 앞서 청자의 증언적 감수성은 개인적/집단적으로 셀 수 없이 많은 증언적 경험들에 의해 조건화되어서 그가 화자를 인식적으로 적재된 방식으로 직접 지각할 수 있게끔 만든다고 말한 바 있다. 이제 편견의 반-합리적 영향을 보상하기 위해 자신의 자동적 신뢰성 판단을 반성적으로 교정하는 경험은 증언적 감수성을 끊임없이 재조건화하는 데 기여하는 한 가지 경험이 될 것이다. 예를 들어, 아마도 누군가 자신의 신뢰성 판단이 너무 낮았다는 사실을 사후에 깨닫는다면 편견을 그 원인으로 지적할 수 있을 것이다. 혹은 어쩌면 편견이 대화 상대에 대한 자신의 지각을 형성하고 있다는 것을 그 순간 반성적으로 자각하고서 판단을 유보할 수도 있다. 다른 종류의 경험들 역시 관련이 있을 것이다. 예컨대, 청자가 화자로서 하는 경험도 이 과정에 반영될 것이다. 어쩌면 청자가 어떤 한 가지 편견과 관련해 증언적 부정의를 당하는 경험을 함으로써 결과적으로 자신의 증언적 감수성이 다른 종류의 편견으로부터 은밀하게 영향받을 수 있는 방식을 더 잘 이해하게 될 수도 있다. 따라서 이제 증언적 정의와 관련해 완전히 유덕한 청자는 충분한 교정 경험들을 통해 증언적 감수성이 적절하게 재조건화되어, 이미 교정된 신뢰성 판단을 신빙성 있게 내어놓는 사람이다. 그는 과거의 반-편견적 교정들에 비춰 **자동적** 신뢰성 판단의 패턴을 바꾸게 된 사람이자, 그런 유의 경험에 대한 지속적인 반응성을 유지하는 사람이다. 따라서 다양한 편견이 존재하는 사회 분위기 속에서 청자가 그 덕을 완전히 소유하려면, 그러한 분위기 속에서 신뢰성을 판단하는 데 필요한 반성적 요구들을 내면화함으로써 청자로서 자신의 입장에 대한 사회적 반성성을 제2의 본성으로 가져야만 한다.

편견이 사회 속에서 끊임없이 변화하고 스스로를 갱신하는 본성을 가졌다는 것은, 반복적인 비판적 성찰의 노력을 통해 자신의 판단에 필요한 사회적 반성성을 달성하는 것이 우리가 진정으로 희망할 수 있는 최선임을 의미할 수도 있다. 그 경우에는 우리가 그 덕을 얻는다고 할지라도, 완전한 소유가 아니라 부분적 소유에 불과할 것이다. 어떤 청자가 자신의 증언적 감수성에 실제로 떠오를 수 있는 모든 편견에 대해 그 덕을 소유하는 것은

(그의 사회적 경험이 꽤 협소하게 유지되지 않는 한) 분명 불가능해 보인다. 그러기 위해서 그는 편견의 대상이 되는 모든 사회적 유형들과 충분한 증언 교환의 경험을 쌓아야 할 것이기 때문이다. 누군가의 증언적 경험이 얼마나 폭넓은지의 문제는 분명 그의 삶과 그가 사회 체계에서 점하는 위치의 우연성에 의존한다. 하지만 일반적으로, 우리의 증언적 경험이 최대한으로 넓지 않지 않은 이상, 정체성 편견들의 영역에서 우리가 그 덕을 완전히 발휘할 수 있는 범위는 부분적일 수밖에 없다. 이는 가장 유덕한 청자조차 어느 정도는 적극적인 비판적 반성에 참여할 필요가 있을 거라고 생각할 만한 일반적인 이유를 드러냄으로써, 결국 부분적 소유를 더 이상적인 것으로 만든다. 어쩌면 자동성과 반성성의 조합이 이상적일 수도 있다. 즉 어쩌면 우리는 익숙한 편견에 대해서는 그것을 교정하는 것이 제2의 본성이 되었고, 덜 익숙한 편견에 대해서는 그것의 영향에 대한 경각심이 지속적이며 적극적인 비판적 반성의 형태로 남아 있는 사람을 이상적인 청자로 생각해야 할 수도 있다. 이는 어느 정도 옳은 것처럼 보인다. 중요한 것은 어떤 식으로든 자신의 신뢰성 판단에서 편견을 (시간에 걸쳐, 그리고 편견들의 영역에 걸쳐) 충분히 신빙성 있게 교정하는 것이다. 만약 그렇게 하는 데 성공한다면, 그는 증언적 정의의 덕을 갖춘 것이다.

2.

역사, 비난, 그리고 도덕적 실망

지금 우리 앞에 놓인 증언적 정의의 덕은 심리적으로 은밀하며
역사적으로 역동적인 편견의 본성상 성취하기 어려울 수밖에 없
는 덕이다. 편견은 강력한 본능적 힘이며, 이 힘은 편견이 (믿음의
수준이 아니라) 화자에 대한 청자의 지각을 비밀스레 형성하는 사
회적-상상적 수준, 그리고 감정적 개입의 수준에서 표현될 때 특
히 더 강력하다. 그리고 편견을 믿음 수준에서 교정하는 경우라
할지라도, 그 믿음이 상상적이고 감정적인 내용에 의해 떠받쳐
지는 동안에는 교정이 일어나기 매우 어렵다. (크리스토퍼 훅웨이
Christopher Hookway가 주장했듯, 자신의 인식적 습관을 관리하는 실천적 사안
에서는 보통 **의지 박약**akrasia이 발생할 가능성이 있다.[11]) 그러나 대부분
의 경우, 편견을 교정하는 것은 우리가 실제로 할 수 있으며, 목표
로 삼을 수 있는 일이다. 만약 우리가 여러 종류의 편견을 부분적
으로나마 교정하는 데 이를 수 있다면, 그것만으로도 이미 가치
있는 성취이다.

그러나 그 덕이 성취될 수 **없는** 상황들이 있다. 왜냐하면 이
덕에는 특별한 종류의 문화적-역사적 우연성이라는, 윤리적으
로 중요한 특징이 있기 때문이다. 이를 설명하기 위해, 덕은 동기
적 요소, 그리고 그 동기의 목적 달성에 있어 신빙성 있는 성공
reliable success이라는 요소를 모두 포함한다고 보는 린다 재그젭스키
Linda Zagzebski의 아리스토텔레스 독해를 따라가보자.[12] 지적인 덕의 경

우, 참을 성취하려는 동기는 어떤 형태로든 항상 존재할 것이며, 진리에 기여하는 무언가를 성취하려는 더욱 근접한 목표, 특히 여기서는 개인의 신뢰성 판단에서 편견의 영향을 중화하려는 목표 역시 대개 존재할 것이다. 그렇다면 정의상 우리의 유덕한 청자는 편견을 중화한다는 근접한 목표를 실현하는 데 신빙성 있게 성공할 것이다. 청자의 판단이 자신과 특정 대화 상대를 편견적 왜곡이 매개하고 있다는 것에 대한 반성적인 비판적 의식에 의해 굴절되는 한, 그리고 그 왜곡을 교정할 수 있는 한 청자는 이 목표를 성공적으로 달성할 것이다. 항상 그렇듯, 어떤 사람들은 다른 사람들보다 이러한 목표를 더 성취하려고 노력하며, 실제로도 더 잘해낼 수 있을 것이다. 하지만 증언적 정의의 경우에서, 누군가는 이 덕을 소유하고 누군가는 그렇지 않다는 사실을 설명해주는 것은 단지 개인적 차이만이 아니다. 이는 문화적-역사적 환경의 문제이기도 하다. 말하자면, 젠더의 구성에 대한 비판적 의식이 거의 존재하지 않는 환경은 사람들이 일반적으로 여성에 대한 정체성 편견에 관해 증언적 정의의 덕을 소유할 위치에 있지 않은 환경이다.

모든 덕은 어떤 의미에서는 역사적으로 우연적인 것으로 간주될 수 있다. 우리는 아무도 자비나 열린 마음과 같은 윤리적·지적 덕을 보이지 않는 사회를 언제나 상상할 수 있고, 좋은 본보기로 삼을 만한 사람이 없는 그토록 척박한 곳에서 그 덕을 길러내는 것은 거의 불가능하다고 생각할 수 있다. 그러나 증언적 정의의 덕을 성취하는 것이 역사적 환경에 의존한다고 할 때,

이 의존성의 특별함은 이 같은 일반적 의존성 너머에 있다. 왜냐하면 그 덕을 성취하는 데는 비판적인 특정 반성적 도구들이 요구되기 때문이다. 어떤 편견들에 대해서는 증언적 정의의 덕을 소유하고 있는 사회에서도 그 덕이 닿지 못하는 다른 편견들이 있을 수 있다. (그 덕을 순진하게 소유하는 이들을 제외하고는 말이다. 그러나 나는 이미 순진한 형태의 증언적 정의의 덕은 매우 예외적임을 말한 바 있다.) 이 점은 증언적 정의의 덕을 특이한 것으로 보이게 할 수 있다. 물론 정의의 윤리적 덕도 아마 똑같은 이유로 똑같은 역사적 의존성을 드러낼 테지만 말이다. 즉 정의에 대한 판단들 중에서도 사회-역사적으로 이용 가능하지 않은 개념들에 대한 반성을 요구함으로써 [그 시기에는] 내려질 수 없는 것들이 있을 수 있다. 만약 정의의 다른 덕(정의를 궁극적 목적으로 갖는 다른 덕)이 있다면, 아마 그것들을 성취하는 것도 똑같은 역사적 의존성을 나타낼 것이다. 어쨌든 이 특정한 형태의 역사적 의존성은 표면상으로는 정의의 문제에 특수한 것으로 보인다.

허버트 그린리프의 경우, 우리는 젠더 편견에 대한 비판적 의식이 존재하지 않는 사회 속에서 그의 윤리적·인식적 제2의 본성이 형성되었다는 점에서 이 역사적 우연성을 본다. 이 세계의 그린리프가 그 덕을 나타내지 못했다는 점에는 언제나 흠결이 있지만, 나는 그들이 자신에게 필요했던 젠더에 대해 비판적 의식을 가질 수 있기 전까지는 **비난받을 만한** 흠결을 가진 것은 아니라고 제안한다. 우리는 그들이 더 잘 알 수 있는 위치에 놓이기 전에는 비난받을 만한 흠결이 없다고 말해볼 수 있다. 마지가 옳

인식적 부정의

을 가능성을 무시하지 않고, 더 잘 알아야만 했을 위치에 그린리프가 놓이게 되는 지점이 어디인가의 물음에 대한 정확한 답은 없다. 특히 집단적 젠더 의식이 점진적으로만 깨우쳐진다는 점을 염두에 둔다면, 이 질문을 정도의 문제로 이해하는 것이 가장 좋을 것이다. 하지만 그린리프 같은 인물은 새로운 젠더-비판적 통찰을 습득함으로써 실제로 이를 받아들이기 전에도 이미 오랫동안 그 위치에 머물렀을 것임이 분명하다. 따라서 그린리프가 아무리 선의를 가지고 있었다고 한들, 비난받을 만하지 않은 흠결에서 비난받을 만한 흠결로 넘어가는 역사적 전환기는 어느 정도 있을 것이다. 그린리프가 젠더 편견에 관한 증언적 정의의 덕을 내내 결여하고 있기는 했지만, 그의 인식적 품행상의 결점이 비난받을 수 있으려면 집단적 의식이 적절히 발전해 있어야 한다. 그렇다면 [그가 처했던] 그 역사적 상황에서는 그린리프가 마지에게 가하는 증언적 부정의로 비난받을 수 없다는 것이 나의 제안이다.

여기서 비난이 부적합하다면, 그린리프가 마지에게 범하는 인식적 잘못은 비난 불가능한 증언적 부정의의 진정한 사례를 제시해준다.[13] 이 제안은 무언가를 할 이유에 접근할 수 없었을 경우에는, 그것을 하지 못했다는 것으로 비난받을 수 없다는 생각에 기초한다. 이는 '당위ought'가 '가능can'을 함축한다는 것의 특수 사례이다. 왜냐하면 우리의 예시에서 '가능' 부분은 그린리프가 마지에 대한 자신의 신뢰 부족을 의문시하게 해줄 젠더에 관한 비판적 관점을 얻을 것이라고 기대하는 것이 합당한지의 문제이기 때문이다. 우리는 객관적으로 할 수 없는 일이나 하지 않을 수 없는 일로 사람들을 비난하지 않는다. 물론 이것이 그들의 삶이 윤리적으로 더럽혀지지 않을 것이라는 말은 아니다. (극단적인 경우, 누군가는 자신이 한 일이 비난받을 만하지 않다고 전적으로 받아들이면서도, 자신이 그런 일을 했다는 사실 자체로 가슴이 찢어지는 아픔을 겪을 수 있다.[14]) 그린리프는 그 자신에게 필요했던 비판적 개념을 이용할 수 없는 역사적 상황에 있었기 때문에 젠더 편견이 마지에 대한 판단에 미치는 영향을 중화할 수 없었다.

이는 흥미로운 종류의 인식적·도덕적 불운을 시사한다. 이유를 가지는 것에 대한 외재적 해석[15]에 따르면, 상황은 매우 간단하다. 그린리프는 마지의 말에 대한 자신의 자동적 불신을 의심할 이유를 소유하고 있지만, 자신이 그 이유에 접근할 수 없도록 하는 역사적 상황에 처해 있다. 이에 따라 그는 인식적·도덕적 불운을 겪게 된다. 이유에 대한 내재적 해석에 따르면, 상황은 약간 더 복잡해진다. 그린리프는 아들의 실종에 관해서는 진실을 알고자 하고 간사한 살인자에게는 속지 않으려는 주관적 동기를 지닌다. 하지만 그가 그 동기로부터 마지에 대한 자신의 불신을 의심하려는 동기에 도달하기 위해서는 '건전한 숙고 경로'를 거쳐야 하는데, 바로 이 경로가 역사적 상황에 의해 차단된다. 따라서 이유 개념에 대한 내재적 접근에서 그린리프는 마지에 대한 자신의 불신을 의심할 이유를 **소유**할 수 없는 것으로 묘사된다. 그린리프의 주관적 동기의 집합 안에 실제로 존재하는 동기들과 이유를 연결하는 숙고 경로가 객관적으로는 존재하지만 역사적 상황이 그린리프가 그 경로를 걸어갈 수 없게끔 가로막고 있다는 사실은, 그것이 **그에게** 이유일 수 없다는 것을 의미한다. 이는 그린리프의 인식적·도덕적 불운에 또 다른 차원을 더해준다. 왜냐하면 이는 해당 불운을 단지 그가 어떤 이유들에 접근할 수 있는지와 관련한 불운(그가 무엇을 하는지에 영향을 미치는 불운)이 아니라, 그가 어떤 이유들을 가질 수 있는지와 관련한 불운(그가 누구인지에 영향을 미치는 불운)으로까지 만들어버리기 때문이다.[16]

내재적 이유 이론가들과 외재적 이유 이론가들 사이의 불일치에 관해 어떻게 생각하든, 그린리프가 저지른 것과 같은 증언적 부정의의 사례를 내재론자의 언어로 기술하려고 하는 사람이라면, 이 사례가 순수하게 윤리적인 사례들에서처럼 논쟁적이지는 않을 수 있다는 점에 주목할 필요가 있다. 이는 이렇게 고려되는 인식 주체들이 실제로 갖는 동기 집합 안에 참에 대한 일반적인 동기가 존재한다고 가정하는 것이 논쟁적일 수는 없으며, (예컨대, 자신의 신뢰 습관에서 편견을 중화하는 것처럼) 참에 복무하는 더욱 근접한 목표에 대한 동기를 가진다고 가정하는 것이 논쟁적일 수는 더더욱 없기 때문이다. 그렇기 때문에 현재의 사례를 내재적 이유 모형이나 외재적 이유 모형 중 어느 것에 따라 이해하든 별 차이가 없다. 왜냐하면 일반적으로 인식 주체는 참에 도달할 이유를 소유한다는 데 모두가 동의할 수 있기 때문이다. 이는 우리가 참과 맺는 관계의 본성이 복잡하며 종종 문제적이라는 사실을 과소평가하는 것이 아니다. 인간은 분명 부정이나 억압의 기제를 통해 고통스러운 진실로부터 스스로를 지켜낼 강력한 동기를 가지며, 그렇게 할 이유 역시 가진다. 하지만 전체적으로는 이러한 기제들을 참을 향한 일반적인 동기라는 배경 속에서 바라볼 수 있어야 한다. 그렇다면 실제의 그린리프뿐 아니라, 가장 악랄하고 성차별적 편견에 절여진 버전의 그린리프까지도 (참을 향한) 동기를 가지고 있음이 분명하다. 건전한 숙고 경로를 통해 마지에 대한 자신의 자동적 신뢰의 결여를 의문시하는 데까지 나아갈 수 있는 그 동기 말이다.

그린리프의 도덕적 지위에 다소 자비로운 이 해석에 따르면, 그는 인식적으로도 도덕적으로도 불운하다. 더 정확하게 말하자면, 그린리프는 두 종류의 도덕적·인식적 불운을 겪는다. 하나는 [그에게] 필요한 반성적인 비판적 의식에 도달하지 못하게 하는 사회-역사적 맥락 속의 상황적 불운이고, 다른 하나는 그가 어떤 종류의 사람인지에 관한 구성적 불운이다. 더 정확하게 말하자면, 그린리프는 복합적인 상황적·구성적 불운을 겪는 사례에 해당한다. 왜냐하면 마지에 대한 자신의 신뢰 결여를 의심할 이유를 가질 수 없는 사람으로 그린리프를 구성한 것은 바로 특정한 역사적 상황이기 때문이다. 그렇다면, 그린리프는 **역사적-구성적** 형태의 인식적·도덕적 불운을 겪는다고 말하도록 하자. 이런 유의 [불]운에서 중요한 점은 그것의 구성적 힘이 행위자의 성격(그가 개인으로서 어떤 유의 사람인지)의 수준이 아니라 역사적인 수준에 있다는 것, 이로 인해 [한 개인이] 역사에서 점하는 위치가 그 사람이 어떤 생각들을 할 수 있는지, 따라서 어떤 이유들을 가질 수 있는지를 제한한다는 것이다. 결론적으로 그린리프는 자신

인식적 부정의

이 원하는 진실을 놓치며(마지가 맞다. 리플리가 디키를 살해한 살인자다), 자신이 아끼는 사람에게 매우 나쁜 일을 하는 잘못을 저지르게 된다. 마지는 진실을 감당하지 못하는 사람, 인식적 신뢰가 아니라 보호와 동정을 받아 마땅한 히스테리적인 여성으로 취급되고 만다. 만약 합리성이 인간성의 본질적 부분이라면, 그린리프는 다름이 아니라 인간성의 측면에서 마지를 다정하게 훼손하는 셈이다.

그러나 이제 우리는 그린리프에 대한 면죄를 제한할 필요가 있다. 당연히 그가 죄를 완전히 면하게 되는 것은 아니기 때문이다. 만약 역사가 그에 대한 비난을 제쳐두게 만든다면, [그런 비난 이외에] 남아서 작동하는 다른 형태의 도덕적 분개가 존재하는가? 물론 우리가 비난해야 할 것과 비난하지 말아야 할 것 사이의 경계선, 그리고 우리가 사람들에게 적절하게 기대할 수 있는 것과 기대할 수 없는 것 사이의 경계선은 모호하며, 역사적 거리를 두고 보면 이 경계선은 더욱 모호해진다. 그린리프가 마지에게 한 일, 그리고 그가 이용할 수 **있었던** 도덕 개념적 자원들(여기에는 깔봄이 잘못이라는 생각, 마지가 실제로 제시하는 명백한 증거에 대한 존중이 필요하다는 생각, 편견이 불공정하다는 일반적인 생각 등이 분명 포함된다)을 감안했을 때, 우리는 그린리프에 대해 일종의 제한된 도덕적 분개를 느낄 수 있다. 결국, 그린리프가 너무나 쉽게 당대의 젠더 이데올로기와 결탁하고, 자신의 증거에 주목하게 하려는 마지의 시도를 그토록 쉽게 무시한다는 것은 실망스러운 일이다. 최소한 그는 좀 더 오래 버티며 마지의 말에 귀 기울이고,

그녀가 히스테리적이라는 리플리의 경멸적 발언에 더 신중한 태도를 취할 수도 있었다.[17] 요컨대, 우리는 그린리프가 더 나은 방식으로 행동할 수 있었다는 불만을 표현하길 원한다. 인식적 실망뿐 아니라 윤리적 실망 또한 담은 불만을 말이다. 그렇다면 우리는 **실망**이라는 특정한 **분개**resentment의 감정, 즉 비난이라는 분개의 감정과 밀접히 연관되어 있지만, 그에는 미치지 못하는 어떤 태도를 느낄 수 있다. 실망이라는 분개는 여전히 개인을 겨냥하지만, 이때의 개인은 역사적으로 위치지어진 방식으로 사유된다.

역사적 거리가 있는 대상에 대한 실망의 분개를 정당화하기 위해 무엇을 더 말할 수 있을까? 한 문화의 도덕적 담론을 유한한 단일체(때로 도덕 '체계'로 불리듯)로 생각해선 안 된다. 도덕적 담론이 제공하는 도덕적 판단과 사고의 자원은, 유한한 수의 다른 구조물들을 지을 수 있는 벽돌의 모음과 같은 것이 아니다. 기존 개념들을 새롭게 적용해서든, 새로운 개념을 고안해서든, 개념적 자원은 **새로운** 의미들을 무한히 많이 생성해낼 수 있는 자원이다. 이런 의미 자원은 생성적이고 역동적이며, [따라서] 어떤 역사적 순간에 실제로 실현되어 사용되고 있는 의미들의 집합에 의해 결코 망라되지 않는다. 도덕적 의미를 이처럼 생성적인 것으로 개념화하고 나면 우리는 **일상적인** 담화적 움직임과 **예외적인** 담화적 움직임이라는 구분을 도입할 수 있다. 예외적인 움직임이란 기존의 자원들이 혁신적으로 사용되어 도덕적 의식을 진보하게 하는, 더욱 상상적인 움직임이다. 이 같은 상상적 움직임의 한 사례로는, 존중respect이라는 개념이 일상적으로는 지배계급을 위해서만 보유되던 사회에서 누군가 이를 모든 인간에 대한 윤리적인 개념으로 확장한 경우를 들 수 있을 것이다.* 또한 평범한 훈육이라는 이름 아래 아이들에게 일상적으로 행해지던 폭력적 체벌에 '잔인하다'는 개념을 새롭게 적용한 사례도 여기에 해당할 수 있을 것이다. 우리 대다수는 대부분의 시간 동안 일상적인 움직임과 일상적인 도덕적 사고를 보인다. 만약 우리가 살고 있는 문화가 이것만으로도 우리 윤리적 사고의 품위를 보장해주는 문화라면, 우리는 운이 좋은 것이다. 하지만 사람들은 때로 좀 더 상상적인 무언가에 도전해 성공을 거두곤 한다. 여기서 우리는 인식적 차원에도 다시 유사한 구분을 유용하게 도입할 수 있다. 여기서의 인식적 대조는 일상적인 신뢰성 판단과 예외적인 신뢰성 판단, 즉 지금껏 편견으로 이해되지 않았던 종류의 편견을 성공적으로 교정하는 판단 사이의 구분이다.

만약 그린리프를 당대의 윤리적 자원에 비춰 판단하여 그가 마지에게 가하는 인식적 부정의를 비난할 수 없는 것으로 보게 된다 하더라도(그는 일상적으로 판단했다), 우리는 여전히 그가 할 수 있었던 것(예외적인 수준까지는 아니더라도)에는 못 미친다고 여길 수 있다. 왜냐하면 그린리프조차 그 상황에서 마지의 여

---

* 영어에서 'respect'는 한국어의 '존경'과 '존중' 모두에 해당하는 의미를 담고 있다. 여기서 저자가 말하는 확장은 지배계급에 대해서만 적용되던 '존경respect' 개념이 모든 인간에 대한 '존중respect' 개념으로까지 확장된 것을 말한다. 이처럼 'respect'의 두 의미를 '평가 존중appraisal respect'와 '인정 존중recognition respect'로 구분하여 설명하는 문헌으로는 다음을 참고하라. Stephen L. Darwall, 'Two Kinds of Respect', *Ethics*, 88, no. 1 (Oct. 1977), pp. 36-49.

성적 히스테리에 대한 리플리의 음모론에 말려드는 것보다는 도덕적·인식적으로 좀 더 상상적인 무언가를 할 수 있었을 것이기 때문이다. 이 점에 대해 큰 희망을 갖게 할 만한 것이 그린리프에게 거의 없다는 사실은 인정해야겠지만, 여전히 그는 리플리보다는 마지를 더 오래 알아왔던 품위 있는 사람이며, 진실을 알아내는 데 개인적인 관심도 큰 사람이다. 따라서 우리는 그가 그토록 쉽게 마지의 의심을 인식적으로 모욕적인 방식으로 해석하는 것에 대해 모종의 도덕적 분개를 느낄 수 있다. 그러한 실망은 그가 더 나은 신뢰성 판단을 내리는 것이 (새롭게 확장된 우리의 의미에서) 역사적으로 가능**했다**는, 즉 그린리프조차 예외적으로 판단할 수 **있었다**는 확신에 근거한다. 그는 이처럼 고조된 상황에서조차 그저 일상적으로 판단을 내림으로써, 특정한 방식으로 그에게 책임을 묻는 것이 적절해 보일 만큼 실망스러운 일을 한 셈이 된다. 그러나 일상적인 것을 넘어서는 데 실패함으로써 그의 도덕적·인식적 성품이 더럽혀졌다고 말할 때, 비난만큼 강력한 것이 정당화되기에 충분하지는 않다. 일상적인 도덕석 판단을 내렸다고 해서 비난받을 수는 없다. 그럼에도 더 예외적인 대안이 (역사적 가능성의 차원에서) 코앞에 놓여 있는 상황에서 단지 일상적 판단을 내리는 것에 대해 책임을 물을 수는 있다. 그리고 나는 이 책임을 실망이라는 분개로 표현하는 것이 적절하다고 제안했다. 이제 예외적인 도덕적 판단과 일상적인 도덕적 판단의 구분은 역사적·문화적으로 떨어져 있는 타인에 대한 도덕적 태도의 범위를 (이유에 대한 내재적·외재적 해석 중 무엇을 받아들이든 상관없이)

인식적 부정의

좀 더 미묘하게 만들 가능성을 시사한다. 왜냐하면 이 구분으로 인해 우리는 그들의 문화에서 일상적으로 잘못되었다고 간주되지 않는 행위를 들어 그들을 비난할 수 있다고 간주하는 오만을 피하면서도, 그들이 예외적인 도덕적 움직임의 가능성에 얼마나 근접해 있었는지를 판단하여 여전히 어느 정도 도덕적 책임을 지울 수 있기 때문이다.

만약 이것이 옳다면, 예외적인 도덕 담화적 움직임과 일상적인 도덕 담화적 움직임 사이의 구분은 도덕적 상대주의에서 문제가 되는 쟁점들을 더 잘 이해하도록 도와줄 수 있다. 역사적·사회적으로 멀리 떨어져 있는 도덕 문화권의 사람들의 행동을 판단할 때, (비난에만 관심이 있는 것이 아닌 한) 우리는 스스로를 그 문화의 일상적인 도덕 담화에만 국한시킬 필요가 없고, 그래서도 안 된다. 왜냐하면 그들이 스스로의 도덕적 자원을 더 잘 활용했더라면 어떤 비일상적이며 예외적으로 상상적인 도덕 판단들이 내려졌을지까지 우리가 고려할 경우에만, 멀리 떨어져 있는 문화에 속한 사람들의 도덕적 수행에 대해 더욱 적절한 방식으로 미묘한 판단들을 내릴 수 있을 것이기 때문이다. 우리는 문화적·역사적 우연성이라는 명백한 사실과, 도덕심리학과 언어에 대한 보편주의적 인력 사이의 근본적인 긴장이 메타윤리학 문헌들에서 여러 측면에 걸쳐 다양한 방식으로 재현되고 또 재현되는 것을 본다. 지금껏 우리는 막다른 골목에 다다르기를 되풀이해왔다. 우리가 수용할 수 없으며 판단을 유보하기 어렵거나 불가능하기까지 한 관행들, 동시에 그 행위로 사람들을 비난할 수 있는 정당성은 없는 것 같다는 괴상한 느낌이 드는 관행들이 도덕적으로 수용되는 타 문화를 상상할 때 마주치게 되는 그러한 골목 말이다. 여기서 일상적인 것과 예외적인 것 사이의 구분은 실망이라는 분개, 즉 여전히 행위자 개인을 향해 있지만 그의 역사적 곤경을 인정하는 태도의 공간을 열어젖힘으로써, 우리의 도덕적 사유가 막다른 골목에 다다를 필요가 없다는 것을 보여준다.

[멀리 떨어진] 타 문화권에 속한 사람들에 대해 도덕적 판단을 내리는 것이 그르다는 '저속한' 상대주의적 생각은 비정합적이다.[18] 하지만 이와 연관되어 있는 생각으로서, 비난의 판단이 꽤 가까운 역사적 거리에서도 부적합하다는 생각은 지켜져야 한다. 사람들의 행동이 그들의 윤리적 문화에서는 단지 일상적인 윤리적 사유의 산물에 불과했다면, 비난의 판단은 부적합하다. 예를 들어, 비혼모가 아기를 입양 보내도록 강요하는 과거의 관행을 고려할 때에도 우리는 당시 사회의 평범한 도덕 담론에서 일상적으로 들먹여졌을 것으로 추측되는 개념, 태도 및 감정들에만 스스로를 국한시켜서는 안 된다. 오히려 우리는 그들의 모든 윤리적 자원을 감안했을 때 **그들이** 가질 수 있었으나 그러지 못한 사고들에 호소할 권리가 있다. 그리고 우리는 그들의 숙고적 수행을, 더 예외적으로 상상적인 움직임을 보이는 데 성공해 점차 공동체를 더 진보적인 실천으로 이끄는 주변인들의 수행과 대조해 볼 수 있다. 물론 그 관행에 가장 직접적으로 관여했던 사람들, 예를 들어 분리로 인해 엄마가 받은 고통이나 아이가 받은 영향 등을 목격하거나 느낀 사람들이 가진 도덕적·인지적 이점들을 고

려해서 말이다. 일상적인 도덕적 판단과 예외적인 도덕적 판단의 구분은, 예컨대 강제입양 관행에서 벗어나는 도덕적 진보가 어떻게 가능한지를 설명하는 데 도움을 준다. 도덕적으로 예외적인 소수의 담화적 움직임에 의해서가 아니라면, 어떻게 한 공동체가 일상적인 문제들을 다르게 볼 수 있게 된단 말인가?

역사적 타인들을 이런 방식으로 판단하는 것은 오만이 아니다. 왜냐하면 우리는 '더 잘할 수 있다'는 것이 우리 자신에게도 윤리적 비문碑文이 될 것이라는 점을 인정할 수 있기 때문이다. 도덕적으로 일상적인 것에 따라서 사는 것이 멀리 떨어져 있는 타인의 실망의 분개로부터 얼마나 자유로울 수 있을지는 운의 문제이다. 이는 그 사람을 형성한, 그리고 미래 세대를 형성할 우연성에 크게 의존한다. 예컨대, 나는 반쯤 양심의 가책을 느끼며 고기를 먹는 동안, 미래의 채식주의 사회가 나 같은 사람들을 도덕적 혐오감을 느끼며 판단할 것이라는 사실을 종종 의식한다. 그런 사회의 구성원들은 아마도 내가 반려동물로 키우는 동물들에 대해 도덕적으로 개입하고 있는 바를 따르지 못한 것에 진정한 도덕적 실망을 느낄 자격이 있을 것이라고 나는 생각한다. 그들은 동물들이 더 일반적으로 동등한 도덕적 지위를 지닌다는 데 나 스스로가 암묵적으로 개입해 있다는 것을 왜 알아차리지 못했느냐고 내게 물을 것이다. (나는 스스로에게 그런 물음들을 던지지만, 결코 답하지 않는다.) 그러나 미래 세대가 이렇게 동물을 먹는 것을 명백한 도덕적 잘못으로 간주하게 된다 하더라도, 어쩌면 그들은 그들이 나의 도덕적 실패라고 간주하는 것이 현대의 일상적인 도덕적 판단의 범위 안에 충분히 포함되어 있다는 이유로 나 같은 사람들에 대한 비난을 유보할 수도 있다. 나는 비난에는 미치지 못하지만 여전히 행위자를 향해 있는 형태의 도덕적 분개를 식별하는 것이, 역사적·문화적 거리를 둔 대상에 적절한 도덕적 반응을 보이기 위한 열쇠라고 생각한다. 좀 더 일반적으로, 예외적인 도덕적 판단과 일상적인 도덕적 판단의 구분은 역사적 우연성을 해치지 않으면서도 도덕심리학과 언어의 보편주의적 궤적을 존중할 수 있도록 해준다.

  이 장에서 나는 증언적 부정의라는 현상 때문에 필요해지는 덕, 즉 증언적 정의의 덕을 그려냈고, 이것을 소유할 조건이 지니는 역사적 우연성에 대해 탐구했다. 우리가 도달한 구상에서의 덕은 역사의 특정 시점에서 일부 편견에 대해서는 소유될 수 없는 것일 수도 있다. 하지만 이 덕을 이처럼 역사적으로 위치지어진 방식으로 그려냈으니, 이제는 이를 최대한 무역사적_{ahistorical} 환경, 즉 자연상태라는 환경에 놓아보자. 그렇게 함으로써 증언적 정의의 덕이 얼마나 근본적인 인식적 덕인지가, 즉 그것이 모든 인간사회에 존재하는 인식적 필요로부터 비롯된다는 점에서 초역사적인 목적에 복무하는 인식적 덕이라는 것이 밝혀질 것이다.

인식적 부정의

5장 증언적 정의의 계보학

1.
진리의 세 번째 근본적 덕

《진리와 진실성》에서 버나드 윌리엄스는 전통적으로 정치철학에서만 활용되어왔던 철학적 방법을 사용한다.[1] 그 방법이란, 주어진 개념이나 제도에 관한 철학적 결론을 도출하기 위한 토대로서 가상의 자연상태 시나리오를 구성하는 것이다. 그러나 그가 자연상태를 구성하는 것은 우리의 가장 기본적인 정치적 필요를 묘사하기 위해서가 아니라, 우리의 가장 기본적인 인식적 필요를 묘사하고, 진리와 진실성truthfulness이라는 개념들을 조명하기 위해서이다. 그의 구성은 《지식과 자연상태》[2]에 나타난 에드워드 크레이그Edward Craig의 구성과 유사하지만, 그 목적은 다르다. 다음 장에서 좀 더 본격적으로 논의하겠지만, 크레이그의 기획은 우리가 왜 지식이라는 개념을 갖는지를 실천적으로 해명함으로써 그 개념을 조명하는 데 있다. 반면 윌리엄스의 주된 목적은 왜 진실성이 덕목인지, 그리고 이것이 어떻게 내재적 가치일 수 있는지에 대한 실천적 해명을 통해 그 개념을 조명하는 데 있다.

자연상태는 사람들이 집단으로 모여 기본적 필요를 공유하며 살아가는 최소한의 사회 조직이자 최소한의 인간사회로 고려된다. 이 기획에서의 초점은 자연스레 인식적 필요에 맞춰져 있으며, 다른 필요들은 인식적 필요와 연관이 있는 경우에만 다뤄진다. 자연상태에서의 인식적 삶은 세 가지 집단적인 인식적 필요와 관련된 세 가지 단계로 구성된다.

(1) 생존을 위한 사실truth들을 충분히 많이 (그리고 거짓들은 너무 많지 않게) 소유할 필요: 즉 실천적 관련성을 가진 정보(이를테면 어떤 음식이 먹기에 좋은지, 어떤 음식에 독이 있는지 등)를 충분히 많이 소유할 필요.

이때 자기 자신의 눈과 귀뿐만 아니라 다른 사람들의 눈과 귀[를 통한 정보]도 재량껏 이용할 수 있다면, 이 점이 매우 유리하게 작용할 것임은 분명하다. 따라서 자기 자신에게만 의지하는 개인주의적 방책은 나쁜 생존 전략일 것이다. 그렇기에 첫 번째 필요는 곧바로 두 번째 필요를 발생시킨다.

(2) 정보가 공유되고 모아지는 인식적 관행에 참여할 필요.

인식적 자원을 모으는 과정에서는 다른 종류의 노동 분업에서 발생하는 모든 인식적 노동epistemic labour의 분업이 활용된다. 가장 기본적인 수준에서는, 사람들이 서로 다른 시간에 서로 다른 장소에 있을 것이라는 사실로부터 발생하는, 단순하며 역할이 고정되지 않은 인식적 노동의 분업이 있을 것이다. 이로 인해 누군가가 특정 질문에 대해 가질 수 있는 '순수하게 위치적인 이점'을 동료 탐구자들이 활용할 수 있게 된다. 이 위치적 이점은 포식자가 다가오는지를 관찰할 수 있게 해주는 '나무 위에 있음'일 수도 있고, 무슨 일이 일어났는지를 관찰하는 데 필요한 시공간적 위치를 점유하게 해주는 '그 시점에 거기에 있었음'일 수도 있다.

지금까지의 구성은 크레이그의 구성과 같으며, 크레이그와 마찬가지로 윌리엄스 역시 명백한 악의는 물론이고 희소성이나 다른 유형의 경쟁 상황들이 기만과 은폐의 동기를 만들어낼 수 있다는 것을 관찰해낸다. 윌리엄스는 이때의 이익을 [서로] 신뢰할 수 있고 협동적인 인식적 관행에 이기적으로 무임 승차함으로써 얻는 이득이라고 표현한다. 그러나 크레이그와 윌리엄스는 이 문제를 서로 약간 다르게 다루며, 이로 인해 발생하는 자연상태 서사의 세 번째 단계에서의 차이가 두 이론의 분기점이 된다. 그 중요성에 대해서는 다시 논의하겠지만, 크레이그의 세 번째 단계에서는 화자에서 청자 또는 탐구자로의 관점 전환이 강조된다. 반면, 윌리엄스는 (청자의 인식에 의존하지 않는) 화자의 진실성에 관심을 두기 때문에, 그의 세 번째 단계에서는 화자의 관점이 유지된다. 윌리엄스는 모인 정보를 사용하는 일에 모든 구성원이 이해를 두고 있는 집단에는, 현재의 상호신뢰적 관행에 이기적으로 무임 승차함으로써 얻을 이익에 반하는 압력을 만들어낼 기본적인 필요가 있다는 것을 관찰해낸다. 사람들이 그들의 개인적 이익에 부합하지 않는 상황에서조차 동료 탐구자들에게 진실되거나, 신뢰할 만한 정보 제공자가 되도록 장려하기 위해서는 일종의 행위-인도적_{action-guiding} 압력이 생겨야만 하는 것이다. 따라서 윌리엄스의 세 번째 단계는 다음과 같이 표현된다.

(3) 신뢰관계를 안정화할 성향을 개인들에게 장려할 필요.

윌리엄스의 설명에 따르면, 여기서 요구되는 성향들은 자연스레 두 종류로 나뉜다.

> 우리가 고려하고 있는 사람들은 믿음, 욕구, 의도를 가지고 있으며 자신의 믿음을 표현할 수도, 표현하지 않을 수도 있으므로, 이러한 성향들이 두 종류로 나뉜다고 생각하는 것이 자연스럽다. 첫 번째 종류의 성향은 애초에 올바른 믿음을 얻고, 그 믿음을 정보 모음에 신빙성 있는 형태로 전달할 수 있는 (능력에 관한) 성향이다. 다른 한편으로는, 모인 정보를 사용하는 사람들의 사회적 관점에서 바람직한 성향 역시 필수적이다. 왜냐하면 반성적 생명체는 이 구조 내에서 사기와 은폐의 기회를 갖게 될 것이며, 그렇게 할 동기 역시 갖게 될 것이기 때문이다. 마치 사냥꾼이 먹잇감을 찾았을 때 이를 자신과 자신의 직계 가족만을 위해 챙기고 싶어지는 것처럼 말이다. (인간은 자신의 생각을 숨기기 위해 언어를 가진다는, 볼테르가 한 유명한 말의 힘은 바로 여기에 있다.)[3]

따라서 〈정확성_{Accuracy}〉과 〈신실성_{Sincerity}〉이라는 덕목들이 탄생한다('〈 〉'는 이것들이 다소 추상화된 버전의 정확성과 신실성이라는 것을 표시하기 위해 삽입한 것이다). 이것들은 각기 정보를 모으는 관행에 필요한 인식적 신뢰관계를 지탱하는 성향들의 특정 집합과 관련이 있다. 〈정확성〉과 〈신실성〉은 둘 다 의지의 소관 아래 놓여 있다는 점에서, 단지 기술skill에만 그치는 것이 아니라 진정한 덕들이다. 이는 〈신실성〉에 대해서는 명백히 그러하며, 〈정확성〉에 대해서도 마찬가지이다. 왜냐하면 윌리엄스가 지적하듯 누군가가 동료 탐구자에게 보고하는 것이 〈정확〉한지의 여부는, 예컨대 그가 얼마나 노력하는지, 단지 [사물이] 겉으로 보이는 것을 넘어서기 위해 얼마나 끈질기게 애쓰는지, 얼마나 주의를 기울이는지, 그리고 인식적 품행의 다른 측면들이 어떠한지에도 의존하기 때문이다.[4]

　〈정확성〉과 〈신실성〉이라는 덕의 등장이 얼마나 많은 것을 성취하는지는 흥미로운 질문이다. 나는 이것이 윌리엄스가 생각한 것보다 더 많은 것을 성취한다고 믿는다. 이 두 가지 핵심적인 지적인 **덕**이 절대적으로 기본적인 인식적 필요로부터 직접 비롯됨을 보이는 것은 [사실상] 이 두 덕이 인간사회에서 **반드시** 발생하게 되어 있다는 것을 보이는 것과 같다. 그렇다면 〈정확성〉과 〈신실성〉에 대해서는 자연주의뿐 아니라 보편주의까지 보여진 셈이다. 여기까지는 분명 윌리엄스가 지적하고 있는 부분이다. 그러나 그는 진실성을 구성하는 이 두 덕들의 출현이 이미 **비-도구적 또는 내재적** 가치로서의 진실성의 출현을 조명하고 있다는 점을 과소평가하고 있는 것으로 보인다.[5] 따라서 나는 윌리엄스가 지금까지의 이야기의 한계로 "〈정확성〉과 〈신실성〉의 가치는 **도구적**이다. 그 둘의 가치는 다른 좋음들, 특히 자신이 원하는 것을 얻고, 위험을 피하며, 환경을 지배하게 되는 등의 가치로 완전히 설명될 수 있다"[6]고 말하는 것이 너무 많은 것을 양보하는 것이라고 생각한다. 이는 사실이 아니기 때문이다. 두 덕의 가치에 대한 설명 일부를 이루는 것은 이런 가치들이, 개인들에게 **반대 방향으로의 강한 도구적 고려사항이 있을 때조차** 진실되라는 사회적 압력의 필요에 대한 반응으로서 출현했다는 것이었다. 그리하여 실제로 정확하고 진실된 증언을 하는 사람들이 단지 도구적 이유가 아니라 덕에 의해 증언한 것으로 드러나게끔 말이다.[7]

그렇다면 덕으로서 고려된 〈정확성〉과 〈신실성〉은 그 고유한 행위 인도력을 통해 신뢰관계의 안정화에 기여하므로, 이 둘의 출현은 진실성이 오직 사람들의 목적에 유용한 수단으로서만 그들의 인식적 품행에 영향을 미치는 가치에서, 비-도구적인 영향을 미치는 가치로 이미 변형되고 있다는 신호를 보내주는 셈이다. 즉 이러한 진리의 덕들이 가진 행위 인도력은 적어도 진실성을 도구적 가치에서 내재적 가치로 변형시키는 과정을 개시하기에는 이미 충분하다는 것이다. 다른 방식으로 표현하자면, 〈정확성〉이라는 덕을 가진 사람은 그가 정확성 그 자체를 향한 동기를 갖는다는 점에서 구별된다고 말할 수 있다. 즉 그는 정확성이 특정 상황에서 자신의 목적에 도움이 되는지의 여부와 무관하게 정확성의 가치에 의해 추동된다. (덕의 이러한 측면에 대해서는 아래에서 다시 살펴볼 것이다.) 그러나 진실성이 내재적 가치라는 생각을 지지하는 독립적인 논증을 제시하는 것으로 미뤄볼 때, 윌리엄스는 두 덕의 이러한 측면을 거의 중시하지 않는 듯하다.[8] 이

인식적 부정의

러한 논증은 분명 그 자체로 흥미롭지만, 나는 과연 이것이 〈정확성〉과 〈신실성〉이 이미 덕으로 확립된 상태에서 [이것들이 덕임을 보이기 위해] 필요한지 의심스럽다. 더욱이 이 덕들이 그 자체로는 신뢰관계를 충분히 안정화할 수 없다면, 이 두 덕들이 내재적 가치를 구성한다는 생각에 사회적 표현을 부여하는 것이 정말로 도움이 될지도 의심스럽다. 진실성이 특정 덕들에 담긴 가치라는 생각에 마음이 동하지 않는 사람은, 진실성이 내재적 가치로서의 지위를 갖는다는 도덕적 강조에도 크게 마음이 바뀌지 않을 것이다. 따라서 나는 진실성이 내재적 가치라는 윌리엄스의 독립적인 논변을 신뢰의 안정화에 대한 우려와 분리될 수 있는 것으로 받아들일 것을 제안한다. 또한 〈정확성〉과 〈신실성〉이 덕으로 등장함으로써, 자연상태에서의 인식적 신뢰관계가 사회적으로 현실적인 한에서는 이미 안정화되었다고 간주하기를 제안한다. 혹은 다르게 표현하자면, 그 덕들이 그 자체로 사람들에게 진실되라는 압력을 가한다는 것은, 이미 진실성을 내재적으로 가치 있는 것으로 간주하게끔 상당한 압력을 가하는 것과 다름없다고 말할 수 있다.

이제 우리는 자연상태에서 〈정확성〉과 〈신실성〉과 함께 등장하는, 또 다른 진리의 덕이 있는지를 탐구해볼 위치에 도달했다. 그런 덕이 있다는 것을 확인하기 위해서는, 화자의 관점에서 청자 혹은 탐구자의 관점으로의 전환이 명확해지게끔 크레이그의 세 번째 단계로 넘어가는 것이 도움이 될 것이다.[9] 지금껏 화자의 관점에서 서술된 자연상태 이야기가 제공한 내용에는 다른 사람들로부터 진실을 수집하는 데 무엇이 필요한지에 대한 내용이 없다. 우리는 정보를 모을 필요가 화자에게 특정한 요구, 즉 〈정확성〉과 〈신실성〉이라는 덕들을 소유하라는 요구를 한다는 것을 살펴보았다. 또한 우리는 그 필요가 청자에게도 마찬가지로 [무언가를] 요구한다는 것을 살펴보았으나, 그 요구들이 무엇일지에 대한 질문은 아직 다루지 않았다. 분명한 것은, 자연상태의 청자 혹은 탐구자는 동료들이 제공하는 진실에 열려 있어야 하지만, 거짓인 증언에 너무 쉽게 속지 않을 정도로만 열려 있어야 한다는 점이다. 따라서 자연상태의 청자들은 어떤 명제를 참으로 받아들일지 책임 있게 분별하기 위해, 신뢰할 만한 정보 제공자와 신뢰할 만하지 않은 정보 제공자를 구별할 수 있어야 한다. 만약 자연상태에 〈정확성〉과 〈신실성〉이라는 덕들이 등장하며 부정확성이나 부정직성이 더 이상 남아 있지 않게 되었다면, 우리의 청자-탐구자들이 진실이 아닌 것을 진실로 받아들일 위험도 존재하지 않을 것이고, 속기 쉬운 사람으로 사는 데 따르는 비용도(혹은 속기 쉬움gullibility이라는 것 자체도) 존재하지 않을 것이다. 그러나 이런 상태를 가정하는 것은 자연상태 구성에 단지 판타지를 도입해, 아무런 설명적 기능도 수행할 수 없게 될 만큼 자연상태 the State of Nature를 인간 본성human nature에서 멀리 떨어뜨려놓는 것과 다를 바가 없다. 〈정확성〉과 〈신실성〉이 덕이라는 생각은 오직 모인 정보가 진짜 정보임을 확실히 하는 데에만 압력을 가할 수 있으므로, 이제 우리는 청자의 입장에서 누구로부터 정보를 얻을지를 분별할 수 있어야 한다는 필요에 직면하게 된다. 이러한 집단적

인식적 부정의

인 인식적 필요는 우리가 언급한 다른 어떤 것들만큼이나 기본적인 것이며, 두 번째 단계로부터 직접적으로 발생한다. 따라서 크레이그의 구성에서 세 번째 단계는 좋은 정보 제공자와 나쁜 정보 제공자를 구분할 필요성과 관련된다.

(3′) 잠재적 정보 제공자가 '지표 속성indicator properties', 즉 정의상 진실을 전달하고 있음을 신빙성 있게 나타내주는 속성을 가질 필요.

크레이그에게 지표 속성이 될 수 있는 것은 '해당 시점에 올바른 방향을 보고 있음'과 같은 속성에서부터 '이런 종류의 사안에 대해 잘 맞혀온 기록이 있음'과 같은 개인적 전문성과 관련되는 것까지 다양하다. 자연상태에서의 지표 속성은 더 제도화된 실제 사회에서 권위의 지표가 되는 속성들에 비해 단순하며 그 수도 적을 것이다. 그러나 우리가 크레이그의 구상에 '자신 있게 대답함'이나 '자신이 무슨 말을 하는지 아는 것처럼 보임'과 같은 가능한 지표 속성들을 추가하더라도 이것이 그의 구상에 대한 왜곡이 되지는 않을 것이다. 왜냐하면 이러한 것들은 인간의 담화적 사회화에서 기본적으로 나타나는 특성들이며, 경쟁적인 이해관계가 얽혀 있지 않은 일상적인 문제들에 대해서는 그런 속성들이 인식적으로 신뢰할 만함의 표지로서 신빙성 있을 것이기 때문이다.

그렇다면 우리는 자연상태의 청자가 정보를 모으는 일에 참여하고 지식을 공유하기 위해서는 지표 속성들에 적절하게 반응해야 한다고 말할 수 있다. 청자에게는 신빙성 있게 진실을 수용하고 거짓을 거부하는 성향이 필요하다. 다시 말해, 자연상태의 청자에게는 자신의 신뢰성 판단이 지나치게 빗나가지 않게 해줄 성향이 필요하다. 앞선 장들에서 나는 실제의 역사적 사회 환경에는 우리의 신뢰성 판단을 왜곡하기 쉬운 압력들이 많다고 주장한 바 있고, 그중에서도 특히 정체성 편견에 초점을 맞춘 바 있다. 그런데 현재 우리가 초점을 맞추고 있는 자연상태는, 어떤 종류의 원초적 상쇄 압력countervailing pressure이 그곳에 존재해 올바른 신뢰성 판단의 형성을 방해하게 될지를 묻게 만든다. 우리는 이미 자연상태의 사람들이 집단으로 살고 있으며, 이 집단은 특히 인식적인 노동의 분업으로까지 이어지는 노동 분업에 의해 특징지어진다고 가정하고 있다. 그러나 이제 우리는 인간 집단이 만들어내는 내부자와 외부자 사이의 관계와, 거기서부터 자연스레 발생하는 충성과 적대의 관계를 상상함으로써 이 구상을 좀 더 밀어붙여야 한다. (윌리엄스와 크레이그가 속이거나 숨기려는 동기로서 경쟁, 희소, 명백한 악의를 말할 때 거의 이 정도가 내포되어 있다.) 그렇다면 결과적으로, 자연상태의 인간 집단은 적어도 '내부자'와 '외부자', '동맹자', '적', '경쟁자' 등에 상응하는 개념들을 가지고 있을 것이다. 그리고 이는 자연상태에서의 사회적 지각과 판단이 사회적 범주화를 포함한다는 것을 의미하고, 다시금 이는 신뢰성 판단도 어느 정도 고정관념에 의존하여 내려진다는 것을 의미한다. 우리가 [자연상태에서] 상당한 노동 분업이 있어야 한다는 것을 고려한다면, 자연상태에서의 신뢰성 판단이 고정관념적 사회적 지각에 의해 영향을 받을 것이라는 점은 더욱 분명해진다. 실제

인식적 부정의

로 증언에 대한 나의 이론에 따르면, 이는 자연상태의 사람들이 크레이그의 구성에서 단계 (3')으로 표현된 필요, 즉 좋은 정보 제공자와 나쁜 정보 제공자를 구별할 필요를 성공적으로 충족시키는 방법의 일부이다.

따라서 자연상태는 최소한으로만 사회적인 것으로 남아 있으면서도, ('무지한 외부인', '남을 속이려는 경쟁자'와 같은) 기본적인 정체성-편견적 고정관념들을 생산해내기에 충분한 사회적 정체성 개념들과 실천적 압력들을 모두 갖고 있다. 물론 여기에도 신빙성 있는 고정관념들이 몇몇 있겠지만, 자연상태가 편견적 고정관념으로 이르게 하는 압력이 전혀 없는 곳이라고 주장하는 것은, 편견을 추동하는 정상적이고 기본적인 인간 충동들이 하나도 없을 만큼 자연상태의 사람들이 심리적으로 잘 균형 잡혀 있다고 주장하는 것이나 다름없다.[10] 그러나 이는 우리의 신중한 추상화에 한갓 판타지를 들여오는 또 다른 방법일 뿐이다. 따라서 그보다는 자연상태에도 제한적으로나마 일부 정체성-편견적 고정관념이 있을 것이라는 점을 인정해야 할 것이다. 여기에서, 거짓 정보로부터 진실된 정보를 구별하는 청자의 능력은 자연상태에서조차 반-편견적 민감성을 포함해야 할 것이라는 점이 도출된다. 자연상태에서 타인의 말에 대한 비판적 개방성을 갖추기 위해 필요한 덕들의 복합체에는 특히나 반-편견적 덕, 즉 청자가 정체성 권력이 자신의 신뢰성 판단에 미칠 수 있는 반-합리적 영향을 신빙성 있게 교정한다는 덕이 포함되어야 한다. 이 교정적인 반-편견적 덕은 [앞서] 증언적 정의의 덕을 논의한 우리에게는

[이미] 익숙한 것이지만, 여기서 이 덕은 자연상태에서 작용하는 기본적인 편견들에만 관련되어 있다는 점에서 실제의 역사적 덕목을 추상화한 것이므로, (윌리엄스의 설명과의 조화를 위해) '⟨ ⟩'를 통해 ⟨증언적 정의⟩라고 표시하도록 하자. 계보학적 설정을 통해 볼 수 있게 되는 것은, 청자의 이 덕이 지식을 모은다는 관점에서 ⟨정확성⟩과 ⟨신실성⟩이라는 화자의 덕에 대한 본질적 대응물이 된다는 점이다. ⟨정확성⟩과 ⟨신실성⟩은 지식의 모음에 지식을 **기여하는** 것과 관련된 신뢰를 지탱하고, ⟨증언적 정의⟩는 지식의 모음으로부터 지식을 **얻는** 것과 관련된 신뢰를 지탱한다.

따라서 청자가 화자에게 증언적 부정의를 가하지 못하게 막는 이 덕은, 진리의 세 번째 기본적 덕으로 드러난다. 왜냐하면 이는 자연상태의 청자를, 그가 필요로 하는 진실을 놓치게 만들 편견으로부터 구해주기 때문이다. 그렇다면 인식적 신뢰관계의 안정화를 향한 집단의 필요는 화자에게 필요한 ⟨정확성⟩과 ⟨신실성⟩ 방향으로의 압력뿐 아니라 청자에게 필요한 ⟨증언적 정의⟩ 방향으로의 압력 또한 요구하는 것으로 드러난다. 왜냐하면 이 반-편견적 덕은 ⟨정확성⟩과 ⟨신실성⟩과 마찬가지로, 최소한으로 사회적이면서도, 기만과 은폐 및 편견을 향한 인간의 선천적 경향성이 존재하는 환경에서 정보를 모으려는 기본적 필요로부터 등장하기 때문이다. 내가 지금껏 묘사한 자연상태는 윌리엄스뿐 아니라 크레이그[의 것으]로부터도 벗어난다는 점에 유의해야 한다. 왜냐하면 나의 이야기는 그 자체로서의 지표 속성 같은 것이 존재할 여지를 별로 남겨두지 않기 때문이다. 지표 속성은 그 정

인식적 부정의

의상 신빙성이 있을 것으로 보장된 속성인데, 자연상태에서조차 편견이 존재한다는 생각은 그런 의미에서의 지표 속성 같은 것은 존재하지 않으며, 대신 권위의 '표지_{marker}', 즉 그 신빙성이 파기될 수 있는 속성만이 존재한다는 구상에 힘을 실어준다. (신뢰할 만함의 징후를 '긍정적 표지'로, 신뢰할 만하지 않음의 징후를 '부정적 표지'라고 부르자.) 크레이그의 지표 속성 개념 이면에 놓인 실질적-개념적 요점은 진실성이 사기보다 우선하며 신뢰가 불신보다 우선한다는 것, 다시 말해 신빙성 있게 권위를 표지해주는 것이 **있어야** 하며, 그렇지 않을 경우 정보를 모으는 관행 일체가 진행될 수 없다는 데 있다. 그러나 우리는 지표 속성 그 자체를 주장하지 않으면서도, 단지 자연상태의 표지가 대부분 신빙성 있다고 약정함으로써 이런 아이디어를 존중할 수 있다. 이것 이상의 주장은 우리의 주제를 모호하게 만드는 지나친 합리적 이상화일 것이다. 현재의 기획에 관련된 자연상태의 상$_象$은, 인간 집단이나 사회가 얼마나 단순하든 간에 집단 내부와 [서로 다른] 집단들 사이에는 필연적으로 편견이 도사리고 있다는 것이 인간의 본성이라는 사실을 흐릿하게 만드는 것이어서는 안 된다. 그렇다면, 편견을 향한 인간의 경향성은 자연상태에서도 사기와 은폐의 동기와 더불어 진실에 반대되는 상당한 압력으로서 존재한다.

요약하자면, 우리는 윌리엄스로부터 자연상태의 인간은 기만과 은폐의 동기를 가질 것이기에 〈정확성〉과 〈신실성〉이라는 두 종류의 성향이 화자에게 장려될 필요가 있으며, 이 두 성향은 진리의 두 가지 기본적 덕목을 구성한다는 아이디어를 취했다. 그리고 이제 우리가 발견한 것은, 자연상태에서 지식의 공유를 방해할 까다로운 동기를 통제하는 데 [앞의 두 성향과] 똑같이 근본적인 다른 성향이 있다는 것이다. 청자가 자신의 신뢰성 판단에서 편견을 피할 성향 말이다. 정보 모음의 사용자들이 이 성향을 갖지 않는 인식적 공동체는 또 다른 체계적인 인식적 오작동에 취약할 것이며, 이러한 위험은 은폐나 기만의 이기적인 동기로부터 발생하는 오작동만큼이나 인간 동기의 구조에 깊이 뿌리박혀 있다. 증언적 부정의라는 오작동의 위험은 편견, 특히 정체성 편견에 대한 인간의 근본적인 취약성에서부터 발생하며, 은폐나 기만이라는 오작동의 위험은 자기-이익에 따라 행위하려는 인간의 근본적인 취약성으로부터 발생한다. 많은 정체성 편견들이 근본적으로는 일종의 심리적 방어 기제라는 가정이 그럴듯하다는 것을 감안할 때, 자연상태에서 발생하는 편견들도 자기-이익의 한 형태에 **해당한다**고 주장할 여지가 있다. 하지만 그렇다고 해서 편견이 (다른 형태의) 자기-이익만큼이나 인간 본성에 기본적인 부분이라고까지 주장할 필요는 없다. 현재의 논증에 필요한 것은 자연상태의 사람들이 자기-이익 그 자체를 향한 경향성뿐만 아니라 인간 본성에 가장 기본적인, 이러한 형태의 정체성편견을 향한 경향성도 보인다는 아이디어가 전부이다. 둘 모두 지식 공유 관행이 진행되려면 통제되어야 하는, 인간 동기의 자연적인 패턴을 나타낸다. 〈증언적 정의〉는 진리의 세 번째 근본적인 덕으로 드러난다.

이 모든 것은 〈증언적 정의〉라는 덕, 즉 자연상태 시나리오

인식적 부정의

에 적합하게끔 추상화된 덕에 관한 것이다. 그러나 물론 실제 역사적 덕목으로서의 증언적 정의도 동일한 구조를 가진다. 이 덕은 원초적인 기본적 버전에서 더 다층적인 역사적 형태로 발전하는데, 그 정확한 형태, 즉 도덕적·인식적 담론에서 차지하는 위치나 중요성과 의미, 또한 이 덕이 구별되거나 명명되는 정도는 역사적-문화적 순간에 따라 달라질 수 있다. 아마도 현재 우리가 갖고 있는 것 중 이 덕과 가장 가까운 것은 '공정한 마음가짐fair-mindedness'이라는 개념이나, 청자가 편향적이거나 편견적이지 않다는 소극적 정식화일 것이다. 그러나 두 근사적 개념 모두 증언적 정의의 덕이 본성상 교정적이라는 점을 포착하지 못하며, 일반적으로 우리가 그런 덕들을 광범위하고 때로는 심각하기까지 한 증언적 부정의라는 차별에 대한 해독제로 분류하지 않는다는 점도 분명하다. 역사는 아직 증언적 정의의 덕에 관해 많은 일을 하지 않았다.

실제의 역사적 덕목들이 자연상태에서의 덕목들보다 보통 더 다층적인 것처럼, [실제의] 인식적 권위에 대한 고정관념들 역시 자연상태에서의 고정관념들보다 더 다층적이며, 잠재적으로 신빙성도 떨어진다. 역사에서는 스티븐 샤핀Steven Shapin이 17세기 잉글랜드에서 작동했던 인식적 권위에 대한 편견적 고정관념의 강력한 사례를 제공해준다. **신사임**being a gentlemen은 유능함과 신실성이라는 두 측면 모두에서 인식적으로 신뢰할 만함의 긍정적 표지였던 것으로 보인다. 샤핀은 신사들이 지각의 문제에서도 특권적인 능력을 부여받았다고 말한다.

신사적 진실성의 문화에서 암시되는 첫 번째 고려사항은 초기 근대 유럽의 실천 윤리 문헌에서 명시적으로 다뤄진 적이 거의 없다. 그럼에도 이는 실질적으로 증언을 평가할 때 절대적으로 근본적인 특성이었으며, 신사적 원천과 그렇지 않은 원천의 가치를 구별하는 데 도움을 줄 수 있는 요소였다. 이는 신사에게 **지각적 유능함**을 귀속시키는 것이었다."

샤핀의 설명으로부터 우리는 신사임이 신실성의 효과적인 표지로서 기능했다는 것을 추측할 수 있다. 신사는 사회적 유리함으로 인해 경제적·사회적 독립을 누렸다. 그리고 이처럼 높은 사회적 위치를 가졌다는 것은, 다른 사람을 속이려는 동기를 제공할 것으로 여겨지는(혹은 [그러한 동기를] 실제로 제공하는) 유형의 속박에서 일반적으로 자유롭다는 것을 뜻했다. 더욱이, 속임수를 쓰지 않는다는 것은 신사적 명예의 관례에 의해 뒷받침되었다. 신사의 사회적 특권은 신사가 속임수를 써서 얻을 수 있는 것이 거의 없다고 간주된다는 것뿐만 아니라, 만약 그 관례를 어긴다면 상당한 손해를 볼 수 있다는 것 역시 의미했다. [신사로서의] 고귀한 행적은 지킬 만한 가치가 있는 것이기 때문이다.

만약 샤핀이 옳다면, 잉글랜드에서는 특정한 범위의 질문에 대해서뿐 아니라, 여러 질문들 일반에 대해서도 신사임이 인식적으로 신뢰할 만함의 핵심적인 표지였던 역사적 순간이 존재했던 것으로 보인다. 신사임이 권위의 긍정적 표지였다면, 신사가 아니라거나 여성이라는 것은 부정적 표지였다는 것이다. 17세기의

인식적 부정의

여성들이 경제적·사회적으로 의존적이었다는 것은 그들이 대부분의 경우 (신사가 아닌 남성들과 마찬가지로) 합리적 권위를 갖지 않은 존재로 여겨졌음을 의미한다.

신사가 아닌 남성뿐 아니라 여성의 문화적·정치적 역할에 영향력을 행사했던 강력한 배제적 제도가 있었다. 그러나 바로 이러한 제도적 체계가 매우 효과적이었던 탓에, 자격 없음의 근거로 [그 사람의] 의존성을 제시하는 일이 매우 많았던 탓에, 초기 근대 잉글랜드의 문자문화에서 젠더 장애gender disability에 대한 식별은 비열함ignobility, 굴종servility, 천함baseness에 대한 언급만큼 크게 눈에 띄지 않았다.[12]

엘리자베스 시대의 시인들이 이 사안에 대해 완전히 침묵했던 것은 아니다.

여자의 얼굴에는 간교함이 가득하고,
그녀의 눈물은 악어의 눈물과 같네……
그녀의 혀는 항상 이것저것 떠들어대고,
아스펜 잎보다 더 빨리 움직이네
그리고 그녀가 모르는 것을 말할 때,
거기에서는 진실되지 못한 공기가 나오네.[13]

권위에 대한 편견적 고정관념이 역사에서 어떤 형태를 취하든 간에, 담론적 관계를 왜곡하는 편견의 힘은 자연상태에서 역사적 사회로 이행하는 시기에 현저히 증가한다. 이는 실제 사회는 모두 [우리가 지금껏 살펴본 것 이상의] 새로운 편견의 동기를 제공할 만큼 사회적으로 더 복잡하기 때문이다. 이는 〈증언적 정의〉라는 덕이 전환기의 인식적 삶에서 훨씬 더 중요한 특징이 된다는 것을 의미한다. 또한 이는 현실 세계의 사회적 아수라장 속에서는 성취되기가 훨씬 더 어려울 것이기에, 더욱 존경할 만한 덕이 된다. 나는 **지적인** 덕으로서의 〈증언적 정의〉에 주로 집중해왔다. 그러나 우리는 이 덕이 하나가 아니라 두 개의 궁극적 가치에 기여한다는 사실, 즉 이것이 진리와 정의를 동시에 수호한다는 사실을 잊지 말아야 한다. 이 덕을 소유하는 사람은 다른 사람을 인식적으로 훼손하는 것을 신빙성 있게 피하며, 다른 사람들이 제공하는 진실을 놓치는 것도 [신빙성 있게] 피한다. 그러나 이제 이 덕을 어떻게 분류해야 하는지에 대한 물음이 생긴다. 일차적으로 증언적 정의는 부정의에 대한 윤리적 방어물로 간주되어야 하는가, 아니면 오류에 대한 지적 방어물로 간주되어야 하는가?

2.
지적-윤리적 혼종으로서의 덕

누군가는 증언적 정의가 지적인 덕인지 혹은 도덕적인 덕인지에 대한 물음을 제기하고 싶을 것이다. 지적인 덕들이 일반적으로

인식적 부정의

진리를 궁극적 목적으로 갖고,[14] 도덕적 덕들이 일종의 좋음_good_을 궁극적 목적으로 갖는다고 할 때, 증언적 정의는 어떤 가치를 궁극적 목적으로 갖는지의 질문이 정당하게 제기될 수 있다. 주체가 자신의 신뢰성 판단에서 편견의 영향을 중화하려는 동기를 가진다는 것이 증언적 정의의 덕의 핵심에 놓인 성향이며, 이것이 정의와 진리에 동등하게 기여한다는 점을 상기해보자. 어쩌면 이는 증언적 정의가 지적인 덕인지 아니면 도덕적인 덕인지에 대한 이분법적 질문에 우리가 저항해야 한다는 것을 보여주는 셈일 수도 있다. 우리는 이 질문이 표면적으로는 무거워 보이지만, 그에 대한 답은 단순히 증언적 정의라는 덕이 진리와 정의 중 무엇을 궁극적 목적으로 삼는지에 달려 있다는 점을 기억해야 한다. 이는 맥락에 독립적인 확정적인 답이 없을 가능성을 열어두는 것처럼 보인다는 점에서, 분명 우리 질문의 부담을 다소 덜어준다.

하지만 좀 더 천천히 살펴보자. 우리는 덕들이 어떻게 개별화되는지도 고려할 필요가 있고, 지적인 덕과 윤리적인 덕이 구조의 측면에서 어떻게 비교되는지도 좀 더 면밀히 살펴볼 필요가 있다. 린다 재그젭스키의 다음 언급은 이러한 두 가지 측면을 살펴보는 데 유용하다.

덕은 …… 인간의 깊고도 지속적인 후천적 탁월성으로서, 동기적 요소와 그 동기적 요소의 목적을 달성하는 데 신빙성 있게 성공한다는 요소 모두를 포함한다. 동기는 어떤 목적을 향해 행위를 개시하고 지시하는 감정-성향_emotion-disposition_이다. 개별 덕들마다 고유한 동기적 요소를 갖기는 하지만, 덕들의 완전한 분류 체계는 아마도 그 개별 덕들의 직접적 목적이 궁극적이지 않으며, 여러 덕들이 같은 궁극적 목적을 갖는다는 것을 드러내줄 것이다. 예컨대, 후함generosity, 연민compassion, 친절kindness, 그리고 자비charity는 각기 더 직접적인 목적을 갖고 있지만, 궁극적으로는 모두 타인의 안녕을 목표로 한다. (연민의 경우에는 타인의 고통을 경감하는 것이, 후함의 경우에는 이웃이 생활 재화를 더 많이 소유하게 하는 것이 더 직접적인 목적이다.) 지적인 덕들은 궁극적으로는 진리를 목표로 하지만, 각각은 신빙성 없는 권위로부터 신빙성 있는 권위를 구별해내는 것이나 관련된 증거를 충분한 정도로 모으는 것과 같이 더 즉각적인 목적을 갖는다.[15]

현재의 맥락에서는 개별 덕들마다 고유한 동기적 요소가 있다는 아이디어가 특히 유용하다. 예를 들어, 연민은 타인의 안녕이라는 궁극적인 목적을 다른 덕들과 공유하지만, 타인의 고통을 경감한다는 직접적인 목적에 의해 다른 덕들과 구별된다. (재그젭스키가 이를 명시적으로 제안하고 있지는 않지만) 이로부터 얻어낼 수 있는 덕들의 개별화 방법에 관한 관점은 내게 명백히 옳은 것으로 보인다. 여러 덕들이 같은 궁극적 목적을 공유할 수 있다는 점(많은 지적인 덕들은 공통적으로 진리를 궁극적 목적으로 갖는다)을 고려했을 때, 궁극적 목적은 한 덕을 다른 덕으로부터 구별해주는 것일 수 없다. 오직 더 직접적인 목적이나, 직접적인 목적에 대한 동기만이 그 역할을 할 수 있다. 이러한 통찰은 증언적 정의의 덕이 지적인 것인지 아니면 윤리적인 것인지에 대한 질문의 무게를 더욱 덜어준다. 만약 우리가 지적인 덕으로서 고려된 증언적 정의의 직접적인 목적이 무엇이냐고 묻는다면, 그 답은 '신뢰성 판단에서 편견을 중화하는 것'이 될 것이며, 그것의 궁극적 목적은 진리이다. 왜냐하면 편견을 중화하는 것이 주체가 궁극적으로 목표로 하는 진리에 대한 적절한 개방성을 달성하는 데 필요하기 때문이다. 즉 편견이 자신의 신뢰성 판단에 영향을 미치도록 두는 청자는 진실을 놓치기 쉽다. 이제 만약 우리가 윤리적 덕으로서 고려된 증언적 정의의 직접적인 목적이 무엇이냐고 묻는다면, 그 답은 다시 한번 '신뢰성 판단에서 편견을 중화하는 것'이 될 것이며, 그것의 궁극적 목적은 정의이다. 왜냐하면 편견을 중화하는 것은 대화 상대에게 증언적 부정의를 행하는 것을 피하는 데 필수적인 수단이기 때문이다. 따라서 지적인 덕으로 고려되든, 윤리적인 덕으로 고려되든, 증언적 정의는 신뢰성 판단에서 편견을 중화한다는 동일한 개별화 동기를 포함한다. 어떤 궁극적인 목적(진리나 정의)이 그것들에 가장 적절하게 부여되는지는 맥락에 따라 달라진다 하더라도 결국에는 같은 하나의 덕이라는 것이 내가 내린 결론이다.[16] 진리에 대한 개방성이 무엇보다 중요한 실천적 곤경의 맥락에서는, 그 덕을 지적인 덕이라는 측면에서 고려하는 것이 적절할 것이다. [반면] 윤리적 고려가 가장 중요한 맥락에서는 윤리적 덕이라는 측면에서 이를 고려하는 것이 가장 적절할 것이다.

다음의 예를 생각해보자. 만약 청자가 증언적 정의의 덕을 발휘하는 수사관으로서, 어떤 경범죄 현장에서 정확히 어떤 일이 일어났는지 한 10대 청소년에게서 확인하고자 한다고 해보자. 그러면 이때 수사관이 이 10대가 전달하고자 하는 진실이 무엇이든 간에 편견 없이 열려 있는 자세를 취하려는 동기의 **핵심**은, (윤리적 고려사항이 그 힘을 잃지 않는다 하더라도) 분명 사실을 찾아내는 데 있다. 이러한 담화 상황에서는 청자의 주된 실천적 목표가 진실을 파악하는 것이기 때문에, 인식적 고려사항들이 가장 중요하다. 따라서 수사관에 의해 발휘된 덕의 궁극적 목적은 진리이며, 그가 10대에 대한 자신의 편견을 중화함으로써 보여주는 덕목을 지적인 덕으로서의 증언적 정의로 간주하는 것이 가장 적절하다. 이와 대조적으로, 우리는 상담사가 10대와 대화하는 경우도 상상해볼 수 있다. 내담자가 얼마만큼 진실을 말하는지를 상담자가 신경 쓸 수 있지만, 상담자가 이를 신경 쓰는 이유는 사실그 자체에 관심이 있어서가 아니라 내담자가 무엇을 말하고 싶은지 들으려는 다른 실천적 목적이 있기 때문이다. 내담자가 인식적 신뢰에서 배제되는 것이 이에 동반되는 소외 및 분개와 함께 내담자가 보이는 반사회적 행동의 원인이 되는 한, 상담자는 내담자와 (다른 무엇보다도) 인식적 신뢰관계를 쌓고자 하는 것이다. 무엇보다 상담자는 모든 사람 중 적어도 자신만이라도 내담자가 진실을 말할 때 그를 믿지 못함으로써 편견을 가하지 않을 수 있도록, 자신의 신뢰성 판단에서 그에 대한 편견을 중화하기 위해 노력해야 한다. 상담자는 내담자가 하는 말을 전혀 믿지 않는 다른 권위 있는 어른들과 자신을 구분지어야 한다. 이 경우에는 상

인식적 부정의

담자가 보여주는 덕의 궁극적인 목적을 정의로 간주하는 것이 가장 적절하며, 따라서 그가 나타내는 것은 윤리적인 덕으로서 고려된 증언적 정의의 덕이다.

이 두 사례는 증언적 정의의 덕을 어떤 범주에 포함시킬 것인지에 관한 질문에 대해 내가 제안한 맥락주의적 답변을 잘 보여준다. 그러나 우리는 지적인 관심과 윤리적 관심 중 무엇이 가장 중요한지 결정짓기에는 실천적 상황이 불확정적인 맥락들도 있을 수 있다는 점 역시 유의해야 한다. 이러한 상황에서는 증언적 정의의 덕이 어떤 측면에서 [더] 중요한지, 진리와 정의 중 어떤 것이 그것의 궁극적인 목적인지에 대해 말할 수 없다. 예를 들어 이번에는 우리의 10대가 자신의 사회복지사에게 이야기하고 있는 시나리오를 생각해보자. 이 사회복지사의 기획은 해당 10대가 사회에 잘 포함되어 기능할 수 있도록 하는 데 일반적으로 도움이 되는 (윤리적이며 인식적인) 일상적 신뢰관계에 스스로를 포함시킬 수 있도록, [또 동시에] 포함되도록 격려하는 것이다. 이는 이들의 교류에서 사회복지사에게 가장 중요한 목표가, 해당 10대로 하여금 자신이 신용을 받아 마땅한 곳에서 실제로 그 신용을 받고 있다는 것과, 여기에는 인식적 신뢰성이라는 신용 역시 포함된다는 것을 깨닫게 해주는 데 있음을 의미한다. 하지만 10대가 자신을 만만한 사람으로 보지 못하게 하는 것 역시 사회복지사의 특정 목적에서 동등하게 중요한 측면이므로, 그는 10대가 자신에게 거짓말을 한다면 자신이 그것을 알아차릴 것임을 보여주어야 한다. 10대는 자신이 그럴 자격이 있는 한 자신과 자신의 말을 사회복지사가 존중할 것이며, 오직 그때에만 그가 자신과 자신의 말을 존중할 것이라는 점을 배울 필요가 있다. 사회복지사의 목적이 갖는 이러한 특징은 현재 맥락에서 진리에 대한 고려가 정의에 대한 고려만큼이나 똑같이 중요하다는 점을 보여준다. 두 궁극적 목적 모두 동등한 지위를 가지므로 그러한 맥락에서는 진리와 정의가 공동의 궁극적 목적으로 기능하며, 사회복지사가 보여주는 덕은 지적인 동시에 윤리적인 덕이라고 결론내려야 한다. 이 같은 맥락의 가능성은 우리가 증언적 정의를 통해 무언가 새로운 것을 발견했다는, 더 일반적인 생각을 고무한다. 즉 이것이 진리와 정의를 동시에 목표로 하는 진정으로 혼종적인 덕이라는 생각 말이다. 이것이 철학적으로 기묘한 아이디어일 수 있겠지만, 여기에 수상하리만큼 불가사의한 점은 아무것도 없다. 그 덕의 혼종성은 (그 덕이 중화하고자 하는) 부정적 정체성 편견이 지적이고도 윤리적인 침해라는 사실에서 비롯한다. 이 점을 염두에 두면, 부정적 정체성 편견을 막아내는 덕은 윤리적인 성격과 지적인 성격을 동시에 갖는, 진리의 덕이자 정의의 덕인 것으로 밝혀지는 것이 전적으로 알맞아 보인다.

　그러나 증언적 정의의 덕이 혼종성을 갖는다는 나의 주장을 수상하리만큼 불가사의한 것으로 여겨지게 할 수 있는 한 가지 가정이 있다. 이는 윤리적인 덕과 지적인 덕이 유적으로 다르다고 보는 아리스토텔레스적 가정이다. 하지만 아리스토텔레스로 하여금 이러한 견해를 갖게 만든 고찰들은 설득력이 없다.[17] 그중 하나의 고찰은 윤리적인 덕은 연습과 습관화를 통해 습득되는 반면, 지적인 덕은 가르침을 통해 습득된다는 것이다.[18] 그러나 이는 기껏해야 과장으로 보인다. 지적인 교육이 지적인 덕을 습득하는 데 도움이 될 수 있고, 지적인 덕에 요구되는 기술(예를 들어, 긴 곱셈을 하거나, 올바른 문법을 사용하거나, 논증을 형식화하는 기술)의 발달에 결정적일 수 있다. 그럼에도 도덕적인 덕에서와 마찬가지로, 지적인 덕을 기르는 일 자체에서도 예시를 통한 배움이나 연습, 그리고 습관화가 빠질 수는 없다. 이것들을 통해서가 아니라면, 결론으로 건너뛰고 싶은 유혹에 저항하는 방법, 혹은 대안적 관점에서 비롯되는 도전에 대한 개방성을 갖추는 데 필요한 비-자기중심주의에 도달하는 방법, 또는 논쟁적인 가설에 대한 증거를 찾기 위해 오랫동안 인내하는 방법을 어떻게 배우고 내면화할 수 있단 말인가? 이러한 것들은 판단의 문제인데, 사람의 판단을 연마하는 데는 도덕적인 문제에서와 마찬가지로 지적인 문제에서도 시간과 연습 및 습관화가 요구된다. 게다가 많은 지적인 덕들에 포함된 동기적 요소는 행위자의 심리에 확고하게 자리 잡아야 할 것이다. 예컨대 때로는 불충분한 증거로부터 매력적인 결론으로 건너뛰고자 하는 유혹이 매우 클 수 있기 때문이다. 가르침이나 교육만이 우리의 동기를 이처럼 확고하게 자리 잡도록 만들 수 있다는 것은 불가능해 보인다. 진정으로 교육적인 역할을 하고 있는 연습과 습관화가 가르침에 이미 포함되어 있는 것이 아니라면 말이다.

이는 지적인 덕이 교육될 수 있다는 생각에 대한 회의론의 두 번째 이유로 이어진다. 즉 지적인 덕의 습득은 분명 감정의 훈련을 포함한다. 이 점은 지적인 덕과 윤리적인 덕이 유적으로 다르다는 생각을 뒷받침하는 아리스토텔레스의 다른 주요 주장과 밀접하게 연관된다. 즉 두 종류의 덕 중 하나는 이성과, 다른 하나는 (가장 근본적으로는 쾌락과 고통의 느낌인) 감정과 관련됨으로써 각각 영혼의 다른 부분과 연관된다는 주장이다. 아리스토텔레스는 지적인 덕들은 "영혼의 이성적인 부분에 속하고, 그 부분은 이성을 가지고 있는 한 명령을 내릴 수 있다. 다른 한편 성격적 덕들은 비이성적인 부분에 속한다"[19]*고 주장한다. 하지만 이러한 개념화는 지적인 덕에 감정이 포함되는 정도를 심각하게 과소평가한다. 감정적 수행은 지적인 수행의 부분을 이루므로, 사람의 감정에 대한 평가도 인식자로서의 사람에 대한 평가의 부분을 이룰 수 있다. 낸시 셔먼Nancy Sherman과 히스 화이트Heath White는 다음과 같이 주장한다.

> 만약 새로운 경계를 탐험하거나, 대담한 질문을 던지거나, 자신의 작업을 공적 검토나 찬사하에 두는 과정에서 소심함이나 조심성이 나타난다면, 이는 인식자로서의 감정적 결함이다. 유사하게, 자기애가 경쟁적인 관점을 경청하기 어렵게 만드는 자기과장으로 변하거나, 공동의 노력을 짓밟고 협업을 위계적 명령으로 전락시켜버린다면, 그런 나르시시즘 역시 인식자로서의 감정적 결함이다.[20]

---

* 아리스토텔레스, 《에우데모스 윤리학》, 송유레 옮김, 아카넷, 2021, 73쪽.

더 일반적으로, 지적인 덕에 포함된 동기는 종종 감정적 내용을 가지거나, [그 자체가] 감정적일 수 있다. 지적인 용기, 혹은 인내라는 덕을 생각해보라. 이 덕들에 포함된 동기가 아무런 감정적 내용을 갖지 않다고 생각하기는 어렵다. 이러한 이유로, 지적인 덕과 도덕적 덕의 차이에 대한 아리스토텔레스의 개념화는 우리에게 문제될 이유가 없다.

아리스토텔레스의 특정한 개념화에 따르면, 지적인 덕과 윤리적인 덕은 근본적으로 다른 종류에 속하기 때문에 증언적 정의가 혼종적 덕hybrid virtue이라고 제안하기 어려웠을 수 있다. 하지만 윤리적인 덕과 지적인 덕이 서로 다른 두 가지 종류라는 생각 자체는 그 두 범주의 차이가 사소하지 않을 가능성[즉 두 범주가 배제적이지 않을 가능성]도 허용하기 때문에, 예외적인 혼종 사례들이 있을 수 있다는 생각에 걸림돌이 되지 않는다. 예컨대 줄리아 드라이버Julia Driver는 지적인 덕과 윤리적인 덕이 [각기] 그 덕의 일차적 가치의 원천을 기준으로 구별될 수 있으며, 지적인 덕의 일차적 가치는 진리라는 가치로부터, 윤리적인 덕의 일차적 가치는 타인의 안녕이라는 가치로부터 비롯한다고 제안한 바 있다.[21] 이러한 아이디어는 설득력이 있고, 증언적 정의가 어떤 맥락에서는 지적인 덕으로, 다른 맥락에서는 윤리적인 덕으로 기능하며 각각 진리와 정의를 궁극적인 목적으로 갖는다는 우리의 주장과도 잘 맞아떨어진다. 이제 증언적 정의가 혼종적 덕이라는 주장에 원칙적으로 걸림돌이 되는 것은 없어 보인다.

그러나 누군가는 여전히 증언적 정의의 덕이 인식적인 목적과 윤리적인 목적 사이에서 이처럼 만족스러운 조화를 이뤄야만 하는 것인지를 의심할 수 있다. 결국, 인식적인 목적과 윤리적인 목적이 일반적으로 조화를 이룬다는 보장은 없다.[22] 만약 혹사당하는 교사가 부도덕한 교장으로부터, 학교 감독관이 교실을 방문하면 학생들에게 질문을 던진 후에 손을 드는 학생들 중 정답을 말할 학생을 고르라고 명확하게 지시받는다고 할 때, 이 인식적 목표를 가장 잘 달성할 수 있는 방법은 그 자체로는 그다지 정의롭지 않은 것일 수도 있다. 예를 들어, 항상 휴대전화 문자로 답을 알려주는 형을 둔 것으로 유명한 학생을 고르는 것이 가장 좋은 방법일 수 있다. 인식적 목적과 윤리적 목적 사이의 조화는 일반적으로 보장되어 있지 않으며, 증언적 정의의 덕에 관한 나의 묘사는 그런 낭만주의에 의존하지 않는다. 증언적 정의가 혼종적 덕이라는 나의 논증은 그저 우리가 사태를 살펴볼 때 발견하게 되는 사실, 즉 편견을 교정하는 것이 대화 상대가 제공하는 진실을 놓치지 않기 위해서도, **또한** 대화 상대의 인식자로서의 능력에 부정의를 가하지 않기 위해서도 필수적이라는 사실에 의존할 뿐이다. 마지막으로 두어 개의 사례를 통해 이 주장을 들여다보자. 이 사례들은 두 목적 중 하나라도 성취하고자 하는 동기를 가진 주체라면 왜 (다른 것이 같다면) 자신의 신뢰성 판단에서 편견을 중화하려는 동기 또한 갖게 될 것인지를 가능한 한 극명하게 보여주기 위해, 진리의 목적과 정의의 목적을 각각 분리시킨다.

첫 번째는 인식적 목적이다. 여기서 내 주장은 대화 상대가 제공하는 진실을 놓치지 않으려는 순수하게 인식적인 목적이 신뢰성 판단에서 편견을 중화하기를 청자에게 요구한다는 것이다. 이 점을 설명하기 위해 우리가 **무자비한 진리-추구자**라고 부를 인물, 즉 (국소적 맥락에서) 진리에 대한 동기는 매우 크지만, 정의에 대한 동기는 없는 사람을 상상해보자. 그는 대형 광고 회사의 폭압적인 사장으로서, 직원들의 복지 같은 것에는 전혀 관심이 없다. 하지만 그는 자신의 신뢰성 판단에서 편견을 제거하는 것이 직원들의 지식과 창의적인 아이디어를 효율적으로 수확하는 데 필요하다는 것을 알고 있기 때문에, 편견을 갖지 않는 일에 전념한다. 두 번째는 윤리적 목적이다. 여기서의 주장은 대화 상대에게 부정의를 가하지 않으려는 순수하게 윤리적인 목적이 [청자에게] 신뢰성 판단에서 편견을 중화하기를 요구한다는 것이다. 예를 들어, 우리는 상상력을 좀 더 확장해 **공정한 소통가**의 사례를 그려볼 수 있다. 파티 주최자인 그의 유일한 목표는 자신이 초대한 손님의 말을 편견을 가지고 대함으로써 손님의 기분이 상하는 일이 발생하지 않도록 하는 데 있다. 그는 저녁 파티에서 대화가 이뤄지는 동안 자신이 듣는 말의 진실 혹은 거짓 여부에는 관심이 없지만, 어떠한 손님에게도 부정의를 행하지 않는 데 각별히 신경을 쓴다. 이 하나의 동기만으로도 그는 자신의 신뢰성 판단에서 모든 편견을 중화하도록 요구받는 셈이다. 그렇다면 정의에 대해 순수하게 윤리적인 동기는 진리에 대해 순수하게 인식적인 동기와 마찬가지로, 주체가 그 자신의 신뢰성 판단에서 편견을 중화하기를 요구하기에 충분하다.

　이 두 특이한 인물들을 떠나보내기 전에, 우리는 이들이 중언적 정의의 덕을 소유했는지 여부에 대해 간단히 탐구해볼 필요가 있다. 나는 만약 이들에게서 어떤 덕이라도 발휘되었다면, 무자비한 진리-추구자는 지적인 덕으로서의 증언적 정의를, 공정한 소통가는 윤리적인 덕으로서의 증언적 정의를 나타낼 것이라고 간주한다. 그들이 **하는** 일은 분명 옳아 보이지만(둘 모두 각각의 궁극적 목적인 진리와 정의가 요구하는 바대로 자신의 판단에서 편견을 중화한다), 그들에게 덕을 귀속시키기는 분명 꺼려진다. 덕에는 행위자가 무엇을 하는지도 중요하지만, 행위 이면에 놓인 동기적 상태도 똑같이 중요하다. 아리스토텔레스는 다음과 같이 말한다.

> 유덕한 행위는 그것들이 단지 특정 성질을 가지고 있다고 해서 정의롭거나 절제 있게 행해진 것이 아니며, 행위자 또한 특정한 상태에서 그것을 행해야만 정의롭거나 절제 있게 행해지는 것이다. 즉 (1) 그가 자신이 무엇을 하는지 알면서, (2) 그 행위 자체 때문에 그 행위를 선택하며, (3) 확고하고도 영구적인 성향에 기초하여 그 행위를 한 것이어야만 한다.[23]

두 인물 모두 선뜻 두 번째나 세 번째 요구를 충족시킨다고 보기는 어려우며, 따라서 둘 모두 신뢰성 판단에서 편견을 중화하는 데 진정으로 개입해 있지는 않다. 무자비한 진리-추구자는 정보와 아이디어를 수확하는 데만 관심이 있어서, 맥락이 약간만 바뀌어도 편견을 근절하는 것 자체에는 따로 관심이 없는 것으로 드러날 가능성이 높다. 일례로, 만약 신뢰성 판단에서 편견을 제거하는 것이 수익 동기에 도움이 되지 않는다면, 그는 자신의 반-편견적 자기-규율을 쉽게 저버릴 것이다. 공정한 소통가는 어떤 식으로든 손님들을 모욕하지 않으려는 데 일차적으로 관심을 가지는(이 사실을 손님들이 알아채든 말든) 불안한 주인으로 묘사되어 있으므로, 그 역시 맥락이 바뀌면 편견에 대해 매우 다른 태도를 드러낼 것이다. 일례로, 아무 일 없이 저녁이 지나가고 나면, 그는 주인 역할에 연관된 다른 부담들과 함께 반-편견적 자기-규율 역시 벗어 던지며 안도할 것이다. 우리의 인위적인 인물들의 행위들이 (지적인 덕이나 윤리적인 덕으로서 고려된) 증언적 정의의 덕의 명령과 완벽히 조화된다고 해도, 무자비한 진리-추구자나 공정한 대화가는 그 덕을 보여주지 않는다. 왜냐하면 그 행위 자체 때문에 그 행위를 선택한다는 요구와 성향의 안정성 요구가 충족되지 않았거나, 충분하게 명확히 충족되지 않았기 때문이다.

나는 이제 증언적 정의의 덕이 진정으로 혼종적이라는 점이, 그리고 그것의 혼종성이 인식적 가치들과 윤리적 가치들 사이의 일반적인 조화에 대한 과한 낙관주의에 의존하지 않는다는 점이 분명해졌기를 바란다. 그것이 혼종적이라는 주장은, 오직 인식적 목적과 윤리적 목적이 조화를 이루는 것으로 입증된 구체적인 편견 중화의 사례가 존재한다는 사실에만 의존한다.

6장

원초적 의의:
잘못에 대한 재검토

증언적 정의라는 덕의 원초적 대응물을 탐구하기 위해 지금껏 자연상태를 살펴보았으니, 이제 자연상태 시나리오가 증언적 부정의의 사례에서 화자에게 범해지는 잘못에 대한 우리의 이해에 무엇을 더해줄 수 있는지를 살펴보자.

1.
두 종류의 침묵

크레이그의 자연상태 논의는 윌리엄스의 구성에 출발점을 제공하지만, 앞서 [5장에서] 살펴본 것처럼 그들은 서로 다른 기획을 가지고 있기에, 단계 (3)에서부터 논의가 갈라진다. 요약하자면, 윌리엄스의 논의는 〈정확성〉과 〈신실성〉으로 이행하는 반면, 크레이그의 논의는 지표 속성으로 이행한다. 윌리엄스의 계보학에서 우리를 이끄는 질문은 우리 삶에서 진실성이 점하는 지위에 관한 것이므로, 자연상태에 대한 구성은 정보 수집의 필요성으로부터 화자가 자신의 이익과 무관한 상황에서도 정직하기를 요구하는 사회적 압력의 필요성으로 이행해간다. 이와 대조적으로, 크레이그의 계보학에서는 우리가 왜 지식이라는 개념을 가지고 있는지, 즉 우리가 참된 믿음들을 소유하고 전달할 수 있다는 생각을 넘어, 왜 사람들이 무언가를 **알고**, **지식**을 전달한다는 것에 대해 말할 수 있게 해주는 추가적인 개념을 가지고 있는지의 질문이 중심을 이룬다. 이 물음에 답하기 위해 크레이그는 자연상태라는 장치를 단지 시나리오를 구성하기 위해서만이 아니라, '좋은 정보 제공자'라는 **개념**을 구성하기 위해서도 사용한다. 이 개념은 인간의 가장 기본적인 인식적 필요로부터 자연스럽게 발생하는 개념이라는 것이, 이것이 자연상태 구성에서도 출현한다는 점을 통해 보여진다. 어떤 인간사회든 이러한 개념을 발달시킬 것이다. 그런 다음 크레이그는 이 구성된 개념이 인식자라는 우리 개념의 '핵심'을 이루며, 따라서 지식의 개념과 실천적인 설명적 관계를 가진다는 가설을 발전시킨다. 대략적으로 말하자면, 우리가 왜 지식 개념을 갖는지에 대한 설명은, 그 개념이 좋은 정보 제공자를 구별해야 하는 우리의 근본적인 필요로부터 발생한다는 것이다. 즉 원래 지식이란 좋은 정보 제공자들이 우리에게 공유해주리라고 믿을 수 있는 것이라는 설명이다. 그의 구성에서 단계 (1)~(3)은 좋은 정보 제공자의 세 가지 요건을 나타낸다. 즉

인식적 부정의

좋은 정보 제공자란 (1) 그 맥락에서 당신이 알고자 하는 것에 대해 옳을 확률이 충분히 높으며, (2) 당신에게 말하는 내용과 관련해 의사소통적으로 개방적이고(주로 신실하며), (3) 요소 (1)과 (2)가 충족되었다는 것을 당신이 알아차릴 수 있게끔 해주는 지표 속성을 지닌 사람이다.

이 세 번째 조건, 즉 지표 속성을 가진다는 것은 탐구자가 애초에 특정인을 좋은 정보 제공자로 식별하도록 해주는 조건이다. 우리는 자연상태에서조차 이 기제가 기본적인 편견의 영향을 받을 수 있다는 것을 이미 살펴보았으므로, 거기에서 실제 증언적 부정의 현상의 원초적 대응물 역시 찾을 수 있을 것으로 예상해야 한다. 크레이그의 논의는, 편견이 (내가 신뢰할 만함의 표지라고 부른 것에서 발현되면서) 일부 집단을 대상으로 애초에 정보를 [제공해달라고] 요구조차 받지 않도록 만드는 경향성을 만들어낼 때, (앞서 설명했던 것처럼) 자연상태에서 중요한 형태의 부정의가 발생한다는 점을 지금까지의 논의에 덧붙여준다. 이런 식의 가장 간명한 인식적 배제, 즉 정보 제공자 공동체로의 진입 금지는 실제의 인식적 삶의 정치를 이루는 중요한 일면임이 분명하다. 이러한 배제는 사실 흔한 형태의 증언적 부정의를 나타낸다. 즉 정체성 편견 아래에 놓여 있어서 부정의한 신뢰성 결여에 취약한 사회집단은, 같은 이유에서 그들의 생각과 판단과 의견을 나누어줄 것을 요구받지 않는 경향이 있다. (만약 당신과 같은 사람의 말이 일반적으로 진지하게 받아들여지지 않는다면, 사람들은 당신에게 의견을 묻지 않는 경향을 가질 것이다.) 이런 유의 증언적 부정의는 침묵

속에서 일어난다. 이는 청자의 편견이 잠재적 정보 교환보다 선행해서 작용할 때, 즉 그러한 교환을 선점할 때 일어난다. 이를 **선점적** 증언적 부정의라고 부르도록 하자. 특정 주제에서 신뢰성이 이미 충분히 편견적으로 결여되어 있는 사람은 [증언을 할 수 있음에도 그러한] 잠재적 증언을 요청받지 않는다. 따라서 이 경우 화자는 그의 신뢰성을 사전에 약화하는 정체성 편견에 의해 침묵당한다. 즉 정체성 권력의 순수하게 구조적인 작용은 어떤 사람의 잠재적 기여가 알려지고, 어떤 사람의 잠재적 기여가 알려지지 않을지를 통제할 수 있다.

선점적인 증언적 부정의의 대상이 되는 사람들이 당하는 침묵은 다른 형태의 증언적 부정의와 마찬가지로 매우 맥락 의존적이다. (원초적이든 역사적이든) **어떠한** 주제에 대해서도 **전혀** 지식을 요청받거나 의견을 질문받지 않는 집단과 거기 속한 구성원들이 존재하는 사회를 상상하는 것은, 비관적 사회에 대한 상상을 지나치게 확장하는 일일 것이다. 우선 가장 심각하게 억압적인 사회에서 가장 종속적인 위치에 놓인 집단 구성원들조차 **서로** 인식적으로 의존하고 협력할 것이고, 이는 심지어 억압적인 이데올로기를 상당 정도 내면화한 이들도 마찬가지일 것이다. 그러나 이보다 더 중요한 것은, 예를 들어 톰 로빈슨 역시 메이컴 카운티에서 가장 철저하게 인종차별적인 백인에 의해서조차도 특정 사안에 대해서는 인식적으로 의존되고 신뢰받을 수 있었음이 분명하다는 것이다. 톰 로빈슨에게 일상적이었던 사안에 대해서는 의심의 여지 없이 그러하고, 현실적으로 중요한 많은 일상적 사안들에 대해서도 그러할 수 있다. 톰이 백인의 말에 도전하지 않으며, 그가 지적으로 열등하지 않다는 함축이 지각되지 않는 한, 그리고 이 깜둥이가 자신을 얕보는 것으로 보일 만한 구석이 없는 한 말이다. 심리적 구획화라는 기제를 통해 유지되는 인간 편견의 비정합적 경향성으로 인해, 인식적 신뢰의 상당 부분은 다른 수많은 맥락에서 동일한 신뢰를 훼손하는 강력한 인종주의 이데올로기에도 상대적으로 영향받지 않은 채로 유지될 수 있다.

따라서 자연상태에서 지표 속성이 갖는 근본적인 중요성은 우리로 하여금 선점적 형태의 증언적 부정의에 관심을 기울이도록 한다. 그리고 이러한 형태의 부정의는 정의상 말 그대로 침묵 속에서 지나쳐지는 것이므로, 외부에서 이를 발견하는 것이 특별히 어려울 수 있다는 점에 주목할 필요가 있다. 만약 우리가 상상력을 실제 사회로 돌려 선점적인 증언적 부정의의 현상을 사회적 권력관계 속에 위치시키면, 우리는 곧장 이것이 어떻게 침묵시키기silencing의 기제로 작동할 수 있는지를 볼 수 있다. 즉 질문을 받지 않는다는 것은 권력을 갖지 못한 사회집단들이 집단적 이해의 모음에 자신들의 관점을 포함시킬 기회를 박탈당할 수 있는 한 방식임을 쉽게 볼 수 있는 것이다. (우리는 이 일반적 주제를 다음 장에서 살펴볼 것이다.) 따라서 증언적 부정의는 당신의 말을 편견적으로 선점함으로써 당신을 침묵시킬 수 있다.

증언적 부정의가 당신을 침묵시킬 수 있는 두 번째 방식을 밝히기 위해, 크레이그 이야기의 다른 측면, 즉 자연상태의 인식적 관행에서 명시적으로 윤리적인 측면을 살펴보자. 크레이그는 정보를 모으는 관행이 그 관행 내에 고유한 **협동적** 에토스를 발생시킨다고 제안한다. 동료 정보 수집가들이 필연적으로 관여하게 되는 인식적 협동에 관한 무언가가 그들 사이에서 고유하게 윤리적인 태도를 만들어낸다는 것이다. 크레이그는 이 윤리적 태도가 포착하기 어려운 것이라는 점을 인정하면서, '공동체 내 협업의 특수 심리'에 대해 말한다.¹ 또한 크레이그는 이 특수 심리란 누군가가 '정보 제공자informant'로 대해지는 것과 '정보의 원천source of information'으로 대해지는 것 사이의 구분에 내포되어 있다는 의미심장한 제안을 한다. 나는 이것이 그 관행의 참여자들 사이에 공유되는 긍정적인 윤리적 태도에 대해서뿐 아니라 그 관행에서 편견에 의해 배제되는 이들에게 범해지는 잘못에 대해서도 이해의 열쇠가 된다고 생각한다. 개략적으로 말하자면, 정보 제공자는 정보를 전달하는 인식적 행위자인 반면, 정보의 원천은 질문자가 정보를 수집할 수 있는 위치에 놓인 사태들을 가리킨다. 따라서 대상들objects은 오직 정보의 원천만이 될 수 있는 반면, 사람들people은 (누군가가 내가 알고 싶어 하는 것을 말해줄 때처럼) 정보 제공자가 될 수도, (누군가의 손님이 젖은 채로 우산을 흔들며 도착하면 비가 오고 있다는 것을 추론할 수 있을 때처럼) 정보의 원천이 될 수도 있다.

그렇다면 정보 제공자를 대하는 탐구자의 태도에서 윤리적으로 고유한 특성이란 무엇일까? "내가 염두에 두고 있는 것은 인간이 서로를 쓸모service(이 경우에는 참인 믿음)를 추출해낼 수 있는 대상으로 대할 때가 아니라, 공통의 목적을 가진 주체로 대하

인식적 부정의

는 상황에서 느껴지는 특별한 정취이다."² 그리고 크레이그는 이러한 공통의 목적이라는 아이디어가, 정보 제공자는 단순한 정보의 원천과 달리 탐구자의 고충에 대해 공감적 이해를 가짐으로써 적극적으로 도움을 줄 수 있다는 사실에서 드러난다고 언급한다. 그러나 증언적 부정의는 또한 (그것이 체계적으로 행해질 경우 특히) 주체에게서 특정한 종류의 근본적인 존중을 잘못된 방식으로 박탈하며, 정보의 원천과 정보 제공자 사이의 구분은 이러한 박탈이 **대상화**의 한 형태라는 점을 드러낸다. 주체는 신뢰할 수 있는 정보 제공자의 공동체에서 잘못되게 배제되며, 이는 그가 (타인들이 그를 정보의 원천으로 사용함으로써 그가 지식의 대상으로 이용되는 경우를 제외하고서는) 지식 공유에 참여할 수 없다는 것을 의미한다. 따라서 그는 주체에서 객체로 강등되며 능동적인 인식적 주체의 역할에서 격하되어 (지식이 발견될 수 있는) 수동적 사태의 역할에만 국한된다. 그는 지식을 가질 수 있는 능력을 협동적으로 발휘하는 참여자로서의 역할에서 축출되어 수동적 방관자의 역할만을 맡게 된다. 이러한 역할 속에서 주체는 (대상처럼) 잠재적으로 정보를 제공할 수 있는 사태가 가진 것 이상의 인식적 능력을 행사하지 못한다. 증언적 부정의의 순간은 누군가의 정보 제공자로서의 능력을 잘못되게 부정하고, 그들을 전적으로 수동적인 정보의 원천로서의 능력에만 국한시킴으로써, 베어진 나무와 똑같은 인식적 지위로 강등해버린다. 나이테의 수를 통해 그 햇수를 알 수 있는, 베어진 나무와 같은 지위로 말이다. 요컨대, 증언적 부정의는 화자를 정보 제공자에서 정보의 원천으로, 주체에서 객체로 격하한다. 이는 증언적 부정의의 내재적 해악이 **인식적 대상화**임을 드러낸다. 즉 청자가 지식 제공자로서 화자의 능력을 훼손할 때, 화자는 인식적으로 대상화된다.

이 인식적 대상화라는 아이디어를 살펴보기 위해서는, 이 개념과 공명하는 [다른] 대상화 모형과 비교해보는 것이 좋을 것이다. 페미니즘에서 '성적 대상화'라는 비판적 개념의 형태로 우리에게 다가오는 대상화 모형 말이다. 때로 성적 대상화라는 개념은 (여성이 남성의 성적 만족을 위한 한낱 대상으로 재현되거나 취급되는 것을 나타내는) 필연적으로 경멸적인 개념으로 사용되기도 하지만, 윤리적으로 아무런 문제가 없는 태도와 행동까지 포괄하는 개념으로 이해될 수도 있다. 마사 누스바움이 성적 대상화가 "성생활의 아주 멋진 부분"이 될 수도 있다고 제안했던 것처럼 말이다.[3] 누스바움의 묘사에 따르면, 대상화하는 사람은 "무언가를 그것이 아닌 것으로 취급한다. 즉 실제로는 대상이 아닌 것, 실제로는 사람인 것을 대상으로 취급"[4]한다. 하지만 이러한 정식화는 누스바움이 도달하고자 하는 관점을 제대로 포착하지 못한다. 누스바움은 사람을 대상으로 취급하는 것이 항상 윤리적으로 나쁘거나 부적절한 것은 아니며, 주어진 사례가 윤리적으로 나쁜 종류의 대상화에 해당하는지의 물음에서는 맥락이 전부라고 주장한다. 이는 내게 정확하게 옳은 것으로 보인다. 우리 모두 한편으로는 대상이기 때문에, 대상으로 취급되는 것 자체가 문제는 아니다. 도덕적으로 핵심적인 구별은 아마도 누군가가 **주체이기도 하다는 것**이 부정되지 않으면서 대상으로 취급되는 것과 **한낱** 대상으로 취급되는 것(여기서 '한낱'은 주체성에 대한 더욱 일반적인 부정을 의미한다) 사이의 차이로 가장 잘 포착될 것이다. 인간은 본질적으로 한낱 대상 이상의 존재이므로, 후자의 취급은 일종의 비인간화dehumanization에 해당한다. 실제로 나는 우리가 이미 주어진 칸트적인 정식화를 채택해, 사람에 대한 특정 대우가 도덕적으로 수용 가능한 대상화에 해당하는지 아니면 도덕적으로 나쁜 종류의 대상화에 해당하는지의 물음은 그 사람이 그 자체로 목적이면서 또한 수단으로 취급되는지,⁵ 아니면 **한낱** 수단으로 취급되는지에 의존한다고 말하는 편이 좋을 것이라고 생각한다. 이는 우리의 동료 인간을 온전한 인간 존재로 대우하는 것이 무엇인지에 관한 흔한 윤리적 아이디어를 포착하고 있으므로, 나는 우리가 칸트의 다른 철학적 장치들 상당 부분을 끌어오지 않고서도 이 용어를 가져올 수 있다고 생각한다.

타인을 수단으로 이용하는 것이나 타인에 의해 수단으로 이용되는 것은 정상적인 협동적 사회생활의 일부이다. 예를 들어, 우리는 편지를 보내기 위해 우체부를 완벽하게 윤리적으로 이용한다. 누스바움은 이와 유사하게, 타인을 윤리적으로 무해하게 성적으로 도구화하는 사례를 효과적으로 제시한다.

만약 내가 연인과 함께 침대에 누워 그의 배를 베개로 사용한다고 해도, 여기에는 아무런 문제가 없는 것으로 보인다. 물론 내가 그에게 원치 않는 고통을 주지 않고, 우리 관계에서 그가 일반적으로 베개 이상의 존재로 취급되며, 그의 동의하에 그렇게 한다고 가정한다면 말이다. 이는 문제가 도구화 그 자체보다는 누군가를 주로 도구로 취급한다거나 한낱 도구로 취급하는 데에 있다는 것을 시사한다. 따라서 전반적인 관계의 맥락이 가장 근본적이다.[6]

나는 칸트적 구분 방식이 우리를 인식적 대상화라는 개념으로 이끈 구분, 즉 누군가 정보 제공자로 취급되는 것과 정보의 원천으로 취급되는 것에 대한 구분의 윤리적 중요성을 드러내는 데 도움이 될 수 있다는 점에서, 현재의 맥락에 아주 적절하다고 생각한다. 칸트적 구분을 배경에 두면, 우리는 누군가를 정보의 원천으로 취급하는 것과 (이제 우리가 표현할 수 있듯) **한낱** 정보의 원천으로 취급하는 것 사이에 어떻게 중요한 도덕적 차이가 있을 수 있는지를 알 수 있다. 누군가를 정보의 원천으로 이용하는 것은 윤리적으로 전혀 문제가 없다. (단지 어떤 사태의 특징으로서만 고려된 손님이 비에 젖은 채 우산을 흔드는 것에서 무해하게 정보를 수집할 수 있다고 언급했던 것을 상기해보라.) 만약 그 맥락에서 당신이 더 일반적으로 그들의 인식적 주체성을 부정하는 방식으로 정보를 수집하는 것이 아니라면, 즉 그들에 대한 당신의 대우, 그들과 당신의 더 넓은 관계, 그리고 그들에 대한 당신의 태도에 지식의 주체로서 그들의 일반적인 지위를 훼손하는 점이 아무것도 없다면 말이다.

이때, 청자의 편견이 너무나도 철저해서 그가 대화 상대를 지식의 주체로 **전혀** 간주할 수 없는 맥락은 물론 거의 존재하지

인식적 부정의

않을 것이다. 우리는 이미 어떤 유형의 편견이 증언적 부정의를 초래하는지가 맥락에 의존한다는 점에 주목한 바 있다. 메이컴 카운티의 배심원들도 톰 로빈슨이 작업 중인 수확과 관련된 문제들에 관해서는 그를 신뢰했을 것이고, 허버트 그린리프도 연인의 실종에 대한 물음보다 여성적 직감에 의한 왜곡에 덜 취약해 보이는 다수의 문제들에 대해서는 마지를 신뢰할 준비가 되어 있었을 것이다. 따라서 나쁜 종류의 인식적 대상화의 표식은 청자와 화자 사이의 관계 전반에 무언가가 있다는 것이어야만 한다. 예를 들어, 화자의 인식적 주체성을 훼손하는 청자의 태도 같은 것들 말이다. 메이컴 카운티의 배심원들과 톰 로빈슨의 관계에, 화자의 인식적 주체성을 일반적으로 훼손하는 무언가가 있다는 것은 분명하다. 애티커스 핀치가 요약 연설에서 열거한 편견들은 톰에 대한 배심원들의 지각을 형성한다고 우리가 추정하는 바로 그것들이며, 그 편견들은 톰에 대한 배심원들의 인식적 대상화를 도덕적으로 나쁜 것으로 만들고도 남을 만큼, 인식적 주체로서 톰의 일반적 지위를 심각하게 훼손한다. 화자에 대해 상당하게 정체성-편견적인 태도들의 존재는 언제나 지식의 주체로서 그들의 일반적 지위를 훼손할 것이며, 그 결과로서 나타나는 모든 인식적 대상화를 도덕적으로 나쁜 것으로 만들 수밖에 없다. 그러므로 우리는 그러한 증언적 부정의의 중심적인 사례에는 항상 도덕적으로 나쁜 종류의 인식적 대상화가 포함된다고 결론 내릴 수 있다.

앞서 살펴본 두 가지 주요 예시는 모두 인식적 대상화가 증언적 부정의에서 비롯되는 경우들이었다. 그러나 청자가 현재 사안에 대해 그의 대화 상대가 인식적으로 신뢰할 만하지 않다고 판단하는 것이 올바른 경우들, 따라서 부정의가 없는 경우들은 어떠한가? 설령 그런 경우에서 화자와 청자의 전반적인 관계 속에 화자의 인간성을 공격하는 무언가가 전혀 없다고 하더라도, 대화 상대가 신뢰할 만하지 않다고 판단하는 데서 청자는 여전히 화자를 인식적으로 배제시키고, 따라서 적어도 어떤 의미에서는 화자의 인식적 주체성을 부정하는 것이 아닌가? 글쎄, 그럴 수도 있다. 그러나 이것이 나쁜 종류의 인식적 대상화일 수는 없다. 왜냐하면 만약 누군가가 실제로 신뢰할 만하지 않다면, 그가 신뢰할 만하지 않다고 편견 없이 판단하는 것에는 인식적인 잘못도, 윤리적인 잘못도 없기 때문이다. 반대로 여기에는 인식적인 훌륭함이 있다. 물론 누군가를 신뢰할 만하지 않다고 판단하는 것이 당분간 그에게서 정보 제공자로서의 기능을 박탈하고, 그가 단지 정보의 원천으로서만 기능하게끔 제한한다는 사실에 얼마간의 윤리적 무게를 부여해야 한다는 점은 분명하다. 예를 들어, 아마 우리에게는 일회적인 신뢰할 만하지 않음의 순간에 과잉 반응하여 모든 것에 대해 상대를 불신하지는 않을 윤리적 의무가 있을 것이다. 그러나 다른 조건이 같다면, 여기[실제로 신뢰할 만하지 않은 사람을 신뢰할 만하지 않다고 편견 없이 판단하는 것]에는 아무런 잘못도 없다. 그러므로 어떤 형태의 인식적 대상화는 인식적으로 훌륭한 것은 물론이고, 윤리적으로도 받아들여질 만하다. 다시 한번 강조하건대 중요한 점은, 특정 상황에서 청자가 내리는 부정적 신뢰성 판단이, 청자가 화자의 인식적 주체성을 부당하게 격하하는 일반적인 경향의 사례이게끔 만드는 일, 즉 인식자로서 화자의 능력을 더 일반적으로 훼손하는 일이 해당 맥락에서 없어야 한다는 것이다.

우리가 여기서 누군가를 수단으로 대우하는 것과 **한낱** 수단으로 대하는 것에 대한 칸트의 구분을 사용하는 것은, 인식적 부정의에 포함된 잘못에 대해 우리가 새로이 정교하게 다듬은 개념화(도덕적으로 나쁜 인식적 대상화)와 도덕적 잘못 일반에 대한 칸트적 개념화도 일반적으로 비교해보게끔 유도한다. 우리가 관심을 두는 유형의 인식적 대상화는 무엇이 타인에 대한 비도덕적 대우를 구성하는지를 실천적 합리성practical rationality을 통해 개념화하는, 즉 합리적 행위자로서 타인의 지위를 부인하거나 훼손하는 방식으로 대우하는 것이 그에 대한 비도덕적 대우라는 칸트적 개념화의 인지적 대응물이다. 증언적 부정의에서 한 사람은 다른 사람의 지식의 주체로서의 지위를 훼손하며, 비도덕성에 대한 칸트의 개념화에서 한 사람은 다른 사람의 합리적 행위자로서의 지위를 훼손한다. 두 잘못은 분명 밀접하게 얽혀 있다. 적어도 둘 모두, 합리적 능력이 인간 가치에 본질적인 것이라고 할 때 한 사람의 합리성의 한 차원을 훼손하는 사례이다. 또한 둘 모두 잘못을 범하는 사람이 타인을 그가 덜 합리적인 존재인 것처럼 대우한다는 생각을 담고 있다. 둘 모두 잘못을 범하는 사람이 타인에 대한 존재론적 침해, 즉 그들이 (실천적으로든 인지적으로든) 합리적 존재가(혹은 완전히 합리적인 존재는) 아닌 것처럼 대우하는 침해를 저지르는 것으로 그려낸다고 말할 수 있다.

　한 사람의 합리성에 대한 두 종류의 모욕은 함께 나타나는 경향이 있다. 체계적인 증언적 부정의의 경우들에서, 한 사회집단의 인식적으로 신뢰할 만함에 대한 정체성 편견은 그들의 실천적 합리성에 대한 정체성 편견과 함께 나타날 가능성이 높다.《앵무새 죽이기》의 마지막 대목 즈음, 어린 서술자인 스카우트는 교도관의 총에 맞은 톰의 죽음에 대한 메이컴 카운티의 태도를 보고하며, 인종차별적 편견이 어떻게 흑인 주체의 실천적 합리성을 공격할 수 있는지를 표독스럽게 상기시켜준다.

　메이컴은 톰의 사망 소식에 약 이틀 정도 관심을 보였습니다. 그 소식이 카운티 전체에 퍼지기까지는 이틀이면 충분했습니다. "그거 들었어? …… 못 들었다고? 글쎄, 그 사람은 번개보다 빨리 달렸다고들 하던데……" 메이컴 사람들에게 톰의 죽음은 '전형적'이었습니다. 깜둥이가 황급히 달아나는 건 전형적이라는 거죠. 아무런 계획도, 미래에 대한 생각도 없이 그저 기회가 보이자마자 무작정 달아나는 건 전형적인 깜둥이의 정신 상태라는 거예요. "재밌는 건, 애티커스 핀치가 그를 풀어줬을지도 모른다는 거야. 근데 기다린다고? 절대 그럴 리 없지. 걔네들이 어떤지 너도 알잖아. 쉽게 얻고 쉽게 잃는 것들이지. 로빈슨이 법적으로 결혼했고, 교회도 다니면서 깨끗하게 처신했다고 하지만, 막상 중요한 순간이 되면 그 껍데기는 얇기 그지없다니까. 결국 그 밑에 있는 건 깜둥이야."[7]

누군가가 인식자로서 훼손되는 것은, 실천적 추론자로서 훼손되는 것과 개념적으로나 역사적으로 밀접하게 관련되어 있다. 그러나 인간성에 대한 이 두 종류의 모욕은 합리성의 두 가지 서로 다른 기능들에 관련된다는 점에서 중요하게 구분된다. 또한 나는 도덕철학이 둘 모두와 관련을 맺어야 한다고 생각한다.

우리는 인식적 대상화 개념을 발전시키는 데 도움을 얻기 위해 성적 대상화를 모형으로 이용했으며, 이는 다양한 종류의 대상화가 어떻게 서로 연관되는지 생각해보도록 한다. 특히 잘 알려진 급진적 페미니즘의 한 관점에 따르면, 여성이 성적으로 대상화되는 사회 분위기는 침묵시키기silencing라는 현상을 만들어낸다. 이 현상은, 남성의 성적 접근에 '안 돼'라고 말할 때나, 성폭행을 법적으로 고소할 때와 같은 성적 담화의 맥락에서 여성의 말에 아주 낮은 신뢰성이 부여되어, 그들의 말이 거의 소음과 같은 취급을 받게 되는 것을 말한다. 이 견해는 페미니스트 법 이론가인 캐서린 매키넌Catherine MacKinnon에 의해 끈질기게 논쟁적인 방식으로 제시되었다. 매키넌은 포르노그래피가 남성에 대한 여성 종속의 정수를 담고 있다고 묘사한다. 그 근거는 포르노그래피가 남성의 성적 대상으로 (때로는 폭력적으로) 이용되는 것을 여성이 즐기는 것으로 재현할 뿐 아니라, 그럼으로써 여성을 남성의 성적 도구가 되게끔 사회적으로 구성한다는 것, 그리하여 주류 하드코어 포르노그래피에 담긴 성적 이데올로기를, 실제의 남성과 여성이 성애화된 지배 및 복종에 따라 성적으로 관계 맺도록 하는 강력한 힘이 되게끔 한다는 것이다. (여기서의 구성은 우리가 형성적 구성_{constitutive construction}이라고 칭했던 것으로 해석하는 것이 가장 적절하다.[8] 따라서 여성이 그들 자신이 아니게 되는 특정한 종류의 성적 실재가 창조되고, 포르노적 구성에 포함된 위조_{falsification}가 너무나도 자연화되어 여성들에게조차 보이지 않게 된다는 것이다. (이것이 매키넌의 글에서 때로 충돌하는 것처럼 보이는 메시지들을 내가 종합하는 방식이다. 매키넌에게 가장 중요한 비판적 지점은 포르노그래피가 여성과 이성애적 섹슈얼리티를 모욕적으로 위조한다는 것이지만, 동시에 어떤 지점에서 매키넌은 여성이 포르노그래피가 구축하는 방식으로만 존재할 수 있다고 말하는 것처럼 보이기도 한다.[9])

다수의 포르노그래피가 남성의 지배와 여성의 복종을 성애화한다는 것 자체는 매우 친숙한 페미니즘적 아이디어이며, 옳은 것처럼 보인다. 하지만 매키넌의 비타협적 입장에 대해서는 일부 제한이 필요하다. 이성애적 관계들, 더 일반적으로는 젠더 관계들에 포르노그래피가 미치는 영향을 바라보는 매키넌의 총체적인 시각은, 내가 볼 때 여러 측면에서 크게 과장되어 있다. 매키넌의 관점은 남성에 대한 여성의 역사적 종속이 갖는 다각적인 본성을 근본적으로 성적 종속의 문제로 본질화해버리고, 이성애에 대한 사회적 구성에 포르노그래피가 미치는 영향력을 너무 강하게 묘사한다. 실제로는 여타의 많은 문화적 실천과 제도들 역시도 이 사회적 구성에 강한 영향력을 행사하며, 때로 포르노그래피에 반대되는 영향력을 행사하기도 하는데 말이다. 간단히 말하자면, 남성과 여성 사이의 성적 관계나 다른 사회적 관계에 대한 매키넌의 묘사는 과도하게 비관적이며, 불편한 방식으로 반-남성적인 비관주의를 드러낸다. 그럼에도 여성과 남성 사이의 관계에 대한 이 암울한 관점에는 분명 (의심의 여지 없이 많은 포르노그래피에서 유포되는) 부패한 성적 이데올로기가 남성과 여성 사이의 성적 관계뿐 아니라 인식적·담화적 관계에 미치는 영향에 대한 진정한 통찰이 담겨 있다. 그러므로 인식적 대상화라는 개념을 떠나보내기 전에, 이것이 성적 대상화와 맺는 연관, 그리고 침묵시키기라는 개념과 맺는 연관을 더 자세히 살펴볼 필요가 있어 보인다.

살펴볼 첫 번째 연관은, 매키넌의 관점과 인식적 대상화에 관한 우리의 설명을 결합하면 한 종류의 대상화가 다른 종류의 대상화와 인과적으로 관계될 가능성을 발견할 수 있다는 점이다. 만약 여성이 온전한 인간 주체로서의 지위를 부정하는 복잡한 정체성 편견으로 인해 성적 대상화를 겪게 된다면, 그들은 인식적 대상화 역시 겪게 될 가능성이 높다. 반대의 경우도 마찬가지이다. 특정 사회집단이 겪는 여러 형태의 대상화는 공통의 추적 편견tracker prejudice을 통해 연결될 것이고, 따라서 성적 대상화가 여성이 겪을 수 있는 다른 형태의 대상화들의 제1원인이라고 간주할 특별한 이유는 없다. 다양한 형태의 대상화들이 상호지지적으로 작용할 수 있으므로, 굳이 특정 형태의 대상화를 인과적으로 근본적인 것으로 묘사할 필요는 없다. 그러나 어쨌든 성적 대상화와 인식적 대상화 사이의 관계에 대한 우리의 주된 관심사는 그 둘이 공통의 편견을 통해 인과적으로 연결될 수 있다는 일반적인 생각이 아니라, 좀 더 특정한 가능성, 즉 성적 대상화의 풍토로 인해 인식적 부정의가 근본적인 의사소통 오작동으로 번질 만큼 매우 극단적인 증언적 부정의의 사례들이 발생할 가능성에 있다.

매키넌의 관점은 포르노그래피적 사회에서 여성의 권력 결여가 그들이 남성 대화 상대로부터 매우 낮은 신뢰성을 부여받도록 하고, 결과적으로 그들의 발언을 효과적으로 침묵시킨다는 것이다. 이는 우리가 선점적인 증언적 부정의의 형태로 주장했던 것과는 다른 종류의 침묵시키기에 해당한다. 흥미롭게도 침묵시키기(매키넌이 '침묵시키기'로 암시하는 것에는 다양한 현상들이 있다 [10])에 대한 매키넌의 중심적인 개념화에는 다양한 종류의 신뢰성 결여가 포함되고, 이 중 하나는 우리가 탐구해온 인식적 대상화의 차원을 분명하게 만드는 데 도움이 된다. "포르노그래피는 여성을 대상으로 만든다. 대상은 말하지 않는다. 그들이 말할 때, 그들은 인간이 아니라 대상으로 간주되며, 이는 그들이 아무런 신뢰성을 갖지 않는다는 것을 의미한다."[11] 이러한 성적 대상화의 풍토에서 여성들에게 부여되는 극단적인 신뢰성 결여는 특히 심각한 형태의 증언적 부정의를 발생시킬 수 있다. 그럴 때 여성의 증언은 실제로 선점되지는 않으면서(그들은 남성에게 무언가를 말한다), 진정한 증언으로 전혀 들리지 않음으로써 선점될 수 있다.

선점적인 증언적 부정의와 마찬가지로, 이러한 침묵시키기의 사례는 상당한 사전적 신뢰성 결여를 수반하지만, 여기서의 결여는 **실제로** 뒤따를 발화에 선행한다. 뒤따르지 않는 것은 화자의 발화에 대한 진정한 신뢰성 판단이다. 왜냐하면 여성을 비인간화하는 성적 이데올로기로 인해 남성에게는 여성의 말이

전혀 **들리지** 않기 때문이다. 여성의 발화는 남성의 증언적 감수성에 인식되지조차 못한다. 지금까지 논한 것, 즉 극심한 의사소통 오작동으로 특징지어지는 극단적인 종류의 증언적 부정의는 매키넌이 우려하는 침묵시키기를 이해할 수 있는 한 가지 방식이다.

증언적 부정의가 몇몇 사회적 맥락에서 이처럼 극심한 침묵시키기의 형태를 취할 수 있다는 것은, 침묵시키기를 여성이 겪는 신뢰성 결여에서 시작되는 것으로 이해했을 때에만 그 모습이 드러나는 가능성이다. 그러나 침묵시키기의 개념에 살을 붙일 수 있는 방식에는 여러 가지가 있고, 침묵시키기가 극단적인 형태의 증언적 부정의라는 제안은 물론 그중 한 가지 방식에 불과하다. 그렇다면 우리는 증언적 부정의에 대한 설명을 살펴볼 때, 인식론적 틀 외에 언어철학에서의 발화 행위 이론적 틀에서 제니퍼 혼스비Jennifer Hornsby와 레이 랭턴Rae Langton에 의해 개진된 대안적 설명도 염두에 두어야 한다.[12] 두 사람 모두 J. L. 오스틴J. L. Austin의 이론, 특히 발화수반 행위illocutionary act가 성공적인 의사소통으로 이어지려면, 대화 상대가 이를 '이해uptake'해야 한다는 생각에 기초한다. (청자의 이해는 화자가 그 자신의 발화 내용을 실제로 전달하고 있다는 것에 대한 청자의 파악으로 구성된다. 예컨대, '조심해!'라고 말함으로써 화자가 청자에게 경고하고 있다는 것을 파악한다거나, '안 돼'라고 말함으로써 화자가 거절하고 있다는 것을 파악하는 것처럼 말이다.) 혼스비는 동료 의사소통자가 다른 의사소통자에 대해 갖는 원초적인 관계적 태도로서, '상호성reciprocity'이라는 개념을 도입한다. 상호성의 관계는 이해를 가능케 하는 의사소통적 분위기를 제공하는데, 만약 이것이 포르노그래피적인 성적 이데올로기에 의해 여기저기서 침식되면, 침식된 부분들에서는 여성의 잠재적 발화수반 행위*를 침묵시키는 이해의 실패가 야기될 수 있다. 그 결과는 적어도 성적 맥락에서, 여성의 '안 돼'가 남성에게 이해되지 않아 그녀의 잠재적 발화수반 행위가 전달되지 못하거나, 심지어는 (그렇지 않았다면 될 수 있었을) 발화수반 행위가 **되지** 못하는 것일 수도 있다. (그럼에도 이는 아마도 소음 그 이상으로 남아 있을 것이다. 공동으로 저술한 논문에서 저자들은 이해되지 못한 잠재적 발화수반 행위가 '완전히 성공적'이지는 않은 발화수반 행위로 묘사될 수 있음을 인정한다.[13] 이는 [그들 이론에 있어] 올바른 변화인 것으로 보이고, 이러한 상황에서 여성이 '안 돼'라고 말할 때 성취하는 것이 **있다**는 것을 주장하는 관점에서 중요하다. 예를 들어, '안 돼'라는 발화수반 행위가 완전히 성공적이지 않았다 하더라도 성적 동의의 보류가 되기에 충분하다는 사실은 법적으로 중요할 수 있다. 가해자가 이해에 실패했다는 것이 그를 성폭행 혐의로부터 면책시켜주는 것으로 이해되지 않도록 하기 위해서 말

---

* 여기서 발화수반 행위가 '잠재적'이라는 것은, 그것이 적어도 완전한 발화수반 행위는 아니라는 의미이다. 오스틴의 발화 행위 이론에 따르면, 청자의 '이해'가 확보되지 않으면 어떤 발화수반 행위도 성공적으로 행해지지 않은 것이므로, 잠재적 발화수반 행위는 발화수반 행위가 아니다. 그러나 프리커가 이어서 설명하고 있듯 오스틴의 이 이론에 따르면, 남성 청자에 의해 이해되지 못한 여성의 거절(혹은 거절 시도)이 갖는 법적 중요성이 포착되기 어렵다. 따라서 혼스비와 랭턴은 잠재적 발화수반 행위가 비록 완전히 성공적인 발화수반 행위는 아닐지라도 발화수반 행위에 해당하기는 한다고 주장하는 것이다. 해당 내용과 관련하여 도움을 주신 이준효 선생님께 감사드린다.

인식적 부정의

이다.[14])

　이제 혼스비와 랭턴은 침묵시키기에 대해 순수하게 의사소통적인 개념화를 제시하는데, 이것은 매키넌의 접근법과는 약간 다르다. 아마도 이는 매키넌은 의사소통의 실패 원인으로 신뢰성의 실패를 강조하는 것으로 보이는 데 반해, 혼스비와 랭턴은 그보다 상호성의 실패를 더 근본적인 원인으로 제시하기 때문일 것이다. 혼스비와 랭턴의 설명에 따르면, 침묵시키기는 화자의 신뢰성이 문제가 되는 순간보다 앞서서 발생한다. 왜냐하면 침묵당한 여성의 문제는, 그녀가 '안 돼'라고 말할 때 그 말을 듣지 않을 만큼 대화 상대가 그녀의 말을 무가치하게 여긴다는 데 있는 것이 아니라, 대화 상대가 취하는 태도가 그 맥락에서 애초에 그녀가 거절이라는 발화수반 행위를 (완전히 성공적으로) 수행하지 못하게 막는다는 데 있기 때문이다. 그녀의 신뢰성에 대한 물음 자체가 발생하지 않기 때문에, 그가 그녀를 침묵시키는 것은 그가 그녀에 대해 가질 수 있는 인식적 태도와는 관련이 없다. 그러므로 이들의 설명에 따르면, 침묵시키기는 증언적 부정의의 한 형태로 나타나지 않는다. 반면, 나는 특정 주제에서는 여성에게 신뢰성이 극도로 결여된 나머지, 그들의 말이 남성 청자들의 증언적 감수성에 아예 인식조차 되지 않는 사회적 풍토가 있을 수 있다고 주장했고, 이러한 이해 방식에 따라 우리는 침묵시키기가 어떻게 극단적인 증언적 부정의의 형태를 취할 수 있는지를 볼 수 있다. 침묵시키기에 대한 두 개념화 모두 정합적인 사회적 가능성을 제시하지만, 나는 [매키넌식의] 인식적 모형이 경험적으로 더욱 그럴듯한 가능성을 묘사한다고 생각한다. 왜냐하면 이 모형에서는 침묵시키기의 효과가 나타나기 이전에 이미 여성의 인간적 지위가 침식되어 있을 것을 덜 요구하기 때문이다.

2.
인식자라는 개념

지식에 대한 크레이그의 '실천적 해명'은 증언적 부정의에 포함된 잘못에 대한 우리의 이해에 새로운 두 차원을 더해주었다. 그는 자연상태에서 좋은 정보 제공자를 구별할 수 있도록 해주는 지표 속성의 중요성을 강조함으로써 우리가 선점적 형태의 증언적 부정의, 즉 첫 번째 유형의 침묵시키기를 식별하도록 이끌었다. 그리고 정보의 원천과 정보 제공자에 대한 그의 준-윤리적 구분은 인식적 대상화라는 개념으로 우리를 이끌었고, 이 인식적 대상화의 풍토는 증언적 부정의와 연관된 두 번째 유형의 침묵으로 이어질 수 있다. 마지막으로, 증언직 부성의의 잘못에서 인식론적 차원과 관련해 무엇을 더 얻어낼 수 있을지를 보기 위해 크레이그의 기획의 주요 메시지를 살펴보자.

크레이그의 기획에는 두 가지 주요한 측면이 있다. 하나는 좋은 정보 제공자라는 구성된 개념을 지식이라는 우리의 실제 개념과 연관지음으로써 후자의 개념을 실천적으로 해명하는 것이다. 다른 하나는 지식에 대한 이 실천적 해명을 전통적인 분석 인식론과 연관지어서, 이 실천적 이론을 통해 해당 전통에서의 친

인식적 부정의

숙한 논쟁들을 설명하거나, 어쩌면 설명하여 없애버리는 것이다. 하지만 우리의 당면 과제는 그의 기획에서 오직 첫 번째 측면에만 관련된다. 우리는 3장에서 증언적 부정의가 어떻게 증언의 인식론과 들어맞는지 살펴보았고, 이제 지식에 대한 크레이그의 이론은 그와는 다른 매우 참신한 인식론적 틀을 제공함으로써 증언적 부정의 현상을 탐구하는 데 도움을 줄 것이다.[15]

크레이그가 자연상태 시나리오에 대해 내리는 인식론적 결론은, 좋은 정보 제공자good informant라는 구성된 개념이 가장 기본적인 인식적 필요로부터만으로도 발생한다는 것이며, 이는 그 개념이 어떠한 인간사회에서든 발생한다는 것을 보여준다. 그러나 이제 이것은 실제의 지식 개념과 관련되어야만 한다. '좋은 정보 제공자'와 '인식자'는 명백히 다른 외연을 가지고 있으므로, 이 둘을 연결하는 작업이 필요하다. 크레이그는 이 점을 마피아 루이지[마리오 시리즈의 등장인물로 추정된다]와 마틸다라는 두 인물을 통해 간결하게 보여준다. 루이지는 지식을 갖고는 있지만, 말을 하지 않는다는 점에서 정보 제공자가 아닌 인물이며, (힐레어 벨록 Hillaire Belloc이 쓴 동명의 교훈적 동화에 나오는) 마틸다는 그간 끔찍이도 거짓말을 해왔기에, 그녀가 불이 났다는 것을 알고 창밖을 향해 소리칠 때조차 아무도 그녀의 말을 믿을 수 없는 인물이다. 크레이그는 어떠한 분석도 제시하고 있지 않기에, 이들은 [특정 분석에 대한] 반례가 아니다. 오히려 이들은 좋은 정보 제공자라는 구성된 개념과 우리가 가진 실제 지식 개념 사이의 간극을 보여주는 예시들이다. 이 간극은 개념의 본성에 관한 일반적인 논제—

그 자체가 하나의 작은 자연상태 계보학인—에 의해 이어진다. 그 논제란, 개념들은 원래의 핵심 내용이 아무리 주관적이라고 하더라도, 그 개념이 갖는 주관적인 인식 능력에 대한 의존성을 은폐하고 압도하는 여러 층위의 내용을 얻게 된다는 점에서 '객관화'되는 매우 일반적인 경향성이 있다는 것이다. 이 논제는 개념의 **객관화**objectivization라고 불린다. '의자'의 예를 들어보자.

> 나는 (오직 가깝고 접근 가능한 대상들만이 해당되는) '지금 내가 앉을 수 있는 것'에만 관심을 가질 수도 있다. 그러나 나는 미래에도 내가 앉기를 원할 것으로 예상하기에, 내가 원할 때 앉을 수 있는 물체나 내가 (산책 후) 원할 때에 앉을 수 있는 무언가가 있을지의 여부에 관심을 가지게 될 것이다. 이 관심은 자연스레 다른 사람들이 앉기를 원하는지와 무관하게, 내가 원할 경우 앉을 수 있는 대상이 있는지에 관해 그들의 의견을 들으려는 관심으로 이어질 것이고, 따라서 나는 그들 역시 객관화된 개념을 이용하기를 원할 것이다. 그리고 만약 내가 좀 더 이타적인 관점을 가지게 된다면, 나는 내가 앉기를 원하는지와 무관하게, 프레드가 원할 경우 앉을 수 있는 무언가가 있는지에도 관심을 가지게 될 수 있다. 따라서 특정 시간이나 장소에 특정한 사람이 원하는 것, 심지어는 누군가가 앉고 싶어 하는지로부터 추상된, 무언가가 단순히 앉기에 적합한지의 개념이 등장하는 것이다.[16]

인식적 부정의

이는 개념이 객관화를 향하는 일반적인 경향, 즉 개념이 무언가 객관적인 것, 주체의 필요 및 능력과는 독립적인 것에 대한 개념이 되는 경향을 보여주는 일상적인 예시로 의도되었다. 이 경향성은 다양한 기본적인 실천적 압력들의 존재에 의해 설명된다. '의자'의 경우, 이곳이 아닌 장소와 지금이 아닌 시점에 앉을 수 있는 무언가를 갖는 것에 대한 관심, 내가 모를 때 다른 사람들이 내게 알려줄 수 있게 하는 것에 대한 관심, 그리고 다른 사람들이 앉을 수 있는 것을 찾는 것에 대한 잠재적 관심 등이 실천적인 압력이다. '좋은 정보 제공자' 개념의 경우, 이를 객관화된 형태(지식 담지자)로 몰고 가는 실천적 압력은 세 가지이다. 첫째, 탐구자는 항상 여기서, 당장 정보 제공자를 필요로 한다기보다는 필요할 때 누구를 찾아가야 하는지에 대한 자각을 비축하는 것을 필요로 할 수 있다. (관광객이 만일을 대비해 현지 병원이 어디에 있는지 알아두는 데 관심을 갖는 것을 생각해보라.) 둘째, 탐구자는 다른 사람들이 자신에게 정보 제공자를 추천해주는 것을 필요로 할 수 있다. 왜냐하면 때로 그 정보 제공자들이 신빙성과 관련된 속성들을 더 잘 인식할 수 있거나, 어떤 속성들이 그런 신빙성과 잘 연관되는지를 더 잘 알 수 있기 때문이다. (누군가가 좋은 변호사를 추천받기 위해 기울일 노력을 생각해보라.) 마지막으로, 탐구자는 자신이 정보를 얻는 것에는 아무런 신경을 쓰지 않지만, 공동체 내에 그 정보를 보유하고 있는 관련 집단이 있는지에 대해서는 매우 신경을 쓸 수 있다. (공동체 내에서 특정 질병에 대한 올바른 치료법이 무엇인지를 아는 사람이 갖는 중요성에 대해 생각해보라.) 크레이

그는 이러한 압력들이 좋은 정보 제공자라는 개념을 점점 더 객관화된 형태로 밀어붙임으로써, 탐구자 자신을 포함해 주변의 모든 사람들, 심지어는 어느 곳의 누구에게서도 좋은 정보 제공자로 인식될 수 없지만, 어쨌든 지식을 갖기는 하는 정보 제공자가 있을 수 있게 만든다고 주장한다. 이것이 우리의 실제 지식 개념이며, 좋은 정보 제공자라는 출발점으로부터 지식으로의 기본적인 실천적 압력이 두 개념 사이의 간극을 메우게 된다. 그리하여 발생하는 인식자라는 개념은 참된 믿음이라는 요건과, 참된 믿음과 밀접하게 연관되는 어떤 속성의 존재[라는 요건]"를 유지하지만, 그 속성이 (지표 속성을 통해) 감지될 수 있어야 한다는 요건은 완전히 침식되어 사라져버린다.

이제 객관화에 대한 설명이 끝났으니, 우리는 '좋은 정보 제공자'와 '인식자' 사이의 설명적 관계가 증언적 부정의라는 현상에 관해 무엇을 조명해주는지 질문할 수 있다. 만약 우리 지식 개념의 핵심이 좋은 정보 제공자 개념에 의해 포착된다면, (자연상태 이야기가 보여주듯) 인식자가 된다는 것은 본질적으로 정보 공유에 참여한다는 것이므로, 증언적 부정의의 해악이 갖는 또 다른 차원이 드러나게 된다. 정보를 공유하는 협력적 관행에서 작동하는 인식적 신뢰관계로부터 누군가 배제될 때, 그들은 바로 그 지식 개념의 핵심을 정의하는 관행에 참여하는 일로부터 그릇되게 배제되는 것이다.

앞서 (2장에서) 우리는 증언적 부정의가 윤리적으로 깊은 상처를 입히는 다양한 방식을 살펴보았다. 우리가 처음으로 증언적

인식적 부정의

부정의의 잘못을 살펴보았을 때, 그 내재적 부정의는 주체의 지식 제공자로서의 능력, 따라서 인간 가치에 본질적인 능력에 잘못이 범해지는 문제로서 나타났다. 우리가 이 내재적 해악의 본성에 대해 더 탐구했을 때, 나는 이것이 주체성의 형성을 억제할 수 있다고 제안했다. ([아직] 참정권을 획득하지 못한 시기에 정치적 성향을 가지고 있는 여성을 떠올려보라). 그리고 이 장에서 나는 이것이 대상화의 한 고유한 형태임을 밝혔다. 그러나 마침내 이제, 지식에 대한 크레이그의 실천적 해명은 증언적 부정의가 어떻게 깊은 상처를 입히는지에 대해 특히나 인식론적인 제안을 시도해볼 수 있는 지점으로 우리를 인도한다. 즉 크레이그의 설명에 따르면, 편견적 신뢰성 결여의 대상은 다름이 아니라 인식자가 된다는 것의 기원을 극화하고 있는dramatize 바로 그 관행으로부터 배제되는 것이다. 증언적 부정의는 그 대상을, 그에게 인식자로서의 지위를 원초적으로 부여하는 것[정보 공유 관행]에 접근하지 못하게 한다. 따라서 상대적으로 중요하지 않은 증언적 부정의조차 화자가 완전한 인식적 주체에 미치지 못한다는 상징적 무게를 지닐 수 있다는 것은 분명하다. 즉 그 부정의는 그들이 인식자라는 바로 그 개념을 원초적으로 발생시키는 관행에 참여하기에 부적합하다는 메시지를 보낸다.

이로써 증언적 부정의에 대한 우리의 탐구는 끝난다. 이것은 개인의 심리와 실천적 삶에 깊고도 넓은 해를 끼칠 수 있는 형태의 부정의이며, 너무나 자주 침묵을 통해 전해진다. 나의 논의는 이처럼 차별의 다소간 숨겨진 차원에 대해 우리가 사회적으로 더 또렷한 인식을 갖게 될 수 있다는, 그리하여 우리에게 증언적 부정의가 발생했을 때 이를 더 잘 식별하고 저항하며, 적어도 가끔은 다른 사람에게 증언적 부정의를 가하는 것을 피하게 될 수 있으리라는 희망에서 추동되었다.

이제 우리는 인식적 부정의의 두 번째 유형으로 넘어갈 수 있다. 우리가 사회 세계에 대해 가지고 있는 지식은 기본적으로 해석적이며, 만약 서로 다른 사회집단의 경험이 우리가 사물들을 이해하기 위해 갖는 해석학적 도구들에 불균등하게 영향을 끼칠 경우 이러한 지식은 위험에 처하게 된다. [이 책의] 마지막이 될 다음 장에서 나는 어떤 집단들이 그들 자신의 사회적 경험을 이해하는 데 불공정한 불이익을 겪는다는 생각을 발전시킬 것이다. 따라서 우리는 인식적 부정의의 두 번째 고유한 형태인 **해석학적 부정의**를 마주하게 된다.

인식적 부정의

7장 해석학적 부정의

1.

해석학적 부정의의 핵심 사례

페미니즘은 자신의 경험을 이해하는 여성의 능력을 권력관계가 제약할 수 있는 방식에 오랫동안 관심을 가져왔다. 페미니스트들의 이러한 관심은 초기에는 마르크스주의적 용어로 표현되었고, 따라서 우리는 독창적이며 명백하게 역사적 유물론의 형태를 띠는 페미니스트 입장 이론feminist standpoint theory에서 그 표현을 발견할 수 있다. "지배당하는 이들은 타인들의 목적에 의해 구조화된 세계에서 살아간다. 우리의 것이 아니며, 우리의 발전과 실존에 다양한 정도로 적대적인 목적 말이다." 낸시 하트삭Nancy Hartsock의 이 인용문에서, '구조화된structured'이라는 단어는 세 가지 의미를 가진다. 셋 모두 역사적 유물론의 맥락과 관련이 있지만, 여기서는 그중 하나만이 핵심적으로 관련이 있다. 하트삭의 논평은 사회제도와 관습이 권력자들의 편을 든다는 것을 의미하게끔 유물론적으로 읽힐 수도 있고, 권력자들이 어떻게든 사회 세계를 구성한다는 것을 의미하게끔 존재론적으로 읽힐 수도 있으며, 권력자들이 집단적인 사회적 이해를 구조화하는 데서 부당한 이점을 취한다는 인식론적 관점에서의 제안으로 읽힐 수도 있다. 인식적 부정의의 형태들에 대한 우리의 관심은 자연스레 우리를 인식론적 독해로 이끈다. 그러나 우리는 유물론적 질문과 존재론적 질문에서 결코 멀어질 수 없다. 왜냐하면 특정한 물질적 이점이 인식론적 이점도 발생시킬 것이라는 점이 분명하기 때문이다. 즉 만약 당신이 물질적 권력을 가진다면, 당신은 사회적 의미가 생성되는 관행에 영향력을 행사할 힘을 가질 것이다. 그리고 사회적 이해에 대한 해석학적 맥락에서도 마찬가지로, (최소한 때로는) 이해가 특정한 방식으로 구조화되면 사회적 사실들 역시 특정 방식으로 구조화된다는 점이 분명하다. 우리는 증언적 부정의에 대해 논의하면서 이미 사회적 정체성이 인과적이고 형성적으로 구성되는 사례들을 마주한 바 있으며, 해석학적 부정의와 관련해서도 비슷한 사례들을 접하게 될 것이다. 사회 세계에 대한 우리의 지식을 다룰 때와 같은 해석학적 맥락에서 물질적·존재론적 질문들이 자연스레 인식론을 중심으로 모여들게 되겠지만, 우리는 여전히 인식적 실천과 그에 대한 윤리학에 초점을 맞출 것이다.

사회적 권력이 집단적인 사회적 이해에 불공평한 영향을 미친다는 인식론적 제안을 이해하는 한 가지 방법은, 우리의 공유된 이해가 서로 다른 사회집단의 관점을 반영한다고 생각하는 것이다. [이에 따르면] 불평등한 권력관계는 공유된 해석학적 자원

인식적 부정의

을 왜곡한다. 그리하여 권력자는 자신의 사회적 경험을 파악할 때 그 경험에 대해 적절한 이해가 이미 마련되어 있어 그것에 의지할 수 있는 반면, 권력을 갖지 않은 사람들은 자신의 사회적 경험을 이해 가능한 것으로 만드려는 과정에서 의지할 수 있는 것이 기껏해야 잘 들어맞지 않는 의미들밖에 없어서, 어두운 유리를 통해 사회적 경험을 하게 될 가능성이 더 크다. 여성운동의 역사를 살펴보면, 의식 고양의 방식으로서 '목소리 내기speak-outs'와, 거의 이해되지 못했으며 제대로 표현되지도 못했던 경험들을 공유하는 것은, 여성의 경험 상당 부분이 모호하며 심지어 고립된 개인에게는 말할 수조차 없는 것이었다는 사실에 대한 직접적 반응이었음을 알 수 있다. 이처럼 반쯤만 형성된 이해를 공유하는 과정은 지금껏 잠자고 있던 사회적 의미의 자원을 일깨워 명료성, 인지적 자신감, 그리고 의사소통 능력을 증대했다. 이를 4장에서 윤리적 상대주의와 관련해 도입한 용어로 표현하자면, 우리는 여성들이 기존의 **일상적인** 사회적 해석 습성을 집단적으로 극복하고, 원래 가려져 있었던 경험들에 대한 **예외적인** 해석에 도달할 수 있었다고 말할 수 있다. 즉 그들은 함께, 당시의 사회적인 해석 관행에 오직 암묵적으로만 존재하던 의미 자원을 실현할 수 있었던 것이다. 상대적으로 안락한 해석학적 입장에서는 이런 유의 인지적 성취가 얼마나 놀랍고 인생을 바꿔놓는 것인지를 잊을 수 있으므로, 먼저 수전 브라운밀러Susan Brownmiller가 미국의 여성해방 운동에 대한 회고록에서 전해주는 다음의 이야기를 간략하게 다시 살펴보자. 이는 한 여성이 1960년대 후반 여성의 의료 및 성性

문제에 관한 한 대학교 워크숍에서 겪은 이야기이다.

공화당 상류층 가정에서 태어난 웬디 샌퍼드_{Wendy Sanford}는 아들을 낳은 후 우울증과 싸우고 있었다. 그녀의 친구이자 정통 유대교 전통을 따르던 에스더 롬_{Esther Rome}은 그녀를 두 번째 MIT 세션에 데려갔다. 웬디는 정치 단체들과는 거리를 두고 있던 차였다. 그녀는 당시를 다음과 같이 회상했다. "제가 라운지에 들어섰을 때, 그들은 자위에 대해 이야기하고 있었어요. 저는 한 마디도 하지 않았어요. 충격을 받았고 매료되었죠. 이후 세션에서는 누군가 모유 수유를 시연했어요. 거기선 충격을 받지 않았어요. 하지만 이내 우리는 소그룹으로 나뉘었어요. 전 살면서 '소그룹으로 나뉘어'본 적이 없었어요. 제 그룹에서 사람들은 산후 우울증에 대해 이야기하기 시작했죠. 그 45분 동안 저는 제가 스스로를 비난하고, 제 남편이 저를 비난해왔던 게 제 개인적인 결점이 아니라는 것을 깨달았어요. 그건 생리적인 문제와 진정으로 사회적인 문제, 즉 고립이 결합된 것이었죠. 그 깨달음은 누군가를 영원히 페미니스트로 만드는 순간 중 하나예요."[2]

이것은 여성 우울증의 경험을 밝혀내는 이야기이다. 여성 우울증의 경험은 기존의 잘못된 집단적 이해 탓에 그 경험의 주체에게조차 잘못 이해되었다. 이 특정한 이해의 결여를 설명하는 데 다양한 역사적-문화적 요인들(예를 들어, 우울증의 정상성에 대한 솔직함이 일반적으로 부족하다는 것)이 도움이 될 수 있다는 점은 분명하다. 그러나 이런 설명 요인들 중에서도 [특히] 남성 권력과 여성 권력의 구조적 불평등과 같은 사회적 불공정성이 중요한 것이라면, 웬디 샌퍼드에게 찾아온 진실의 순간은 그녀와 다른 여성들에게 단지 해석학적 돌파구이기만 한 것이 아니라, 일종의 인식적 부정의가 극복되는 순간인 것처럼 보인다. 여기서 중요한 직관은, 우리가 지금 산후 우울증이라고 쉽게 이름 붙일 수 있는 것에 대한 적절한 이해를 이 여성들이 더듬어 찾아감에 따라 웬디 샌퍼드의 마음에서 갑자기 걷힌 해석학적 어둠이 그동안 그녀가 자기 사회적 경험의 중요한 영역을 이해하지 못하도록 부당하게 막음으로써 자기-이해의 중요한 부분을 박탈하고 있었다는 것이다. 만약 우리가 이 직관을 입증할 수 있다면, 우리는 웬디의 삶을 변화시킨 그 45분 이전까지 그녀가 살아왔던 해석학적 어둠의 영역이 인식자로서의 능력 측면에서 그녀에게 가해진 잘 못을 구성한다는 것, 따라서 그것이 곧 특정한 종류의 인식적 부정의, 즉 **해석학적 부정의**hermeneutical injustice였다는 것을 알 수 있을 것이다.

이 직관을 따라가보자. 그 부정의의 윤곽을 더 분명히 보기 위해, 브라운밀러의 회고록에서 발췌한 다른 예시를 들여다보자. 이 예시는 오늘날 우리가 성적 괴롭힘sexual harassment이라고 부를 수 있는 경험과 관련이 있다.

어느 날 오후, 이전에 대학교에서 근무했던 사람이 도움을 구하고자 린 팔리Lin Farley를 찾아왔다. 카유가Cayuga 호수의 사과 과수원

지역에서 태어나고 자랐으며, 두 자녀를 홀로 부양하는 마흔네 살의 카미타 우드Carmita Wood는 코넬대학교의 핵물리학과에서 8년 간 실험실 조교에서부터 행정 업무를 처리하는 사무직으로 승 진해가며 근무한 바 있었다. 우드는 자신이 왜 뽑혔는지, 자신 이 정말 뽑히기는 한 것이지도 알지 못했지만, 한 석좌 교수는 그녀에게서 손을 떼지 못하는 듯했다.

우드의 이야기에 따르면, 그 저명한 남자는 그녀의 책상 옆에 서서 자신의 우편을 확인할 때 가랑이를 흔들거나, 서류를 집으 려고 손을 뻗을 때 그 손을 고의로 그녀의 가슴에 스치곤 했다. 실험실 직원들이 연례 크리스마스 파티를 마치고 나오던 어느 날 밤, 그는 엘리베이터에서 그녀를 구석에 몰아넣고 그녀의 입 에 원치 않는 입맞춤을 했다. 크리스마스 파티 사건 이후, 카미 타 우드는 반복되는 마주침을 피하기 위해 [엘리베이터 대신] 실 험실 건물의 계단을 이용하기까지 했다. 그러나 은밀한 성추행 의 스트레스는, 그 과학자와 거리를 두면서도 그녀가 좋아하는 그의 아내와의 친밀한 관계는 유지하려는 노력과 더해져 여러 가지 신체적 증상을 초래했다. 우드는 만성적인 허리 통증과 목 통증을 갖게 되었다. 또한 엄지손가락이 따끔거리고 감각이 없 어지는 증상이 생겼다. 그녀는 부서 이동을 요청했지만 받아들 여지지 않았고, 결국 직장을 그만두었다. 퇴사 후 휴식과 요양 을 위해 플로리다로 떠났다가 돌아온 그녀는 실업 보험을 신청 했다. 청구 조사관이 8년간 일한 직장을 그만둔 이유를 물었을 때, 우드에게는 그 끔찍한 사건을 설명할 방법이 없었다. 그녀는 수치스럽고 당황스러웠다. 신청 양식의 빈칸을 채워야 한다는 재촉에, 그녀는 개인적인 이유 때문이었다고 대답했다. 그녀의 실업 수당 신청은 받아들여지지 않았다.

"린의 학생들은 린의 세미나에서 여름 아르바이트 중 경험했던 원치 않는 성적 접근에 대해 이야기하고 있었습니다." 소빈Sauvigne이 이야기했다. "그러자 카미타 우드가 와서 린에게 **자신의** 이야기를 들려주었습니다. 우리는 우리 직원, 카미타, 학생들 모두가 언젠가 이런 경험을 한 적이 있다는 것을 깨달았어요. 그리고 우리 중 아무도 누군가에게 말한 적 없었죠. **'아하!'** 하는 순간이자 심오한 깨달음의 순간이었어요."

그 여성들은 각자의 문제를 안고 있었다. 마이어Meyer는 시라큐스의 페미니스트 변호사 수전 혼Susan Horn과 모리 하인스Maurie Heins를 찾아가, 카미타 우드의 실업 보험 이의 신청을 맡겼다. "그러고 나서……" 소빈은 말했다. "우리는 이것에 관한 침묵을 깨려면 목소리를 내야 한다고 결정했어요."

그들이 침묵을 깨고자 했던 '이것this'에는 이름이 없었다. 소빈은 이렇게 회상했다. "우리 중 8명이 인사부 사무실에 앉아, 공개 발언을 위한 포스터에 무엇을 적을지 머리를 맞대고 있었어요. 우리는 그걸 '성적 협박sexual intimidation,' '성적 강압sexual coercion,' '직장 내 성착취sexual exploitation on the job'라고 부르고 있었죠. 이 이름들 중 어떤 것도 딱 들어맞지는 않는 것 같았어요. 우리는 미묘하거나 미묘하지 않은 지속적 행동들을 모두 포괄하는 무언가를 원했어요. 누군가 '괴롭힘harassment'을 떠올렸어요. **성적 괴롭힘**! 우리

는 즉시 동의했어요. 바로 그거였죠."³

    이 이야기들은 현존하는 집단적인 해석학적 자원 속 고유한 사회적 경험의 이름이 있어야 할 자리에 어떻게 그 이름 대신 공백이 위치할 수 있는지를 보여준다. 이렇게 서술하고 나면, 우리는 카미타 우드와 같은 여성들이 집단적인 해석학적 자원에서의 간극으로 인해 (무엇보다도) 심각한 인지적 불이익을 겪었음을 알 수 있다. 그러나 이러한 기술은 문제를 제대로 포착하지 못한다. 만약 카미타 우드에게 가해진 인식적 잘못이 단지 인지적 불이익의 문제로만 이해된다면, 여성의 성적 괴롭힘 경험에 대한 적절한 이해의 부족은 모두가 공유하는 집단적 불이익이므로, 왜 가해자가 아니라 그녀만 그 인식적 잘못을 겪은 것인지가 불분명해지기 때문이다. 성적 괴롭힘에 대한 집단적 인식이 형성되기 이전에, 여성들이 그런 취급을 당할 때 남성들이 무엇을 하고 있었는지에 대한 적절한 이해가 결여되어 있다는 것은 [성적 괴롭힘에 대한 집단적 인식이 형성되기 이전이라는] 가정에 비춰볼 때 매우 일반적인 일이었다. 변화하는 사회 세계는 새로운 종류의 경험을 빈번하게 생성해내고, 이에 대한 우리의 이해는 오직 점진적으로만 분명해지기 때문에, 다양한 집단은 온갖 종류의 이유로 해석학적 불이익을 겪을 수 있다. 그러나 이러한 인지적 불이익 중에서도 일부만이 부정의한 것으로 여겨진다. 어떤 것이 부정의가 되려면, 그것이 차별적이기 때문이든, 아니면 다른 방식으로 불공정하기 때문이든, 해로울 뿐 아니라 그릇된 것이기도 해야 한다. 현재의 사례에서 가해자와 피해자는 모두 해석학적 공백 때문에 인지적 장애를 겪지만(둘 다 가해자가 피해자를 대하는 방식을 제대로 이해하지 못하고 있다), 가해자가 겪는 인지적 장애화cognitive disablement는 그 자신에게 큰 불이익이 아니다. 오히려 이것이 그의 목적에 부합하는 측면이 분명히 존재한다. (혹은 적어도 그의 행동에 문제가 제기되는 것은 아니라는 점에서 그의 즉각적 목적에 부합한다. 이것이 그의 목적에 부합한다고 말하는 것이, 만약 그가 자신의 나쁜 행동의 심각성에 대해 더 잘 이해했더라면 그 행동 역시 삼갔을 만큼 내면에서는 품위 있는 사람이었을 경우, 그 해석학적 공백이 그에게도 역시 인식적·도덕적 불운의 원천이라는 점을 부정하는 것은 아니다.) 반면, 피해자의 인지적 장애는 그녀 자신에게 심각한 불이익을 초래한다. 그 인지적 장애는 그녀로 하여금 자신의 경험에서 중요한 부분을 이해하지 못하게 한다. 그 경험을 이해하는 것은 그녀 자신의 이익에 매우 중요하다. 왜냐하면 그 경험에 대한 이해가 부재하면 그녀가 지속적인 괴롭힘에 취약한 상태로 남아 있게 될 뿐 아니라, 깊은 괴로움과 혼란, 고립 상태에 남아 있게 될 것이기 때문이다. 그녀가 겪는 해석학적 불이익은 그녀로 하여금 계속되는 학대를 이해할 수 없게 만들며, 이는 다시 그녀로 하여금 이를 멈추기 위한 효과적인 조치를 확보하지 못하게 할 뿐만 아니라 그에 저항할 수도 없게 만든다.

해석학적 공백이 피해자에게 이러한 비대칭적 불이익을 발생시킨다는 사실은, 그녀가 겪는 인지적 불이익에 특히 잘못된 무언가가 있다는 생각을 더욱 촉진한다. 만약 **유독 그녀에게만**

상당한 불이익이 초래된 것이 아니었더라면, 우리는 그녀가 부정의를 겪는다고 묘사하지 않을 것이다. 그러나 그녀가 겪는 잘못에 대해서는 이보다 더 말할 거리가 더 많다. 우리는 그녀가 인식적 부정의에 처한다는 직관의 더 깊은 원천을 찾아야 한다. 무엇보다, 우리는 비슷한 정도로 심각하지만 어떠한 인식적 부정의도 가하지 않는 해석학적 불이익을 쉽게 상상할 수 있다. 예를 들어, 만약 어떤 사람들이 자신의 사회적 행동에 영향을 미치는 질환을 앓고 있다고 해보자. 이때 그들이 그 질환이 여전히 오해받고 있으며 많은 경우 진단조차 되지 않는 역사적 순간에 살고 있다면, 그들이 겪는 해석학적 불이익은 집단적이며, 유독 그들에게만 해를 입히는 것이다. 그들은 자신들이 질병을 가졌다는 생각을 통해 자신의 경험을 이해 가능하게 만들 수 없으며, 따라서 개인적인 어둠 속에 놓이게 된다. 또한 그들의 질병 상태에 대한 다른 사람들의 몰이해가 그들에게 심각하게 부정적인 결과를 초래할 수도 있다. 그러나 이 경우는 해석학적 부정의 사례에 해당한다기보다 상황적 인식적 불운의 안타까운 사례에 해당한다. 우리는 브라운밀러의 사례들이 인식적 부정의에 해당한다는 직관의 더 깊은 원천을 찾기 위해, 여기에 관련된 해석학적 공백에 기여하는 배경적인 사회적 조건에 초점을 맞춰야 한다. 제2물결 페미니즘 당시 분명 여성은 남성에 비해 사회적으로 무력한 지위에 놓여 있었으며, 불평등한 권력관계는 집단적인 사회적 의미가 생성되는 관행에 여성이 남성과 대등한 조건에서 참여할 수 없도록 만들고 있었다. 그런 관행들 중에서도 가장 명백한 사례는 저

276 　　　　인식적 부정의

널리즘, 정치계, 학계, 법조계 등의 직종에서 지탱되는 것들이다. 브라운밀러의 회고록이 이러한 직종들, 그리고 그 기관들 내부와 주변에서 일어난 선구적인 페미니즘 활동에 대해 그토록 많이 이야기하고 있는 것은 우연이 아니다. 여성의 권력 없음은 그들이 해석학적으로 불평등한 사회적 위치에 놓여있었다는 것을 의미하며, 이런 유의 불평등과 같은 무언가가 해석학적 부정의의 중요한 배경 조건을 제공한다.

2.
해석학적 주변화

해석학적 불평등을 감지하기란 필연적으로 어렵다. 우리는 이해에 도움이 되는 것을 이해하는 데 가장 많은 노력을 기울이기 때문에, 우리의 해석적 노력은 자연히 이익에 맞춰져 있다. 결과적으로 한 집단의 불평등한 해석학적 참여는 해석학적 과열점hotspots에서 국소적인 방식으로 나타나는 경향이 있다. 권력자들이 적절한 해석을 이뤄내는 데서 아무런 이익을 얻지 않거나, 오히려 현재의 잘못된 해석을 유지하는 데서 이익을 얻는 그런 지점들(직장에서의 반복되는 성적 제안들이 '플러팅flirting'의 한 형태에 지나지 않는다고 여기는 인식이나, 제안을 받은 사람이 어렵사리 거절한 것에 대해 그녀가 단지 '유머 감각이 부족'해서 그렇다고 여기는 인식 등) 말이다. 그러나 이와 같은 해석학적 과열점에서는 불평등한 해석학적 참여가 그 행동에 부여된 기존의 의미('플러팅')에 의해 긍정적인 것으로 위장되어 있기 때문에 이를 감지하기는 더 어렵다. 이것이 밝혀지는 순간이 인생을 바꾸는 계몽의 섬광으로 다가올 수 있다는 것은 당연한 사실이다. 의학이 아직 진단할 수 없는 질환을 가진 사람의 사례와 달리, 카미타 우드 같은 여성들이 직장에서 씨름해야 했던 것은 단순한 인식적 불운이 아니다. 그들의 경험이 해석학적 균열 속으로 빠지는 것은 우연이 아니었기 때문이다. 그들이 다양한 괴롭힘 경험을 제대로 이해하기 위해 고립된 채로 고군분투하는 동안, 집단적인 사회적 의미라는 동력기관_engine 전체는 이 가려진 경험들이 시야 바깥에 남겨지도록 효과적으로 맞춰져 있었다. 카미타 우드의 인지적 장애가 부정의를 구성하는 더 심오한 이유는 그녀의 불평등한 해석학적 참여에 있다.

사회적 경험의 중요한 영역에서 해석학적 참여가 불평등하게 이뤄질 때, 불이익을 겪는 집단의 구성원들이 **해석학적으로 주변화된다**고 말하자. 주변화라는 개념은 종속, 그리고 참여자에게 가치가 있을 관행으로부터의 배제를 나타내는 도덕적-정치적 개념이다. 물론 해석학적 주변화에는 지속성의 정도에 있어서나 다른 측면에 있어서나 광범위한 사례들이 있을 수 있다. 이 용어는 주체가 넓은 범위의 사회적 경험에서 완전한 해석학적 참여를 지속적으로 부정당하는 상황을 가리킬 때 가장 적합하겠지만, 우리는 그보다 더 가벼운 경우들에도 이 용어를 적용할 수 있다. 따라서 누군가는 오직 일시적으로만, 혹은 사회적 경험의 매우 국소적인 부분에 대해서만 해석학적으로 주변화될 수도 있다. 그러

인식적 부정의

나 [국소적이거나 일시적인 경우에서도] 해석학적 주변화는 항상 사회적으로 강제된다. 만약 누군가가 단지 [자발적인] 선택에 따라서 해석학적 관행들에 완전히 참여하지 않는다면(아마도 그는 모든 것에 싫증이 나서 현대의 은둔자가 되기로 결정했을 수 있다), 그 사람은 해석학적으로 주변화된 것으로 간주되지 않는다. 왜냐하면 그는 참여하지 않기로 선택했지만, 참여할 수도 있었기 때문이다. 해석학적 주변화는 구조적인 것이든, 일회적인 것이든, 언제나 권력 없음의 한 형태이다.

물론 사회적 주체들은 일정 정도 복잡한 사회적 정체성을 가지고 있으며, 그렇기에 정체성의 한 측면('여성')이 표면화되는 맥락에서는 주변화되지만, 정체성의 다른 측면('중산층')이 그 사람의 참여 수준을 결정짓는 맥락에서는 주변화되지 않을 수 있다. 그 결과, 해석학적으로 주변화된 주체는 사회 세계의 어떤 영역에서는 의미를 생성하지 못하면서도, 다른 영역에서는 완전한 참여자로 남아 있을 수 있다. 만약 한 여성이 마초적인 직업윤리를 가진 대기업에서 좋은 보수를 받는 직업에 종사하고 있다면, 그녀는 가족 친화적인 근무 조건의 필요성에 관해서는 스스로에게조차 의미를 형성하지 못할 수 있다. (그러한 감정은 오직 전문성의 결여나 성취욕 없음, 직업에 대한 헌신이 부족함만을 의미할 수 있기 때문이다.) 그러면서도 그녀는 자신의 업무 경험에서 덜 젠더화된 다른 영역들을 이해하는 능력에 관해서는 해석학적으로 매우 편안한 위치에 있을 수 있다. 따라서 사회적 정체성의 복잡성은 해석학적 주변화가 개개인에게 차별화된 방식으로 해를 끼친다는 것을 의미한다. 즉 해석학적 주변화는 그들에게 한 가지 사회적 유형으로서는 해를 끼치지만, 다른 사회적 유형으로서는 해를 끼치지 않을 수 있다.

어떤 사람이 주변화되는 것은 때로 물질적 권력의 효과일 수도 있다. 즉 누군가는 자신의 사회경제적 배경으로 인해 완전한 해석학적 참여를 가능하게 해주는 직업을 갖지 못하게 되었을 수 있다. [다른 한편으로] 때로 이는 정체성 권력의 효과일 수도 있다. 즉 그들을 [그 직업에] 부적합한 존재로 표상한다는 점과, 고용주들의 판단에 부정적인 영향을 미치는 편견적 고정관념이 사회적 분위기 속에 녹아 있다는 것이, 그들이 왜 그 직업들을 갖지 못하는지를 일부 설명해줄 수 있다. 혹은 가장 그럴듯하게는 이 둘의 혼합일 수도 있다. 만약 여기서 정체성 권력이 작동하고 있다고 한다면, 그 주변화에 책임이 있는 것으로 식별될 수 있는 (개인적이든 제도적이든) 사회적 주체가 존재하지 않는 한, 아마 이는 순수하게 구조적인 작동일 것이다. 혹은 특정 당사자에게 책임을 묻는 것이 합당할 수도 있다. 예를 들어, 고용주들이 50세 이상의 직원을 채용하지 않는 이유로 굼뜬 고령 노동자들에 대한 연령차별적 고정관념을 무책임하게 내세우는 경우에는 고용주들에 대한 책임을 묻는 것이 합당할 것이다. 이러한 사례에서 고용주들은 완전한 해석학적 참여를 가능케 하는 종류의 직업들에서 고령층을 배제함으로써, 그들을 (다른 무엇들 중에서도) 해석학적으로 주변화하는 방식으로 정체성 권력을 이용하고 있다. 해석학적 주변화가 반드시 정체성 권력의 결과이거나 단순한 물질적 권력의

인식적 부정의

결과일 필요는 없지만, 실제로는 이 두 권력의 결과인 경우가 많을 것이다.

이제 우리는 카미타 우드 같은 여성들이 겪은 해석학적 부정의를 다음과 같이 정의할 수 있다.

지속적이고 광범위한 해석학적 주변화로 인해 개인의 사회적 경험에서 중요한 영역이 집단적 이해에서 가려지게 되는 부정의.

그러나 지속적이고 광범위한 해석학적 주변화라는 개념은 다루기 어려우므로, 지속적이고 광범위한 해석학적 주변화에서 무엇이 나쁜지를 좀 더 명확하게 정의하는 것이 좋을 것이다. 인식적 관점에서 볼 때, 이런 유의 해석학적 주변화에서 나쁜 점은, 그것이 집단적인 해석학적 자원을 **구조적으로 편견적이게**structurally prejudiced 만든다는 점이다. 왜냐하면 이는 그 집단의 경험에 대해, [정작] 해당 집단으로부터는 불충분하게 영향을 받고, [오히려] 해석학적으로 더 권력 있는 집단들로부터 지나치게 영향을 받음으로써 편견적인 해석을 내놓는 경향을 갖게 될 것이기 때문이다 (예를 들어 성적 괴롭힘을 플러팅으로, 부부 간 강간을 강간 아닌 것으로, 산후 우울증을 히스테리로, 가족을 챙기기 어렵게 만드는 근무 일정을 꺼리는 것을 비전문성으로 해석하는 등). 게다가 일반적으로 해석학적 주변화를 겪는 것은 사회적 권력을 갖지 못한 집단이므로, 우리는 도덕적인 관점에서 다음과 같이 계속해서 말할 수 있다. 이런 해석학적 주변화에서 나쁜 것은 그것이 집단적인 해석학적 자원 내에 본질적으로 차별적인 구조적 편견을 야기한다는 점이라고 말이다. 즉 편견은 그들이 사회적 권력이 없는 집단에 속한다는 이유로, 따라서 그들이 가진 사회적 정체성의 한 측면 때문에 사람들에게 영향을 미친다. 그러면 이제 이것은 정체성 편견과 유사해진다. 이를 **구조적 정체성 편견**structural identity prejudice이라고 부르자. 이 개념을 도입하고 나면, 우리는 해석학적 부정의에 대한 정의definition가 그 차별적 본성을 더 잘 전달하게끔 약간 다른 색채를 더할 수 있다. 해석학적 부정의란 다음과 같다.

집단적인 해석학적 자원 내에 존재하는 구조적 정체성 편견으로 인해 개인의 사회적 경험에서 중요한 영역이 집단적 이해에서 가려지게 되는 부정의.

이 정의definition는 해석학적 부정의의 차별적 성격을 드러내는 데서 증언적 부정의와의 가족 유사성family resemblance을 강조한다. 두 종류의 인식적 부정의 모두에서, 주체는 그들이 속한 사회적 유형에 대한 모종의 편견으로 고통받는다.

우리의 정의는 카미타 우드가 겪은 종류의 해석학적 부정의를 식별하려는 노력에서부터 발전해온 것이기 때문에, 일반적인 정의는 아니다. 오히려 이는 핵심적이거나 체계적인 해석학적 부정의 사례를, 다시 말해 사회 정의라는 일반적 관점에서 볼 때 가장 관련성이 큰 사례를 구체적으로 포착하고 있다. 이제 해석학적 맥락에서 '체계적systematic'이라는 것은 정확히 무엇을 의미하는가? 증언적 부정의의 맥락에서, 부정의는 그것을 야기하는 정체성 편견이 사회적 활동의 다양한 영역들을 따라 주체를 추적하며 증언적 부정의 이외에도 다른 형태의 부정의에 그들을 취약하게

인식적 부정의

만드는 경우에만 체계적이었다. 정체성 편견이 이와 같은 방식으로 주체를 추적할 수 있는 것처럼, 주변화도 마찬가지이다. 실제로, 체계적인 경우들에서 해석학적 주변화는 사회경제적인 종류의 주변화를 **수반**한다. 왜냐하면 이는 중요한 해석학적 참여를 가능하게 하는 직업들(저널리즘, 정치계, 법조계 등)로부터의 배제를 수반하기 때문이다. 그렇다면 주변화가 해석학적 활동 이외에도 다른 사회적 활동들에 걸쳐 주체를 추적할 경우, 그러한 해석학적 부정의를 체계적이라고 부르도록 하자. 체계적인 해석학적 부정의는 한 사회집단이 다양한 종류의 부정의에 대해 갖는 일반적 취약성이 띠는 광범위한 패턴의 일부이다. 체계적인 증언적 부정의와 마찬가지로 체계적인 해석학적 부정의 역시 억압의 양상을 띤다. 근본적으로, 두 종류의 체계적인 인식적 부정의 모두 구조적인 권력 불평등에서 비롯된다.

지금껏 우리는 해석학적 부정의의 핵심 사례에 집중해왔다. 이와 대조적으로, 사회적 권력의 일반적인 패턴의 한 부분이 아닌 더 일회적인 해석학적 부정의의 사례들도 있을 수 있다. 그런 사례들은 체계적인 것이 아니라 **부수적인**incidental 것이다. 체계적인 사례들이 지속적이고 광범위한 해석학적 주변화를 수반하는 경향을 띠는 반면, 부수적인 사례들은 일시적이거나 주체의 경험에서 매우 국소적인 부분에 관해서만 해석학적 주변화를 수반하는 경향을 띤다. 따라서 부수적인 해석학적 부정의는 구조적인 권력 불평등에 기원하지 않고, 좀 더 일회적인 권력 없음의 순간에 기원한다. 부수적인 해석학적 부정의의 사례들은 어떤 모습

을 하고 있는가? 이언 매큐언Ian McEwan의 소설 《견딜 수 없는 사랑》
에서 주인공 조는 제드 패리라는 청년에게 스토킹을 당한다. 이
청년은 자신과 조가 서로 사랑하는 사이라는 망상을 가진 종교
적 광신도이다. 조가 그의 파트너인 클라리사에게 이에 대해 처
음 말했을 때, 그는 애정 어린 조롱을 당한다. 그리고 나중에 그녀
는 기본적으로 그의 말을 받아들이기는 하지만, 그의 마음 상태
에 걱정 어린 유보로 응답한다. 이후 그가 경찰에 전화했을 때, 조
는 자신이 견디고 있는 형태의 스토킹에는 법적 분류legal grade가 매
겨져 있지 않으며, 그것이 그저 사소한 것으로 여겨진다는 것을
알게 된다.

"괴롭힘을 당하고 있는 당사자이십니까?"

"네, 제가⋯⋯."

"그리고 그 사람이 지금 당신을 성가시게 하고 있습니까?"

"바로 지금 저희 집 앞에 서 있습니다."

"그 사람이 당신에게 신체적 해를 가했습니까?"

"아니요, 하지만 그는⋯⋯."

"그 사람이 해를 가하겠다고 당신을 협박했습니까?"

"아니요."

나는 내 불만이 관료주의적 틀에 부어져야 한다는 것을 이해했
다. 모든 개인의 이야기를 소화해줄 만큼 고상한 시설은 없었
다. 불만을 말할 수 없게 된 나는 내 이야기를 쉽게 인식될 수 있
는 공적인 형태로 이해시키려고 애씀으로써 위안을 찾고자 했

다. 패리의 행동은 범죄로 일반화되어야 했다.

"그 사람이 당신의 재산에 위협을 가했습니까?"

"아니요."

"아니면 제3자를 상대로?"

"아니요."

"그 사람이 당신에게 고통을 주려는 의도가 있다는 것을 증명할 수 있습니까?"

"어, 아니요."

······ "그럼 그 사람이 무엇을 하고 있는지 말씀해주시겠습니까?"

"그 사람은 제게 항상 전화를 합니다. 제게 전화해서······"

경찰은 빠르게 원래의 목소리로 돌아가 질문을 이어갔다.

"그 사람이 음란하거나 모욕적인 행동을 합니까?"

"아니요. 이봐요, 선생님. 제가 설명 좀 할게요. 그 사람은 진짜 이상해요. 절 혼자 내버려두지를 않는다고요."

"그 사람이 정말 원하는 게 뭔지 아십니까?"

"저를 구원하고 싶대요."

"구원이요?"

"있잖아요, 절 개종시키고 싶어 해요. 강박적이에요. 절 그냥 내버려두지를 않는다니까요."

경찰관의 인내심이 한계에 달했고, 내 말을 끊었다. "신고자분. 죄송합니다만, 이건 경찰이 개입할 일이 아닙니다. 그 사람이 당신이나 당신의 재산에 해를 가하지도 않고, 그렇게 하겠다고 협박하지도 않는다면, 범죄를 저지르고 있는 게 아닙니다. 신고자분을 개종시키려고 하는 건 불법이 아니에요." 그러고 나서 그는 약간의 훈계로 우리의 긴급한 대화를 마무리했다. "이 나라에는 종교의 자유가 있습니다."[4]

스토킹을 당한 경험에 대한 조 자신의 이해는 파트너와 경찰의 해석학적 화답의 결여로 약간의 방해만 받고 있지만, 집단적인 해석학적 공백이 그의 경험을 의사소통적으로 이해 가능하게 만드는 것을 방해하고 있다는 점은 여전하다. 자신의 경험을 초기부터 타인들과 공유하는 것이 조에게 매우 중요함에도, 그의 경험을 사소한 것으로 만들어버리는 두 부적절한 해석에 의해 그의 스토킹 경험이 가려지게 되어, 결국 그는 그 경험을 타인들과 공유할 수 없게 된다. 한 해석에 따르면, 그는 우스운 면을 보지 못하고 걱정스레 집착하는 것으로 보인다. 또 다른 해석에 따르면, 그는 위협의 수준을 과장하고, 심지어는 다른 사람의 종교적 자유까지 방해하고 있다. 그러나 만약 조의 경험이 가려지는 것이 일종의 해석학적 부정의를 구성한다면, 이는 사회적 의미 생성자로서 겪게 되는 그 어떤 일반적인 사회적 권력 없음이나 일반적인 종속과도 무관하다. 왜냐하면 그가 (그 유명한) 고학력 이성애자 백인 남성이라는 사회적 정체성을 가지고 있기 때문이다. 그럼에도 그는 일회적인 해석학적 주변화의 순간에 직면해 있다. 클라리사와 경찰이 각각 내놓는, 서로 경쟁하며 조의 경험을 사소화하는 해석들은 조의 해석학적 참여가, 그 자신의 사회적 경험에서 매우 국소적이기는 하지만 중요한 측면에서 방해받고 있

인식적 부정의

음을 의미하며, 이런 이유로 그의 사례는 해석학적 부정의의 요건을 충족한다. 이 부정의는 구조적 정체성 편견에서 비롯하는 것이 아니다. 그는 자신이 속한 사회적 유형 때문이 아니라 그 유형에도 불구하고 부정의를 겪는 것이다. 조가 겪는 해석학적 부정의는 분명 체계적인 경우가 아니라 부수적인 경우에 해당한다.

이러한 사례에 대한 자각은, 해석학적 부정의에 대해 지금껏 주어져 있었던 것보다 더 일반적인 정의를 구축할 동기를 발생시킨다. 이제 우리는 지금껏 우리에게 주어져 있었던 정의가 고유하게 체계적인 경우들을 포착하기 위해 고안되었다는 것을 분명히 알 수 있다. 이제 요구되는 일반적인 정의는 해석학적 부정의 그 자체를 다음과 같이 포착한다.

해석학적 주변화로 인해 개인의 사회적 경험에서 중요한 영역이 집단적 이해에서 가려지게 되는 부정의.

이 정의에는 체계적인 경우에만 특별히 존재했던 것, 즉 해석학적 주변화가 '지속적이고 광범위하다'는 것, 또는 '집단적인 해석학적 자원 내에 구조적 정체성 편견이 있다'는 것이 빠져 있다. 따라서 이 일반적인 정의는 체계적인 경우와 부수적인 경우를 모두 포괄한다. 책 전체에 걸쳐 그래왔듯, 우리의 관점에서 핵심적인 것은 체계적인 경우이다. 그러나 증언적 부정의의 체계적인 사례들과 부수적인 사례들에 대한 앞선 논의에서와 마찬가지로, 해석학적 부정의가 부수적이라는 사실은 그것이 윤리적으로 심각하지 않다는 것을 의미하지 않는다. 실제로 조의 경우, 그의 경험이 처음부터 잘 이해되지 않았다는 점은 제드 패리의 스토킹

이 결국 치명적으로 위협적인 수준에 달하는 것을 허용하고, 클라리사와의 오랜 관계가 결국 붕괴하는 데도 기여함으로써 조의 삶을 산산조각 낸다. 이처럼 부수적인 해석학적 부정의도 누군가의 삶에 재앙이 될 수 있다. 앞서 살펴본 것처럼, 체계적인 경우들을 구별해주는 것은 어떤 개별 피해의 심각성이 아니라 그보다 더 일반적인 것, 즉 그러한 경우들이 복잡한 사회적 부정의들 속에서 해석학적 부정의의 위치를 드러내준다는 점이다.

지금껏 우리는 두 종류의 해석학적 부정의, 즉 체계적인 것과 부수적인 것을 다뤘다. 만약 조의 경우에서처럼 누군가 집단적인 해석학적 자원에서의 공백으로 인해 자신의 경험이 가려짐으로써 불이익을 받는다면, 설령 이때의 해석학적 주변화가 국소적이고 일시적이라 할지라도, 이를 부수적인 해석학적 부정의라고 주장하기에는 대략 충분하다. 반면, 카미타 우드의 경우에서처럼 누군가 집단적인 해석학적 자원에서의 공백으로 인해 자신의 경험이 가려짐으로써 불이익을 받는데, 이때의 공백이 광범위하고 지속적인 해석학적 주변화에 의해 야기되고 유지된다면, 해석학적 부정의는 체계적이다. 왜냐하면 이런 [체계적인] 경우의 해석학적 주변화는 다른 사회적 주변화들과 관련되는 더 일반적인 취약성의 일부여서, 어떤 해석학적 부정의가 발생했든 간에 그 역시 다른 종류의 부정의에서 비롯되는 더 일반적인 취약성의 일부일 것이기 때문이다. 그러므로 여기에는 여러 형태의 증언적 부정의들과 특정한 구조적 유사성이 있다. 그러나 증언적 부정의의 경우들과는 대조적으로, 부수적이든 체계적이든 해석학적 부

인식적 부정의

정의에는 범인이 없다. 어떤 행위자도 해석학적 부정의를 **저지르지** 않는다. 이는 순수하게 구조적인 개념이다. 해석학적 부정의의 배경 조건은 주체의 해석학적 주변화다. 그러나 해석학적 부정의의 순간은, 오직 주체가 스스로 혹은 대화 상대에게 자신의 경험을 이해 가능하게 만드려는 다소 암울한 시도 속에서 그 배경 조건이[즉 주체의 해석학적 주변화가] 실현될 때만 발생한다. 해석학적 주변화 상황에서 잠자코 존재하던 해석학적 불평등은, 이해 가능성을 향한 실제 시도가 그 불평등에 의해 방해받을 때만 폭발하여 부정의가 된다.

해석학적 부정의가 화자가 증언적 교환에서 자신을 이해 가능하게 만들기 위해 애쓰는 과정에서 가장 전형적으로 나타난다는 사실은, 하나의 암울한 가능성, 즉 해석학적 부정의가 때로 증언적 부정의에 의해 심화될 수 있다는 가능성을 제기한다. 실제로 다중적으로 주변화된 집단의 구성원들은 정체성 편견 아래 놓이는 경향이 있을 것이기 때문에, 해석학적 부정의가 체계적인 경우들에서 이런 경향이 나타날 것이다. 만약 그들이 잘 이해되지 않고 있는 경험을 대화 상대에게 설명하려 한다면, 그들의 말은 낮은 이해 가능성으로 인해 낮은 초견적prima facie 신뢰성 판단을 받을 수밖에 없다. 그런데 만약 여기서 화자가 정체성 편견에까지 놓여 있다면, 신뢰성은 더욱 떨어질 것이다. 이 경우 화자는 한 번은 공유된 해석학적 자원 내에 존재하는 구조적 편견에 의해, 또 다른 한 번은 정체성-편견적 신뢰성 판단을 내리는 청자에 의해 이중적으로 잘못 대우받는다.

카미타 우드 같은 입장에 있는 사람이 그 교수의 행동에 대해 고용주에게 말하려 노력하는 모습을 상상해보라. '성적 괴롭힘'이라는 단어가 있어야 할 곳에 해석학적 공백이 존재한다는 것은, 그녀가 자신의 이야기를 말함으로써 설명하고자 하는 것의 개연성에 이미 심각한 문제가 있음을 의미한다(그녀는 자신이 교수의 지속적인 '플러팅'으로 인해 '불편해졌다'고 말하는 정도에는 성공할지도 모른다). 하지만 여기에 젠더, 인종, 계급에 관한 정체성 편견의 위험까지 더해진다면, 우리는 그녀가 증언적 부정의에도 취약하다는 것을 알 수 있다. 그렇다면 그녀 같은 위치에 놓인 사람들은 이중의 인식적 부정의에 취약하다. 더 나쁜 것은, 여기서 우리가 신뢰성이 걷잡을 수 없게 하락하기에 완벽한 조건을 보게 된다는 점이다. 발언 내용의 그럴듯하지 않음이 화자의 개인적 신뢰성을 과도하게 하락시키는 렌즈를 만들어내고, 이것은 다시 발언 내용의 신뢰성을 더더욱 하락시키는 렌즈를 만들어내며…… 이러한 과정이 반복되는 것이다.[5] 브라운밀러의 이야기 속 자신의 경험의 본질을 전달하려는 카미타 우드의 시도 역시 이와 같이 걷잡을 수 없는 신뢰성 하락에 부딪혔을 가능성이 높다고 보는 것이 그럴듯하다. 이러한 곤경은 인식적 부정의와 관련해 화자에게 최악의 시나리오가 된다.

해석학적 부정의가 의사소통을 시도하는 데서 나타나는 경향이 있다는 관찰은, 다소 다른 버전의 부정의로 우리의 주의를 이끈다. 우리는 해석학적 간극 또는 공백을 오직 적절한 해석의 부재, 즉 어떤 경험을 의사소통적으로 이해 가능하게 만드는 것

인식적 부정의

이 주체에게 중요한 상황에서 그 경험의 이름이 있어야 할 자리에 존재하는 공백으로만 간주해왔다. 그러나 우리는 해석학적 간극이 내용(뿐만)이 아니라 발언의 형식에도 똑같이 관여할 수 있다는 것을 알아야 한다. 따라서 특정 사회집단의 특징적인 표현 방식은 해석적 부재만큼이나 그들의 의사소통적 노력을 불공정하게 방해하는 요인으로 작용할 수 있다. 예를 들어 캐럴 길리건 _{Carol Gilligan}이 유명하게 주장한 것처럼, 만약 여성이 윤리적 판단과 관련해 (적어도 역사의 한 시점에서) '다른 목소리'를 가지고 있는데, 그 목소리가 합리적인 것으로 인정되기보다 도덕적으로 미성숙한 것으로 주변화된다면, 도덕적 문제에 관한 의사소통적 이해 가능성을 향한 여성의 시도는 이런 유의 해석학적 간극으로 인해 방해받을 것이다.[6] 그리고 여성의 표현적 노력에 대한 방해는 그것이 해석학적 주변화에서 비롯된 한, 즉 그것이 그들의 권력 없음이 그들로 하여금 사회적 의미들이 생성되는 관습들에 완전하게 참여하지 못하게 만든다는 사실에서 비롯된 한 부정의하다. 왜냐하면 그것들은 특정한 표현 방식들이 합리적이며 맥락에 적합하다고 인정되는 관습이기도 하기 때문이다. 리플리에 대한 의심을 의사소통적으로 이해 가능하게 만들려는 마지 셔우드의 시도에 허버트 그린리프가 보이는 반응("여자의 직감도 좋지만 팩트라는 게 있어.")을 상기해보라. 만약 누군가 단지 직관적이거나 감정적인 표현 방식을 가졌다는 사실만으로 자신의 말이 완전히 합리적인 것으로 들리지 않는 사회 혹은 하위문화 속에 살고 있다면, 그 사람은 해석학적 간극에 의해 부당하게 고통받는 것이며,

해석학적 부정의에 종속되는 것이다.

3.
해석학적 부정의의 잘못

나는 비대칭적 인지적 불이익을 포함하는 해석학적 부정의에 대해 이야기해왔다. 여기서의 일반적인 요점은, 집단적인 해석학적 빈곤이 서로 다른 집단의 구성원에게 서로 다른 방식으로 영향을 미친다는 것이다. 카미타 우드의 가해자가 (사례에서처럼) 그녀를 대하는 자기 태도의 본질을 제대로 파악하지 못한 것이 가해자 자신의 이익을 해치지는 않았다. 하지만 그녀 스스로 이를 적합하게 이해할 수 없었다는 것은 카미타 우드에게 큰 해를 끼쳤다. 이러한 비대칭성은 집단적인 [해석학적] 빈곤이 영향을 미치고 있는 구체적인 사회적·현실적 맥락으로부터 발생한다. 집단적 빈곤이 특별하고도 부정의한 방식으로 일부 집단에만 불이익으로 작용하는 것은, 오직 그것이 특정한 사회적 상황에 구체직으로 위치지어질 때뿐이다. 해석학적 공백은 오존층의 구멍과도 같아서, 화상을 입는 것은 오직 그 아래에 사는 사람들뿐이다. 그렇다면, 해석학적 부정의는 근본적으로 일종의 구조적 차별이다. 출산 시점에는 [산모나 아기에게] 의료 서비스를 무상으로 제공하지만, 치과 치료는 무상으로 제공하지 않는 복지국가의 경우와 비교해보라. 형식적으로 말해, 치과 치료를 무상으로 받을 수 없다는 것은 모든 사람에게 똑같이 해당하는 현실이므로, 여기에 내재적으로 부정의한 것은 없다. 말하자면, 복지 체계에 집단적 공백이 있는 것이다. 여기에는 형식적 평등이 존재하지만, 이 형식적 평등이 실제 사회 세계에서 어떻게 작동하는지를 보면, 그 내부에 **위치지어진** 불평등이 재빨리 스스로를 드러낸다. 사적으로 치과 치료를 받을 여유가 없는 사람들은 국가 차원의 일반적인 치료 공급의 결여로 어려움을 겪고, 여유가 있는 사람들은 어려움을 겪지 않는다. 이처럼 형식적으로는 평등하지만 실질적으로는 불평등한 경우, 부정의는 집단적 결여로 인해 일부 집단이 비대칭적으로 불이익을 당하는 것의 문제이며, 해석학적 부정의의 경우에서도 마찬가지라는 것이 나의 제안이다. 해석학적 부정의는 집단적인 해석학적 간극이 일부 집단에는 상당히 불리한 영향을 미치고 다른 집단에는 그러지 않아서, 집단적 빈곤이 작동하는 방식이 사실상 차별적일 때 발생한다.

그렇다면 해석학적 부정의의 일차적인 해악은 **위치지어진 해석학적 불평등**situated hermeneutical inequality에 있다고 하자. 무언가를 이해 가능하게 만드는 것이 주체에게 특히 중요하나, 그것을 의사소통적으로 이해 가능하게 만들 수 없게 된 경우가 그 구체적인 상황situation이다. 이는 증언적 부정의의 잘못과의 또 다른 심오한 연결점을 드러낸다. 증언적 부정의의 (핵심 사례에서의) 일차적 해악은, 청자의 정체성 편견으로 인해 [화자가] 지식을 공유하는 데서 배제된다는 데 있으며, 해석학적 부정의의 (핵심 사례에서의) 일차적 해악은, 집단적인 해석학적 자원 내의 구조적 정체성 편견으로 인해 [화자가] 지식을 공유하는 데서 배제된다는 데 있다.

첫 번째 편견적 배제는 화자와 관련해 이뤄지고, 두 번째 편견적 배제는 화자가 말하고자 하는 내용이나 그것을 말하는 방식과 관련해 이뤄진다. 따라서 두 종류의 인식적 부정의에 포함된 잘못은 지식의 확산 과정에 참여하는 일에서 화자를 편견적으로 배제한다는 것이다. 이렇게 두 부정의는 공통의 인식적 의의를 지닌다.

이것이 일차적인 해악이다. 그렇다면 (일차적인 해악으로부터 발생하는) 이차적인 해악을 유용하게 구분할 수 있을까? 구분할 수 있다. 왜냐하면 위치지어진 해석학적 불평등은, 정의상 다른 실천적 해악, 즉 집단적인 해석학적 빈곤이 피해자에게 비대칭적으로 불리하게끔 만드는 해악을 발생시켜야 하기 때문이다. 이를 살펴보기 위해, 카미타 우드의 이야기를 간단히 상기해보자. 그녀에게 가해진 일차적인 인식적 해악은, 그 이해가 매우 중요한 사회적 경험 일부가 집단적으로 이해되지 않아서 그것이 그녀 자신조차 거의 이해할 수 없는 채로 남아 있었다는 것이다. 이 이야기에서 우리는 여기서 발생한 이차적 해악 중에는 그녀가 스트레스로 인한 신체적 증상을 겪었다는 것, 호명할 수 있는 이유를 댈 수 없어서 이직조차 성공적으로 신청할 수 없었다는 것, 그리하여 결국 직장을 그만두어야 했다는 것 등이 있음을 알 수 있다. 또한 그녀가 실업 수당을 신청하러 갔을 때, 이 모든 것의 원인에 이름이 없다는 점은 또다시 그녀가 수당을 받지 못하게 만들었다. 여기서 조금만 더 상상력을 발휘하면, 이러한 해석학적 부정의 사례가 얼마나 큰 파문을 만들어낼 수 있는지 알 수 있다.

만약 카미타 우드를 비롯해 그녀와 같은 다른 여성들이 의식 고양 모임에 참여하지 않았더라면 성적 괴롭힘의 경험은 훨씬 더 오래 비밀로 숨겨졌을 것이고, 제2물결 페미니즘 덕분에 가능해졌던 여성의 직업적 발전과 인격적 자신감, 그리고 여기서 가장 관련이 깊은 것인 일반적인 인식적 자신감을 훨씬 더 망쳐놓았을 것이다.

[어떤] 주어진 경험에 대해 누군가가, 사람들이 공유하는 일반적인 이해와 스스로의 내밀한 감각 사이에서 불협화음을 느끼는 사람이 오직 자신뿐이라고 여기게 되는 상황에 처한다면, 이는 세계를, 혹은 적어도 세계의 관련 영역을 이해하는 그 자신의 능력에 대한 믿음을 흔들리게 할 것이다. 따라서 우리는 증언적 부정의와 마찬가지로, 해석학적 부정의 역시 이차적인 실천적 불이익뿐 아니라 이차적인 인식적 불이익을 초래한다는 것을 알 수 있다. 실제로 여기서 문제가 되는 종류의 인식적 불이익은 우리가 증언적 부정의에 관해 상세히 논의했던 것과 정확히 같은 것이다. 왜냐하면 이 불이익은 기본적으로 주체의 인식적 자신감 상실에서 비롯되기 때문이다. 인식적 자신감 상실이 개인의 인식적 경로를 방해할 수 있는 다양한 방식에 대해 다시 이야기하자면, 이는 말 그대로 지식의 상실을 야기할 수도 있고, 새로운 지식을 얻지 못하도록 막을 수도 있으며, 더 일반적으로는 지적인 용기처럼 중요한 인식적 덕들을 얻지 못하게 만들 가능성도 있다.

해석학적 부정의의 일차적인 측면과 이차적인 측면에 대해 설명했으니, 이제 우리는 일차적인 측면, 즉 위치지어진 해석학적 불평등의 본성을 더 깊이 파고들어, 과연 이것이 우리가 증언적 부정의의 경우에서 살펴보았던 것처럼 때로 개별 주체의 구성에 영향을 미칠 만큼 확장될 수 있는지를 알아볼 것이다. 해석학적 부정의는 때로 자아의 발달을 저해할 정도로 해로운가? 새로운 사례를 살펴보자. 에드먼드 화이트Edmund White가 1950년대 미국에서 자란 자신의 이야기를 담아 쓴 자전적 소설《어느 소년의 이야기》에는 당시의 해석학적 자원이 그의 성적 경험에 거짓된 의미를 여러 겹 덧씌우는 다양한 방식들이 등장한다. 여기서 그는 학교에서 새로 사귄 친구이자 그가 사랑하는 톰의 집에 머물고 있다. 다음의 구절은 자신의 욕망과 성 정체성에 대한 그 소년의 실제 경험을 부분적으로 조건짓지만 다른 한편으로는 그것과 결정적으로 불화하는, 동성애에 대한 일련의 현대적 구성들을 보여준다.

> 어느 날 톰이 "있잖아, 네가 원하면 언제까지고 머물러도 돼"라고 말했다. "내가 잘 때 네가 나를 덮칠 거라고 해럴드가 나한테 경고했어. 근데 그러지 말아줘. 난 그런 이상한 짓은 안 하거든." (해럴드는 목사님의 아들이자 나의 오랜 다람쥐놀이* 짝꿍이었다.)

---

* 작중에서 화자의 주변 소년들은 다람쥐놀이를 즐긴다. 이 놀이는 '땅콩nuts'을 움켜쥐고서는 도망'치는 놀이인데, 여기서 소년들은 '땅콩'이 '남성의 고환'이라는 속어를 동시에 의미한다는 점을 의식하며 이 단어를 중의적으로 사용하는 것으로 보인다. 화자가 해럴드를 이 놀이에서의 짝꿍이었다고 묘사하는

나는 고통스럽게 침을 삼키고서는 속삭였다. "나도ㅡ" 나는 목을 가다듬고는 아주 고지식하게 말했다. "나도 안 해."

그 병원 냄새, 동성애의 리졸 냄새가, 고무바퀴를 달고서 약품들과 소독제를 실은 금속 카트가 소리 없이 지나갈 때처럼 공기를 다시 더럽히고 있었다. 나는 창문을 열고 한 시간 동안 나갔다가 그 냄새, 수치심의 냄새가 없는 방으로 돌아오고 싶었다.

나는 동성애가 병이라는 것을 절대 의심하지 않았다. 오히려 사실, 바로 이 병에 대해 생각할 수 있다는 것을 내가 얼마나 철저하게 객관적인지를 보여주는 척도로 삼았다. 하지만 내 마음의 다른 어떤 부분에서 나는 그 리졸 냄새가 나 자신까지도 씻어내야 한다는 것, 그 퀴퀴한 석탄 가스 냄새가 톰에 대한 나의 사랑을 관통해야 한다는 것을 믿을 수 없었다. 아마도 나는 아주 모호해졌고, 모호함으로 아주 기뻐졌는지도 모른다. 바로 이 삼단논법의 마지막 항을 인정하는 것을 방지하기 위해서 말이다. 남자가 다른 남자를 사랑하면, 그 남자는 동성애자이다. 나는 남자를 사랑한다……

남자애들은 동성애 단계를 거치는데, 그 단계는 거의 보편적일만큼 정상적인 것이라고 들은 적이 있다. 그러면 그게 바로 나한테 일어나고 있는 일임이 틀림없다. 하나의 단계. 오래 지속되는 하나의 단계. 이 단계는 곧 바뀔 것이고, 톰의 침실이 사라

것은, 해럴드가 평소 화자를 대상으로 '고환을 움켜쥐고서는 도망'치는 행위를 일삼았기 때문인 것으로 추정된다.

진 후에는 하얀 오건디, 파란 리본, 양팔 벌린 여자애의 웃음이 나타날 것이다. …… 하지만 그건 나중 일이다. 지금은 내가 원하는 만큼 톰의 눈을 들여다볼 수 있다. 관자놀이 쪽으로 가면서 점점 얇고 빨라지며 금빛으로 변해가는 희미한 자국, 그래서 코 양옆에 뿌리 부분만 보일 정도로 금발인 눈썹 아래, 연해지는 청금석 색깔의 눈을 말이다.[7]

[동성애에 대한] 이와 같은 일련의 구성들 속에서, 우리는 소년이 자는 톰을 '덮칠' 거라는 남학생의 선전propaganda에서부터 동성애는 병이라는 생각을 거쳐, 동성애적 욕망은 이성애적 삶이라는 정상성으로 가는 길의 '한 단계'일 뿐이라는, 거짓된 정상화 관념까지 빠르게 이동해간다. 그러나 이 구절은 톰에 대한 어린 화자의 욕망이 마침내 성적 사랑의 한 형태로서 담백하고 부담 없이 전달될 만큼, 톰의 특징들에 대한 부드러운 주목으로 끝을 맺는다. 그의 욕망에 대한 자연스러운 진실은 덮침과 질병, 그리고 발달 단계에 대한 해석학적 풍자가 가슴 아프도록 우스꽝스럽게 보이도록 만든다.

그러나 어린 화자의 자아는 이 모든 [동성애에 대한 사회적인] 구성의 시각을 통해 형성되고 있었으므로, 화자는 남성에 대한 그의 욕망이 상호적인 경험이 되기를 갈망함에도 그런 경험의 주체가 되기를 선택할 수 있는 여지가 없다. 그는 성장해나가면서 '동성애자'에 관한 여러 강력한 공포적 구성bogeymen constructions과 맞서 싸워야 한다. 그중 [현실에] 들어맞는 것은 아무것도 없다. 하지만

인식적 부정의

이 집단적 이해는 너무나도 강력하고, 개인의 경험에 대한 대안적 이해가 가능할 것이라는 약속은 너무나도 외롭고 불분명해서, 이 집단적 이해는 결국 주체의 경험(그의 욕망이 수치스러워지는 등)뿐 아니라 주체의 자아까지도 구성할 만큼 큰 힘을 가지게 된다. 결국 이 자전적 이야기가 우리에게 제시하는 것은, 자신을 괴롭히는 잠재적 자아들과 용기와 재치로써 씨름하며, 자신의 정체성을 주장하려는 시도들에 굴복하기도 저항하기도 하는 한 어린 인간의 모습이다. 이는 정신분석가 오라일리 박사를 방문한 이야기를 다룬 다른 구절에서 더욱 명백히 드러난다. 이 구절에서 우리는 '부자연스러운 동성애자'의 한 버전(마치 인간에게 있어 흡혈귀와 같은 버전)이 청소년 주체들로 하여금 어떻게 그 이름을 두려워하게 하고, 동성애자로서의 정체성을 무서운 전망으로 느끼게 하는지를 볼 수 있다. 이에 따라 청소년 주체들은 자신의 정체성을 어떤 대가를 치르더라도 방지되어야 하며, 이미 [그 정체성이] 존재하게 되었을 경우에는 가려져야만 하는 것으로 경험하게 된다.

몇 년 전 내가 일곱 살 때, 목사님께 나를 드러내고 이해를 구했던 것처럼, 지금 나는 정신분석가에게 도움을 구하고 있다. 나는 내가 되어가고 있으며, 곧 될 위험에 처해 있는 이것, 그러니까 '동성애자'를 극복하고 싶었다. 그 이름은 물이 얼고 있는 틀이었고, 이미 첫 번째 결정이 연약한 막을 형성하고 있었지만 말이다. 나를 괴롭힌 혼란과 두려움과 고통은 나를 암호로 변환시켜놓았다. 아무도 해독할 수 없는, 아마 최고의 암호학자조차 해독할 수 없을 암호로. ……

나는 이제 내가 원했던 것이 남자에게 사랑받고 그 사랑을 돌려주는 것이었지, 동성애자가 되는 게 아니었음을 안다. 나는 남자와 함께하는 것에 대한 열망, 그리고 남자의 모습, 손길, 냄새에 대한 열망에 사로잡혀 있었고, 남자가 면도하고 옷 입는 모습, 그 호화로운 의식만큼 나를 얼어붙게 만드는 것은 없었다. 내게 낯설고 매력적으로 다가오는 것은 여자가 아니라 남자였고, 나는 나 스스로를 어린아이나 남자, 혹은 그것이 무엇이든 간에 그들의 조용하고도 성스러운 무리에 끼기 위해 필요한 것으로 위장했으며, 그 위장은 너무나도 완벽해서 내 정체성을 의심해본 적조차 없었다. 나는 내 가면 뒤의 얼굴을 연구하고 싶지도 않았다. 거기에 사람들이 '동성애자'임을 알아볼 수 있는 오므린 입술, 핏기 없는 창백함, 모양 잡힌 눈썹이 있는 것만 아니라면 말이다. 내게 필요한 것은 내가 그 흡혈귀가 아니라고 스스로를 설득할 수 있는 속임수, 알리바이, 또는 부정직함이었다.[8]

화자의 개인적인 성적 경험은 어떤 수준에서는 남성에 대한 단순한 사랑이었지만, 그 경험의 이러한 측면은 말로 표현될 수 없었고, 그 경험이 그의 정체성에 갖는 의미에 그가 행할 수 있는 유일한 심리적 반역은 부인denial이었다. 이러한 부인은 자신의 사회적 정체성에 대해 [이미] 내면화되었지만 거짓된 해석학적 구성들에 반역하기 위해 필요한 이중 사고의 첫 번째 단계(속임수, 부정직함)이다. 앞서 살펴본 것처럼 권위 있는 구성들은 누군가가 실제로는 흡혈귀와 같은 생명체가 아닌데도, 사회적으로 그렇게 간주되게끔 개인의 정체성에 대한 형성적 구성에 영향을 미칠 수 있기 때문이다. (2장에서) 형성적 구성은 인과적 구성에 미치지 못한다고 했던 것을 상기해보라. 전자는 [누군가가] 사회에서 무엇으로 간주되는지의 문제인 반면, 후자는 [누군가가] 구성된 바대로 실제로 존재하게 되는 것의 문제이다. 화이트의 자전적 이야기에는 그가 인과적 구성을 겪었다고 생각할 만한 특별한 이유가 없다. 오히려 수치스런 욕망을 가진 부자연스러운 흡혈귀 같은 생명체로 형성적으로 구성된 것이, 뒤집힌 반역_{inverted rebellion}이라는 친숙한 모티프를 살아내게끔 부추길 수 있다고 보는 것이 전적으로 그럴듯하다. 자신의 죄를 반항적으로 받아들여, 점점 더 그런 생명체처럼 행동하는 반역 말이다. 이러한 상황에 처한 사람은 이를 역설적인 방식으로 이뤄낼 수도 있지만, 그러지 못할 수도 있다. 어찌 되었든 간에, 어린 화자가 자라며 그의 정체성이 굳어감에 따라, 그의 자아가 씨름하고 있는 대상의 상당 부분이 [그에게] 권위 있는 것으로 여겨질 수 있다는 점에 유의하는 것만으로도 충분하다. 화자가 씨름하고 있는 것은 집단적으로 수용되어 동성애에 부착된 의미들로서, 이 의미들은 그의 마음에 공포스런 잠재적 자아들을 떠오르게 할 뿐 아니라, 그의 사회적 존재를 실제로 구성할 수 있는 힘 역시 가지고 있다. 화자는 자신의 정체성에 관한 이 구성들에 때로는 장난기 어린 방식으로 저항하지만, 그의 사회적 존재에 관한 한 이 저항은 생사의 문제이다.

저항이 가능하다면, 이를 가능케 하는 것 중 한 부분은 역사적 우연성에 있다. 역사는 우리 화자의 편이었다. 모든 종류의 성적 해방들이 표현되고 요구될 1960년대가 닥쳐오고 있었기 때문이다. 그러나 저항을 가능케 하는 또 다른 사실로는 개인의 정체성의 다른 측면들(아마도 고학력이나 중산층 같은 것들)이나 특정한 개인적 특성(우리의 화자는 분명 지극히 지적이고, 심리적으로 강인하며, 사회적으로 풍부한 자원을 갖췄다)이 반역을 위한 자원을 마련해 줄 수 있다는 것 등이 있다. 따라서 공유된 해석학적 자원에서의 권위 있는 구성이 우리에게 미치는 영향은 집단적이지만 획일적이지는 않다. 그리고 이러한 비획일성은 경험과, 그 경험의 고유한 초기 의미를 압도하기 위해 몰려드는 다양한 구성들 사이에서 부조화의 감각을 만들어낼 수 있다. 어떤 권위적 목소리는 우리 개인에게 특별한 힘을 발휘하지만, 어떤 이유가 되었든 다른 목소리들은 그렇지 않다. 예를 들어, 우리의 화자는 동성애에 대한 부정적인 기독교적 구성에는 전혀 흔들리지 않는다. 이는 단순히 그가 위로는 천국으로 이어지고 아래로는 영원한 저주로 이어지는 밧줄과 도르래를 믿지 않기 때문이며, 그의 반-권위주의적 충동이 그런 종교적 비난이 그에게 가할 수 있는 본능적인 영향으로부터 그를 지켜주기 때문이다. 그가 라틴어 교사이자 사감인 스콧과 그의 아내(둘 다 열렬한 기독교인으로서 화자를 개종시키고 유혹하려는 야심을 가지고 있다. 또한 그들은 죄인이 되는 것보다 부르주아가 되는 것을 더 두려워한다)와 함께 추수감사절을 보낼 때, 부

인식적 부정의

부는 그에게 '자신들의 "고해 신부"이자 영적 수호자'인 버크 신부를 소개해준다.[9]

> "음, 네. 제가 느끼는 특정 동성애적 성향에 대한 갈등이 있어서 정신과 진료를 받고 있어요." 나는 말했다.
> 이 말에 버크 신부의 얼굴이 일그러졌다. 그가 예상했던, 긴장 속에서의 작은 고백이 아니었던 것이다. 그는 평정심을 되찾고서는 가톨릭식의 왁자지껄한 웃음을 터뜨리기로 결정했다. "**갈등**이요?" 그는 웃음으로 인한 눈물을 글썽이며 탄성을 내질렀다. 그러고는 잠시 냉정함을 되찾더니 낮고 담담한 목소리로 "하지만 형제님, 동성애는 그냥 **해소**해야 할 **갈등**이 아닙니다"라고 말했다. 그러고는 이 말이 더러운 쓰레기라도 된다는 듯 말했다. "동성애는 죄악입니다."
> **죄악**이라는 말이 내게 얼마나 미미한 영향을 미치는지 그가 전혀 모르는 것 같다고 나는 생각했다. "동성애는 나쁜 **주술**입니다"라고 말한 것과 다를 바 없을 정도였다.[10]

그러나 죄악이라는 개념에 대한 면역은 지속적인 방어 수단이 아니다. 왜냐하면 사제라는 정체성, 혹은 이성애자 남성 신부라는 정체성만 가지고도 참으로 모욕적인 고정관념을 불러일으킬 수 있기 때문이다. 이러한 모욕적 고정관념은 멈출 수 없는 정체성 권력의 작동을 즉각적으로 만들어내며, 젊은 화자의 담화적 행동과 자아감을 통제하고 위축시킨다. 이 구절은 다음과 같이 계속된다.

"하지만 저는 다른 남자들에게 아주 끌리는 걸요." 나는 말했다. 내 안의 반항적인 무언가가 이 말을 내뱉게 했지만, 이 말을 하는 순간 나는 내가 괴물이 되어가는 것을 느꼈다. 내 머리카락은 탈색한 금발로 변했고, 내 손목은 연약해졌으며* 내 렙 타이rep tie는 레이스 자보lace jabot로 변했다. 나는 어머니와 어머니의 브리지 클럽을 위해 작년의 팝 음악을 그랜드 피아노 앞에서 콘서트 버전으로 연주하며 히죽거리는 여왕이 되어 있었다. 내가 무엇인지를 변호할 수 있는 방법이 없었다. 나는 오직 나의 망명과 파멸만을 위해 싸울 수 있을 뿐이었다."

그렇다면 부조화에 대한 선명한 감각은 연약한 것이다. 왜냐하면 그 사람이 [이를테면 동성애는 종교적 죄악이라는 식의] 한 가지 구성을 터무니없다고 생각한다 하더라도, 곧바로 뒤따르는 다른 구성에 의해서는 정신이 지배당할 수도 있기 때문이다. 하지만 적어도 부조화의 감각은 [연약할지언정] 가능하다. 이 감각이 가능한 것은, 누군가 자신의 섹슈얼리티를 수치스러운 것으로 놓는 일반적 구성들 중 하나 이상을 명백하게 거짓인 것, 심지어는 우스꽝스러운 것으로 여기게 되면, 이것이 그와 같은 다른 담론들 역시 의심스럽게 보게 하기 때문이다. 잠재적으로 권위 있는

---

* '손목이 연약하다는 것limp-wristed'은 동성애자를 일컫는 속어로 쓰인다.

무언가가 터무니없다는 것을 발견하는 것은 비판적 용기를 불어넣어준다. 하나의 해석학적 반역이 다른 반역을 불러일으키는 것이다. 따라서 부조화의 감각은 반역에 필요한 비판적 사고와 도덕적-지적 용기 모두의 출발점이 된다. 나는 이것이 의식 고양 메커니즘의 일부라고 생각한다. 사회적 경험의 한 영역에 대해 특정한 부조화를 느낀 사람들을 한데 모아놓고, 각자가 다른 권위적 담론들에 대해 서로 다른 면역성과 취약성을 가졌다는 점을 고려해보라. 그러면 부조화의 감각이 증진되고, 비판적 담대함을 덧입을 수 있다는 것은 [더 이상] 놀라운 일이 아니다.

따라서 해석학적 부정의의 일차적 해악은 주체가 집단적인 해석학적 공백으로 인해 부당하게 불이익을 받는다는 측면뿐만이 아니라, 자아의 (형성적/인과적) 구성 측면에서도 이해되어야 한다. 특정한 사회적 맥락들에서 해석학적 부정의는 누군가가 사회적으로 그들이 아닌 무언가로 구성되고, 아마도 그 무언가가 되게끔 야기되기도 했다는 것, 그리고 그렇게 보이는 것이 그들 이익에 반한다는 것을 의미할 수 있다. 따라서 앞서 증언적 부정의의 잘못에 대해 논할 때 지적했듯, 누군가는 그 자신이 되지 못하도록 방해받을 수 있다. 증언적 부정의와 해석학적 부정의는 이러한 정체성-구성적 힘을 공통적으로 가지고 있으며, 이 힘은 그 부정의들의 일차적 해악이 가질 수 있는 특징이 된다. 하지만 다른 측면에서는 그 둘의 일차적 피해가 완전히 다르다. 증언적 부정의의 잘못은 개인이 개인에게 가하는 것이므로, 청자에 대한 비난 가능성과, 더 일반적으로는 청자로서의 우리 자신이 어떤 덕을 함양하는 것이 바람직한지에 관한 질문들이 즉각적으로 생겨난다. 반면 해석학적 부정의는 어떤 행위자에 의해서도 가해지지 않고, 집단적인 해석학적 자원의 특징(부수적인 경우 일회적인 사각지대, 체계적인 경우 구조적 정체성 편견에 의해 해석학적 레퍼토리 내에 발생한 공백)에 의해 야기된다. 결과적으로 비난 가능성에 관한 질문은 같은 방식으로 발생하지 않지만, 그럼에도 비난 가능성에 관한 질문은 여전히 발생한다. 이는 그 현상이 우리로 하여금, 자신의 경험을 의사소통적으로 이해시키려는 노력을 부정의하게 저해당하는 화자들이 존재하는 사회 속에서 우리가 어떤 유형의 청자가 되고자 노력해야 하는지를 [스스로에게] 묻기를 촉구하기 때문이다. 증언적 정의의 덕을 발휘하는 것은 오직 증언적 부정의의 위험에만 대응하는 것이므로, 그것만으로는 충분하지 않을 것이다. 이는 오직 청자가 다른 사람들의 말을 편견 없이, 신빙성 있게 수용한다는 것만을 보장해줄 뿐이다. 해석학적 부정의와 관련해 필요한 것은, 해석학적 주변화가 타인들이 이용하는 해석학적 도구에 이미 미친 편견적 영향을 상쇄하는 방식으로 상대방의 말을 받아들이는 덕목이다. 마지막으로는 이 지점에 대해 다뤄보자.

4.
해석학적 정의의 덕

해석학적 정의의 덕은 교정적인 구조를 지닐 것이라는 점에서 증언적 정의의 덕과 유사하다. 그러나 내가 증언적 정의는 특정 편견과 관련해 순진한 형태를 취할 수도 있으며, 따라서 청자가 애초 편견에서 자유로워서 (반성적으로든 무반성적으로든) 편견이 자신의 판단에 미치는 영향을 감시할 필요가 없을 수도 있다고 주장했던 것과 달리, 해석학적 정의의 덕은 항상 교정적이다. 해석학적 부정의의 모든 사례에서, 해석학적 자원의 격차는 어떤 식으로든(내용에 관해서든, 형태에 관해서든) 화자의 의사소통적 이해 가능성을 진정으로 감소시켰으므로, 유덕한 청자라고 해도 그 화자들의 상대적 이해 불가능성에 순진하게 면역될 수는 없다. 반면 만약 이해 가능성을 향한 화자의 노력이 방해받았다는 사실을 청자가 단순히 인지하지 못했다면, 이는 오직 청자 쪽에서의 실패이다. 그렇다면 해석학적 정의의 덕은 대화 상대가 무언가를 의사소통적으로 이해 가능하게 만들려고 할 때 겪는 어려움이, 그것이 말이 안 된다거나 화자가 멍청해서가 아니라, 집단적 해석학적 자원 내의 어떤 간극 때문으로 인한 것일 가능성에 대한 경각심이나 민감성의 형태를 취해야 할 것이다. 핵심은, 화자가 싸우고 있는 것이 주관적인 실패가 아니라 객관적인 어려움이라는 사실을 깨닫는 것이다.

이러한 민감성에는 다시 한번 청자의 특정한 반성적 자각이 포함된다. 왜냐하면 해석학적 부정의에 의해 의사소통적 노력을 방해받는 화자가, 어떤 청자에게는 전혀 말이 되지 않는 이야기를 하는 것처럼 보일 수 있지만(마지가 자신의 의심을 감정적이거나 직관인 방식으로 허버트 그린리프에게 표현할 때처럼), 다른 청자

(아마도 다른 여성)에게는 명백하게 합당한 지적을 하는 것으로 보일 수도 있기 때문이다. 따라서 유덕한 청자는 화자가 말하는 내용과 방식이 자신에게 다가오는 이해 가능성에, 자신의 사회적 자아와 화자의 사회적 자아 사이의 관계가 어떻게 영향을 미치는지를 반성적으로 자각하고 있어야 한다. 그린리프는 마지의 직관적인 표현 방식이 그에게 합리적으로 다가오지 않은 것이 자신이 남성이며, [마지와는] 다른 방식을 합리적인 것으로 존중하며 사용하라고 배워왔기 때문이라는 것을 자각할 필요가 있었다. 해석학적 정의의 덕은 이와 같은 반성적 인식에 대한 요구를 증언적 정의의 덕과 자연스레 공유한다. 왜냐하면 둘 모두 명시적으로 사회적으로 위치지어진 맥락 속에서의 인식적 품행을 규율하는 덕이기 때문이다. 이러저러한 형태의 정체성 편견들을 경계한다는 점에서, 두 덕 모두 무엇보다 반성적인 사회적 자각의 덕이라고 할 수 있다.

이런 유의 반성적 민감성이 가능케 하는 것은, 불완전한 이해 가능성으로 인해 화자의 발화에 낮은 신뢰성을 부여했던 처음의 신뢰성 판단에 대한 일종의 수정이다. 사회적 이해와 관련된 담화 교환에서 청자의 신뢰성 판단은, 화자의 발화가 참일 가능성에 대한 평가의 측면보다는 제시된 해석의 진실성에 대한 평가의 측면에서 가장 잘 서술될 수 있다. 이러한 재서술은 해석학적 맥락에서 진리에 대한 지향성이, 진리에 관해 동등한 지위를 가진 해석이 둘 이상일 가능성, 다시 말해 때로 화자 A의 해석과 화자 B의 해석 중 무엇이 진리인지에 대한 **정답**이 없을 가능성을

인식적 부정의

열어두어야 한다는 점을 담아낼 수 있다. 따라서 해석학적 맥락에서 책임 있는 청자의 신뢰성 판단은 말해진 것이 어느 정도로 **그럴듯한지**, 즉 어느 정도로 진실된 해석인지에 대한 평가이다. 유덕한 청자는 이제 화자의 노력이 해석학적 부정의에 의해 방해받는 경우들에서 이를 인식하고 다양한 해석을 감안하고, 그리하여 처음에는 낮았던 신뢰성 판단이 그 방해를 보상하게끔 상향 조정되도록 하는 사람이다. 가능한 경우, 유덕한 청자는 화자가 표현하고자 애쓰는 해석이 **만약 더 포용적인(구조적 정체성 편견이 없는) 해석학적 분위기에서 제시되었더라면 어느 정도로 말이 되었을지**를 반영하는 신뢰성 판단을 해낼 것이다. 그러한 신뢰성 판단에서 화자의 해석학적 주변화로 인한 편견적 영향은 교정된다. 여기서 추구되는 이상은 신뢰성의 정도가, 포용적이지 않은 해석학적 분위기와 구조적 정체성 편견으로 인해 해석학적으로 주변화된 청자에게 부과된 인지적·표현적 장애를 보상할 수 있을 정도로 상향 조정되는 것이다. 언제나 그렇듯, 실제로 이것은 모호한 작업이 될 것이다. 그러나 나는 이 이상이 청자로서 우리의 실천을 진정으로 인도하기에는 충분히 직관적인 의미를 가진다고 생각한다.

　　루이스 앤터니Louise Antony는 우리의 이상과 연관되는 간단한 제안을 한다. 앤터니는 남성들이 "일종의 인식적인 적극적 우대조치epistemic affirmative action"를 채택하는 것이 합리적일 수 있다고 제안한다. 즉 여성이나 고정관념이 있는 집단의 구성원이 무언가 이례적인 말을 할 때, 남성들은 그들이 정신 나간 것이 아니라 **남성들**

자신이 [그 말을] 이해하지 못하는 것이라고 가정해야 한다는 **작업 가설**을 채택해야 한다는 것이다.[12] 이러한 작업 가설은 분명 해석학적 정의의 덕과 밀접한 관련이 있다. 왜냐하면 둘 모두 객관적으로 해석적·표현적 불이익을 겪는 화자의 담화 수행에 대한 판단이 적절하게 보상되어야 한다는 생각에서 비롯되는 것이기 때문이다. 하지만 나는 이 작업 가설 모형을 [더] 발전시키는 데는 어려움이 있을 것이라고 생각한다. 왜냐하면 청자가 그 가설을 적용하는 과정에서 무한정으로 맥락에 민감해야 하기 때문이다. 모든 주제에 대해 적극적 우대 조치 정책을 취하는 것은 정당화되지 않을 것이다. 왜냐하면 내가 이미 주장했듯, 사회적 정체성의 복잡성은 해석학적 주변화가 개별 화자들에게 차별화된 방식으로 영향을 미친다는 것을 의미하기 때문이다. 백인 중산층 여성은, 여성으로서의 맥락에서는 특정 의미를 형성할 수 없으면서도, 백인이나 중산층으로서의 다른 맥락에서는 요구되는 의미들을 형성하는 능력을 발휘함에 있어 크게 불리하지 않을 수 있다. (첫 번째 종류의 맥락에서, 그녀가 제정신이 아닌 것처럼 보이는 것은 해석학적 부정의의 가능성에 대한 반성을 유발해야 하겠지만, 두 번째 종류의 맥락에서 그녀가 제정신이 아닌 것처럼 보인다면 아마도 제정신이 아닌 것이 맞을 것이다.) 마찬가지로, 단순히 부정적인 고정관념이 부여되었거나 권력 없는 집단의 구성원이라는 이유만으로 화자에게 [인식적인 적극적 우대조치] 정책을 적용하는 것이 정당화되지는 않을 것이다. 이를테면 화자가 여성이더라도 그녀가 백인 중산층이라면, 특정 맥락에서는 자기 자신을 이해할 수 있

인식적 부정의

도록 해주는 표현적 자원의 박탈을 초래하고 있는 해석학적 간극이 없을 수 있다. 따라서 나는 무언가를 보상해야 한다는 발상을 지키는 최선의 방법은, 무한정으로 맥락 민감적인 판단 능력이라는 형태, 즉 덕이라는 형태에 있다고 제안한다.

이제 유덕한 청자가 실제로 무엇을 하는지를 상상해보자. 시간도 충분히 있고 사안도 충분히 중요한 실제 상황에서, 유덕한 청자는 화자와의 적절한 대화를 통해 더 포용적인 해석학적 미세-분위기micro-climate를 조성하는 것을 효과적으로 도울 수 있다. 특히 이러한 대화에는 보통 좀 더 직접적인 의사소통적 교환에서 요구되는 것보다 더 적극적이고, 사회적 자각을 겸비한 경청이 포함된다. 이런 유의 경청에는 말해진 것만큼이나 말해지지 **않은** 것에도 귀를 기울이는 일이 포함된다. 청자의 이 같은 유덕한 행동이 성취되기 어려운 정도는 상황에 따라, 좀 더 구체적으로는 관련된 사회적 경험에 관해 [청자가] 화자와 얼마나 많은 것을 공유하고 있는지에 따라 달라질 것이다. 유덕한 청자의 수행은 화자의 사회적 정체성에 대한 청자 자신의 사회적 정체성에 의해 제약된다. 혹은 실천적 맥락에서 유덕한 청자는 예컨대 관련 있는 위치에 있는 다른 사람들, 즉 화자와 유사한 사회적 정체성과 경험을 가진 사람들에게 물어보는 등의 방법을 통해 추가적인 확증적 증거를 찾아볼 수 있다. 나는 캐런 존스Karen Jones가 믿기 어려운 보고에 관해 논의하던 도중 했던 제안에 동의한다.* 즉 해석학

---

* 캐런 존스는 "우리가 보고에 부여하는 신뢰성은, 증언자의 신뢰성, 그리고 우

적 부정의의 경우처럼 청자가 자기 신뢰 패턴의 신빙성을 의심할 이유가 있는 경우, 청자로서는 [화자의 말을] 수용하는 것에 반대되는 추정들을 버리고 확증 증거를 찾을 부담이 커진다고 가정하는 것이 합리적이다.[13] 이 두 규범은 분명 해석학적으로 정의로운 청자의 맥락-민감적 판단에서 핵심적인 부분이다.

시간이 충분하지 않거나, 특정 청자가 아무리 유덕하더라도 화자가 말하는 것에 내재된 의미를 '완전히 들을' 수 있을 것으로 기대할 수 없는 실제 상황에서, 해석학적 정의의 덕이란 청자가 단순히 판단을 **유보**하여 신뢰성에 관해 마음을 열어놓는 차원의 문제일 수도 있다. 이때 청자가 담화적 교환에 가져오는 것은 해석학적 부정의의 가능성에 대한 배경 사회 '이론'background social 'theory'이며, 그 결과 청자는 지나치게 낮은 신뢰성 판단을 내리는 데 안주하지 않을 수 있다. 또한 그러한 '이론'은 종종 이와 비슷한 주제 및 이와 같은 화자에 대해서는 청자가 자신의 자동적인 초기 신뢰성 판단을 의심해야 한다는 것 이상을 말해줄 수도 있다. 이상적인 경우였다면, 유덕한 허버트 그린리프는 미지 서우드의 정서적이고 직관적인 말하기 방식이 해석학적 간극에 놓여 있는 것으로 지각할 수 있었을 것이고, 적어도 마지의 말이 일리가 있을 가

리가 믿는 것에 비춰볼 때 증언자가 말하는 내용의 그럴 법함의 함수"라 말하며 '믿기 어려운 보고'를 하는 화자의 신뢰성을 청자가 어떻게 받아들이게 되는지에 대해 논한다. Karen Jones, 'The Politics of Credibility', in Louise M. Antony and Charlotte E. Witt (eds.), *A Mind of One's Own: Feminist Essays on Reason and Objectivity*, 2nd edn., Boulder, Colo.: Westview Press, 2002, p. 155.

인식적 부정의

능성을 열어두는 방식으로 그녀의 말을 들을 수 있었다. 그러나 더욱 현실적으로는, 유덕한 그린리프가 그저 여성인 마지가 말하는 직관적인 방식이 남성인 자신에게 생경하다는 것을 느끼고서는 판단을 유보했을 수도 있다. 이것만으로도 충분한 덕이었을 수 있다.

흥미롭게도, 우리가 그려낸 덕의 모습으로부터 우리는 이 덕이 '완전하게' 소유될 수 있는 정도, 즉 저절로 발휘될 수 있는 정도에는 한계가 있다는 것을 알 수 있다. 왜냐하면 이 덕이 청자에게 유도하는 반응들 중 일부는 반성 없이 행해지는 것이 불가능해 보이기 때문이다. 예컨대 추가적인 확증 증거를 적극적으로 찾는 것이 그러하다. 반면, 적극적 경청은 증언적 감수성이 저절로 촉발할 수 있는 종류의 것으로 보이며, 오히려 상당 정도의 자동성을 동반할 때만 잘 이뤄질 수 있는 것처럼 보인다. 그렇다면 해석학적 정의의 덕이 자동적인 형태로 소유될 수 있는 것은 유덕한 반응들 중에서도 일부에 대해서만일 수도 있다. 해석학적 정의의 덕이 자동적인 형태로 소유되는 경우, 그 자동성에 대해 우리는 증언적 정의의 덕의 경우에서와 마찬가지의 설명을 부여할 수 있다. 즉 청자가 반성 없이도 자신의 신뢰성 판단을 교정하거나 보류할 수 있을 만큼 그의 증언적 감수성이 개인적·집단적 경험에 의해 충분히 교육되어 있[기에 그 덕이 자동적인 형태로 소유되]는 것이다. 그 덕이 자동적인 형태로 소유될 수 있는 한, 청자의 신뢰성 판단을 형성하는 사회적 '이론'은 (적절한 사회적 범위의 화자들을 대하는 데서) 제2의 본성이 되어 있을 것이다.

해석학적 정의의 덕이 지적인 덕인지, 아니면 윤리적인 덕인지에 대한 질문은 어떠한가? 그 덕의 구조는 정확히 어떠한가? 증언적 정의의 덕에 대한 논의에서처럼, 덕은 그것의 매개적 목적에 따라 개별화되어야 한다. 해석학적으로 유덕한 청자는 심리적으로 확고하게 자리 잡은 동기—즉 [청자가] 자신을 이해할 수 있도록 만드려는 화자의 노력이 집단적인 해석학적 자원 내의 구조적 정체성 편견에 의해 객관적으로 방해받고 있다는 사실을 청자 자신의 신뢰성 판단에 반영하려는 동기—를 신빙성 있게 성공적으로 달성한다. 따라서 그 덕의 매개적 목적은 **자신의 신뢰성 판단에 구조적 정체성 편견이 미치는 영향을 중화**하는 데 있다. 그렇다면 그 덕의 궁극적 목적은 무엇인가? 다시 말하지만 증언적 정의에 대한 우리 논의에 따르면, 실제 맥락들 중에는 사회적 이해의 문제가 가장 중요한 맥락이 있을 것이며, 그 맥락에서는 해석학적 정의가 이해를 궁극적인 목표로 갖는다고 해석하는 것, 따라서 이를 지적인 덕으로 해석하는 것이 적절할 것이다. 그러나 이해라는 목표가 정의라는 목표보다 덜 중요해서, 해석학적 정의의 덕이 정의를 궁극적인 목표로 갖는다고 해석해야 하는 맥락, 따라서 이를 윤리적인 덕으로 해석해야 하는 다른 맥락도 있을 것이다. 또한 이해와 정의가 동등한 실천적 중요성을 갖는 맥락들도 있을 것이며, 이때는 그 덕을 지적이면서 윤리적인 공동의 목적을 궁극적인 목표로 갖는 것으로 보는 것이 가장 적절한 해석이다.

만약 내가 앞서 해석한 것처럼 그린리프가 근본적으로는 마지를 배려하는 괜찮은 사람이라고 한다면, 리플리에 대한 의심에 관해 그가 마지와 주고받는 대화는, 그러한 공동의 궁극적 목적을 위해 기능하는 해석학적 정의의 덕을 상상할 수 있는 재료가 되어준다. 그린리프가 해야 했던 것은 마지의 (표현 방식과 관련된) 해석학적 주변화를 알아차리고, 이를 어떻게든 자신의 신뢰성 판단에 반영하는 것이었다. 이는 윤리적 목적과 인식적 목적 모두에 기여했을 것이다. 더 유덕한 신뢰성 판단은 그가 마음을 쓰는 사람에 대한 부정의를 완화하는 데도 도움이 되었을 것이며, 마지가 이해 가능하게 만들고자 애쓰고 있는 중요한 진실, 즉 모든 정황이 리플리를 가리키고 있다는 것을 그린리프가 받아들이도록 만들 수도 있었을 것이기 때문이다. 그렇다면 주어진 상황에서 작동하고 있는 해석학적 정의의 덕이 지적인 덕인지, 윤리적인 덕인지 결정할 때도, 증언적 정의의 덕에서와 마찬가지로 그 대답은 실천적 맥락만이 결정할 수 있는 셈이 된다. 해석학적 정의의 덕은 때로는 지적인 덕의 측면으로, 때로는 윤리적인 덕의 측면으로, 때로는 둘 모두로 나타날 수 있다. 해석학적 정의는 증언적 정의와 마찬가지로, 혼종적 덕이다. (감히 말하건대) 인식적 부정의에 대항하는 모든 덕이 그러하듯 말이다.

마지막으로, 해석학적 정의의 덕이 갖는 윤리적으로 긍정적인 역할 중 이차적인 측면, 즉 그 덕이 청자가 주어진 상황에서 자신의 대화 상대를 대하는 것 이상으로 어떤 의미가 있는지 살펴보자. 비록 이 덕이 할 수 있는 것은 주어진 해석학적 부정의의 사례를 선점하기보다는 완화하는 데 그치겠지만, 그럼에도 이 덕의 집단적 발휘는 해석학적 부정의를 궁극적으로 근절시킬 수 있다. 이 덕의 발휘가 적어도 때로 청자와 화자 사이에 좀 더 포용적인 해석학적 미세-분위기를 만들어내는 한, 이 덕의 일반적 발휘는 문제적인 해석학적 간극을 채울 새로운 의미들을 생성하는 데 명백히 도움이 될 것이며, 따라서 해석학적 주변화의 효과를 줄이는 데도 도움이 될 것이다. 이런 한에서, 이 덕의 발휘는 이 덕이 교정하고자 의도하는 바로 그 부정의를 실제로 제거하는 것을 궁극적인 목표로 삼는다. 그러나 이러한 낙관적 성찰은, 해석학적 주변화란 무엇보다도 불평등한 사회적 권력관계의 산물이며, 그것은 우리가 유덕한 청자로서 할 수 있는 것만으로는 근절될 수 없다는 생각에 의해 절제될 필요가 있다. 해석학적 부정의의 조건들(즉 해석학적 주변화)을 만들어내는 불평등한 권력관계를 바꾸는 데는 유덕한 개인의 행위 이상의, 사회 변화를 위한 집단적 정치 행동이 필요하다. 따라서 해석학적 정의의 덕의 일차적인 윤리적 역할은 해석학적 부정의가 화자에게 미치는 부정적 영향을 완화하는 것으로 남는다. 사회 변화이 관점에서 보면 이는 거대한 바다에 물 한 방울을 떨어뜨리는 일에 불과할지도 모르지만, 화자 개개인의 대화 경험의 관점에서는 물론이거니와, 청자 개개인의 덕이라는 관점에서도 충분히 정의로운 일이다.

인식적 부정의

결론

이제까지 나는 두 종류의 인식적 부정의(증언적 부정의와 해석학적 부정의), 그리고 이 부정의 각각을 방지하거나 완화하기 위한 두 가지 덕(증언적 정의와 해석학적 정의)을 묘사했다. 또한 나는 이 덕들이 지적인 덕으로도 윤리적인 덕으로도, 혹은 그 둘 모두로도 작동할 수 있다는 점에서 혼종적 덕이라고 주장했다. 서론에서 나는 인식자로서 우리의 삶 속에서 권력의 윤리를 논의하는 새로운 방법을 발전시키는 것이 포스트모더니즘의 종말에 대한 유용한 응답이라고 제안했다. 이것은 내가 증언적 부정의와 해석학적 부정의라는 개념을 정교화함으로써 기여하고자 했던 바를 이해하는 한 가지 방식이다. 더 중요하게는, 내가 이들을 덕 인식론의 언어로 정교화함으로써, 사회적으로 위치지어진 이론적 작업이 가치와 지식의 문제를 다루는 철학적 접근들 중 역사적으로 풍부하며 새롭게 부상하고 있는 한 접근[덕 인식론적 접근]과 어떻게 연결될 수 있는지를 보여주었기를 희망한다. 특히 덕 인식론적 틀이 증언의 인식론에서 매력적인 비-추론주의적 입장을 제공한다는 것을 보여주었기를 바란다. 여기서 살펴본 것은 어쨌든 인식적 실천에 대한 일차first-order 윤리학의 한 영역이다.* 나는 인식적 실천에 대한 일차 윤리학이 존재한다는 생각 자체가, 인식자의 조건에 대한 우리의 철학적 논의가 인간은 필연적으로 사회적으로 위치지어진 조건에 놓여 있다는 사실을 더 적절하게 반영할 수 있도록 하는 한 가지 가능한 방법을 제시한다고 생각한다.

인식적 정의의 덕들을 청자 입장에서 식별해내는 것의 한 가지 의미는 그것이 사회적으로 위치지어진 맥락에서 무엇이 좋은 인식적 품행을 구성하는지에 대한 우리의 철학적 구상을 명확히 하고 확대한다는 데 있다. 그러나 여기에는 연관된 제도적 덕, 예를 들어 사법부, 경찰, 지방정부, 고용주 등이 소유하는 덕들에 대한 구상의 기초를 마련한다는 의미 역시 포함되어 있다. 인식적 부정의와의 투쟁은 개인뿐 아니라 기관들 역시 인식적 정의의 덕을 소유하기를 요청한다. 내가 구축한 증언적 정의와 해석학적 정의의 덕들이 개인의 수준에서뿐 아니라 제도적인 수준에서도 어느 정도 적합할 수 있다고 생각하면 좋을 듯하다. 따라서 이 책은 인식적 부정의를 윤리적인 현상으로 탐구하는 과정 속에서 제

---

* 어떤 행위가 옳고 그른지 등의 일차적인 탐구 대상으로 삼는 것을 '일차 윤리학'이라고 한다. 그리고 일차 윤리학에서 다뤄지는 개념이나 일차 윤리학 자체를 탐구의 대상으로 삼는 것을 '이차 윤리학'이라고 부를 수 있다.

도적 행위에 더 직접적으로 관련된, 그리고 정치적 틀에 더 잘 들어맞는 다른 종류의 대처 가능성 역시 제기한다. 하지만 서두에서 말했듯, 인식적 부정의에 대한 우리의 철학적 이해에서는 윤리적인 것이 일차적이며, 나 역시 그에 초점을 맞췄다.

다양한 형태의 인식적 부정의를 탐구하고, 그 탐구를 위해 인식 주체에 대해 사회적으로 위치지어진 개념화 방식을 채택함으로써 우리는 인식적 정의라는 것이 존재한다는 것, 그리고 사회적 정체성과 권력의 문제를 고려하지 않는 철학적 틀은 절대로 이에 대한 설명을 제공할 수 없다는 것을 알게 되었다. 인식적 삶에서 우리에게 주어지는 규범적 요구를 온전히 이해하는 유일한 방법은, 철학적 시선을 옮겨 인식적 부정의라는 여백을 꿰뚫어보는 것이라고 나는 믿는다. 바로 이것이 내가 이 책에서 목표로 삼았던 것이다.

미주

들어가며

1   'Epistemic Injustice and a Role for Virtue in the Politics of Knowing',
     Metaphilosophy, 34, nos. 1/2 (Jan. 2003), pp. 154-73(이 글은 다음에 재
     수록되었다. M. Brady and D. Pritchard (eds.), Moral and Epistemic
     Virtues, Oxford: Blackwell, 2003, pp. 139-58). 그리고 4장과 6장은 각각
     다음을 발전시킨 것이다. 'Rational Authority and Social Power: Towards
     a Truly Social Epistemology', *Proceedings of the Aristotelian Society*,
     98, no. 2 (1998), pp. 159-77. 7장의 많은 부분은 다음으로 출판되었다.
     'Powerlessness and Social Interpretation', *Episteme*, 3, pp. 1-2 (2006).

서론

1   나는 다음의 글에서 이런 주장을 전개했다. 'Pluralism without
     Postmodernism', in M. Fricker and J. Hornsby (eds.), *The Cambridge Com-*
     panion to Feminism in Philosophy, Cambridge:Cambridge University Press,
     2000.
2   '사회적으로 위치지어진socially situated'이라는 표현은 페미니즘 철학에서 광범

위하게 사용되고 있으며, 내가 파악하기로 이 용어는 도나 해러웨이의 저술에서 시작되었다. Donna Haraway, 'Situated Knowledges: The Science Question in Feminism and the Privilege of Partial Perspective', *Feminist Studies*, 14, no. 3 (1988), pp. 575–99. 이 글은 다음에 재수록되었다. Evelyn Fox Keller and Helen Longino (eds.), *Feminism and Science*, Oxford: Oxford University Press, 1996.

3 '진리의 덕'은 버나드 윌리엄스가 사용한 용어이다. 이에 관해서는 다음을 참조하라. Bernard Williams, *Truth and Truthfulness: An Essay in Genealogy*, Princeton: Princeton University Press, 2002, p. 11.

1장 | 증언적 부정의

1 Anthony Minghella, *The Talented Mr. Ripley—Based on Patricia Highsmith's Novel*, London: Methuen, 2000, p. 130.

2 Michel Foucault, 'How Is Power Exercised?', trans. Leslie Sawyer, in H. L. Dreyfus and P. Rabinow, *Michel Foucault: Beyond Structuralism and Hermeneutics*, Hemel Hempstead: Harvester Press, 1982, p. 219.

3 "이로써 '비행자'는 (형벌 체계에 의해 구성되는 두 모습, 즉 도덕적 혹은 정치적 '괴물' 그리고 교화된 법적 주체)가 되고, 의학, 심리학 혹은 범죄학의 권위 아래 범법자이자 과학적 테크닉의 대상이 겹쳐진 개인을 구성할 수 있다."[괄호는 저자가 추가] Foucault, *Discipline and Punish: The Birth of the Prison*, trans. Alan Sheridan, London: Penguin Books, 1977, p. 256[미셸 푸코, 《감시와 처벌》, 오생근 옮김, 나남출판, 2020].

4 "[개인은] 언제나 이러한 권력을 경험하는 동시에 행사하는 위치에 있습니다. …… 즉 개인은 권력의 운반자이지 권력의 적용점point of application이 아닙니다." Michel Foucault, *Power/Knowledge: Selected Interviews and Other Writings 1972-1977*, ed. C. Gordon, trans. C. Gordon, L. Marshall, J. Mepham, and K. Soper, Hemel Hempstead: Harvester Wheatsheaf, 1980, p. 198.

5 Thomas E. Wartenberg, 'Situated Social Power', in T. Wartenberg (ed.), *Rethinking Power*, Albany, NY: State University of New York Press, 1992, pp. 79–101.

6 "[권력은] 결코 이곳 혹은 저곳에 국한되어 있지 않고, 결코 누구의 손에도 있지 않으며, 상품이나 부의 일부로 전유되지도 않는다. 권력은 그물 같은 조직을 통해 이용되고 행사된다. 그리고 각 개인은 그러한 그물의 가닥 사이를 순환할 뿐 아니라, 언제나 그 힘을 겪는 동시에 행사하는 위치에 있다."

Foucault, *Power/Knowledge*, p. 98.

7   Steven Lukes, *Power: A Radical View*, London: Macmillan, 1974[스티븐 룩스, 《3차원적 권력론》, 서규환 옮김, 나남출판, 1992).

8   Wartenberg, 'Situated Social Power', p. 89.

9   Minghella, *The Talented Mr Ripley*, p. 130

10   일반적으로 직관은 인지적 실패의 원천이 아니라 오히려 핵심적인 인지적 자원이라는 논증으로는 나의 다음 글을 보라. 'Why Female Intuition?', *Women: A Cultural Review*, 6, no. 2 (Autumn 1995), pp. 234-48. 여성의 직관에 대한 구체적 논의가 제외된 좀 더 간략한 버전으로는 다음을 참고할 수 있다. 'Intuition and Reason', *Philosophical Quarterly*, 45, no. 179 (Apr. 1995), pp. 181-9.

11   이는 증언의 인식론에서 잘 알려진 두 가지 견해에는 유감[스럽게도 반하는 것]이다. [청자가 화자에 대해 특정한 신뢰성을 부여해야만 한다는 나의 주장에 반대되는 견해 중] 첫 번째는 증언 교환에서 우리가 진실성veracity과 쉽게 믿음credulity이라는 짝을 이루는 원칙들을 자연스럽게 작동시킨다는 토머스 리드의 견해이다. Thomas Reid, *Inquiry into the Human Mind*, ch. 6, sect. xxiv: 'Of the Analogy between Perception and the Credit We Give to Human Testimony' (first published 1764). 두 번째는 타일러 버지의 견해로, 그에 따르면 (다른 것들이 동일하다면) 우리는 타인이 우리에게 말하는 것을 믿을 선험적a priori 자격을 부여받는다. Tyler Burge, 'Content Preservation', *Philosophical Review*, 102, no. 4 (Oct. 1992), pp. 457-88. 나는 3장에서 이런 견해들을 다루며 증언적 부정의의 현상을 좀 더 일반적인 증언의 인식론 안에서 파악할 것이다.

12   나는 청자가 어느 정도의 믿음을 가질 수 있는지를 결정하는 정확한 '신뢰성 비율credibility ratio'이나 정확한 과학이 존재하는 것에 대해 C. A. J. 코디가 제기한 회의론에 공감한다. C. A. J. Coady, *Testimony: A Philosophical Study*, Oxford: Clarendon Press, 1992, p. 210.

13   이 사례를 구성하는 데 도움을 준 휴 멜러Hugh Mellor에게 감사의 말을 전한다.

14   나는 이전의 저술에서 신뢰성 결여와 신뢰성 과잉 모두가 인식적 부정의의 사례라는 식으로 표현했으나('Rational Authority and Social Power: Towards a Truly Social Epistemology', *Proceedings of the Aristotelian Society*, 98, no. 2 (1998), pp. 159-77) 위 논문을 작성할 당시만 해도 나는 이 책에서 증언적 부정의라고 부르는 것만을 인식적 부정의로 고려하고 있었다. 그러나 내가 여기서 제시한 고려사항들이 내 마음을 바꿔놓았다. 나는 또한 위 논문에서 사용한 것보다 '신뢰성credibility'이라는 개념을 더 일반적으로 사용하고 있다.

15 David Hume, A Treatise of Human Nature, III. ii. 2, ed. L. A. Selby-Bigge, 3rd edn., Oxford: Clarendon Press, 1975[데이비드 흄, 《인간이란 무엇인가: 오성·정념·도덕 본성론》, 김성숙 옮김, 동서문화사, 2016].

16 Harper Lee, To Kill a Mockingbird, London: William Heinemann, 1960, p. 202[하퍼 리, 《앵무새 죽이기》, 김욱동 옮김, 문예판사, 2001, 369쪽].

17 Ibid. p. 201[같은 책, 372~373쪽].

18 Ibid. p. 208[같은 책, 386쪽].

19 Ibid, p. 210[같은 책, 388쪽].

20 Ibid. p. 51[같은 책, 89쪽].

2장 | 신뢰성 경제에서의 편견

1 예를 들어 다음을 보라. Charles Stangor (ed.), Stereotypes and Prejudice: Essential Readings, Philadelphia: Psychology Press, 2000; C. Neil Macrae, Charles Stangor, and Miles Hewstone (eds.), Stereotypes and Stereotyping, New York and London: The Guilford Press, 1996; and Craig McGarty, Vincent Y. Yzerbyt, and Russell Spears (eds.), Sterotypes as Explanations: The Formation of Meaningful Beliefs about Social Groups, Cambridge: Cambridge University Press, 2002.

2 예를 들어 자크-필립 레이엔스Jacques-Philippe Leyens, 뱅센 Y. 이저비트Vincent Y. Yzerbyt, 그리고 조지 섀드론Georges Shadron의 공저에서 믿음과 관련된 용어로 제시된 다음의 정의와 비교하라. "어떤 집단에 속한 사람의 특성에 대한, 대개 성격적 특성에 대한 것이지만 종종 행동에 대한 것이기도 한 공유된 믿음." Stereotypes and Social Cognition, London: Sage Publications, 1994, p. 11. 고정관념을 갖는다는 것이 무언지인지를 이런 순수한 믿음에 기초해 개념화하는 것은 분명 현재의 목적에서는 지나치게 협소해 보인다.

3 고정관념을 한 집단과 한 특성 사이의 거짓된 부정적 연관으로 이해하는 로런스 블림Lawrence Blum의 개념화와 비교해보라. 이것은 윤리적으로 가장 문제가 되는 종류의 고정관념을 확실히 선별해내므로, 사람들을 고정관념화하는 것에서 무엇이 도덕적으로 잘못되었는지에 대한 분석에 자연스레 들어맞는다. 그러나 이는 현재 목적을 위해서는 지나치게 좁다. 나는 그가 고정관념이라 부르는 것을 부정적인 정체성-편견적 고정관념으로 분류한다. 다음을 보라. Blum, 'Stereotypes and Stereotyping: A Moral Analysis', in Ward E. Jones and. Thomas Martin (eds.), Immoral Believing, Special Issue of Philosophical Papers, 33, no. 3 (Nov. 2004), pp. 251-89.

인식적 부정의

4   Shelley E. Taylor, 'The Availability Bias in Social Perception and Interaction', in D. Kahneman, P. Slovic, and A. Tversky (eds.), *Judgement under Uncertainty: Heuristics and Biases*, Cambridge: Cambridge University Press, 1982, pp. 190–200(특히 p. 198). 또한 다음을 참고하라. Daniel Kahneman and Amos Tversky, 'On the Psychology of Predication', *Psychological Review*, 80 (1973), pp. 237–51; Tversky and Kahneman, 'Judgment under Uncertainty: Heuristic and Biases', *Science*, 185 (1974), pp. 1124–31.

5   편견이 주체 쪽에서의 어떤 잘못된 판단과 관련되어 있다는 생각과 독립적으로 편견을 정의하는 설명으로는 다음을 보라. Rupert Brown, *Prejudice: Its Social Psychology*, Oxford: Blackwell, 1995. 그는 편견을 단순히 "어떤 집단에 속한다는 이유로 해당 집단의 성원을 향해 취해지는 부정적인 태도, 감정 혹은 행동"으로 정의한다(p. 14; p. 8). 이를 어떻게 해석하는지에 따라, 이런 넓은 정의는 신-나치주의 정당의 구성원에 대해 해당 집단에 소속되었다는 이유로 부정적인 태도를 취하는 사람에게도—대부분은 편견이라고 보지 않을 것임에도—편견을 지녔다는 꼬리표를 붙이게 된다는 명백한 우려가 발생할 수 있다. 물론 사회심리학적 배경에서는 그런 매우 넓은 정의를 채택하는 것을 바람직한 것으로 만드는 방법론적 고려사항들이 있을 것이다. 그러나 철학적으로 보았을 때 편견과 잘못된 판단 사이의 연결을 끊어버리는 이런 일은 매우 잘못된 것처럼 보인다.

6   *Mortal Questions*(Cambridge: Cambridge University Press, 1979)에 수록된 토머스 네이글의 'Moral Luck'을 보라. 이는 다음에 수록된 같은 이름을 가진 버나드 윌리엄스Bernard Williams의 논문에 대한 답변이다. *Moral Luck: Philosophical Papers 1973–1980*, Cambridge: Cambridge University Press, 1981. 두 논문 모두 다음에서 처음으로 발표되었다. *Proceedings of the Aristotelian Society*, supp. vol. 50 (1976). 도덕적 운과 인식적 운 사이의 유비에 대한 논의로는 다음을 보라. Daniel Statman, 'Moral and Epistemic Luck', *Ratio*, 4 (Dec. 1991), pp. 146–56.

7   Nomy Arpaly, *Unprincipled Virtue: An Inquiry into Moral Agency*, Oxford: Oxford University Press, 2003, p. 103.

8   Walter Lippmann, *Public Opinion*, New York: Free Press, 1965(first published 1922).

9   '사회적 상상계social imaginary'라는 개념이 갖는 장점은, 이것이 어떻게 우리가 충돌하는 관념이나 이미지들을 의도치 않게 인지적 성역cognitive sanctuary에 위치시킬 수 있는지 설명해준다는 데 있다. 따라서 예컨대 모이라 게이튼스Moira Gatens는 다음과 같이 말한다. "여성이 민주적인 정치 기구의 자유롭고 합리적

인 성원이면서, 동시에 남성의 '자연적인' 권위 아래 놓인 역설적 존재를 체현하고 있다고 간주하며 성적인 상상계를 무반성적으로 받아들여 유지하는 사람들이 있다." *Imaginary bodies: Ethics, Power and Corporeality*, London: Routledge, 1996, p. 141[모이라 게이튼스, 《상상적 신체》, 조꽃씨 옮김, 도서출판b, 2021]. 그러나 나는 사회적 상상계라는 개념을 사용하지 않는데, 왜냐하면 이를 그 정신분석학적 뿌리로부터 분리시키려는 시도에는 실로 여러 어려움들이 있으며, 따라서 누군가는 관여하기 원치 않을지도 모르는 배경적 정신분석학적 이론들과 독립적으로 그 개념을 사용하기 위해서는 해당 개념을 다시 재창조할 필요가 있기 때문이다. 이러한 재창조와 관련해 흥미로운 작업이 있지만, 현재로서는 과도하게 이론화되지 않은 개념인 사회적 상상social imagination이 좀 더 간단한 선택지일 것이다. (사회적 상상계라는 발상은 코넬리우스 카스토리아디스Cornelius Castoriadis의 작업에서 기원한다, 예를 들어 다음을 참고할 수 있다. *World in Fragments: Writings on Politics, Society, Psychoanalysis, and the Imagination* ed. and trans. David Ames Curtis, Stanford, Calif.: Stanford University Press, 1997.) 페미니스트 작가들이 사회적 상상계라는 개념을 어떻게 발전시켜왔는지에 대한 설명은 다음을 보라. Susan James, 'Freedom and the Imaginary', in Susan James and Stephanie Palmer (eds), *Visible Women: Essay on Feminist Legal Theory and Political Philosophy*, Oxford and Portland, Ore.: Hart Publishing, 2002, pp. 175-95.

10   Judith Shklar, *The Faces of Injustices*, New Haven and London: Yale University Press, 1990, p. 17.

11   이 사례와 관련해 페넬로프 매키Penelope Mackie에게 감사를 표한다.

12   Alvin Goldman, *Knowledge in a Social World*, Oxford: Clarendon Press, 1999.

13   Onora O'Neil, 'Vindicating Reason', in Paul Guyer (ed.), *The Cambridge Companion to Kant*, Cambridge: Cambridge University Press, 1992; Onora O'Neil, *Constructions of Reason: Explorations of Kant's Practical Philosophy*, Cambridge: Cambridge University Press, 1989, chs. 1, 2. 악셀 겔퍼트Axel Gelfert는 최근의 논문에서 증언에 대한 칸트의 견해와 그것이 이성의 법칙과 맺고 있는 관계를 개념적으로, 그리고 우리의 공적 제도 속에서 이어 맞추고 있다. 흥미롭게도 칸트는 부당한 불신(부당한 불신의 일차적 형식은, 이론적으로 결정적인 근거가 있는 것을 제외하면 어떤 것도 참으로 받아들이기를 않으려는 사람을 통해 구현된다)이 갖는 도덕적 차원을 강조하는 것처럼 보인다. 그러나 그는 이 도덕적 차원을 화자에게 가해지는 해악보다는, (사회적 삶의 본질을 이루는 신뢰의 공적 관행을 유지하기 위해 적절한 도덕

인식적 부정의

적 개입을 보여주는 데 실패했다는 점에서) 청자가 상실하게 되는 스스로의
존엄을 통해 식별해낸다. Axel Gelfert, 'Kant on Testimony', *British Journal for the History of Philosophy*, 14, no. 4 (2006), pp. 627-52.

14   Harper Lee, *To Kill a Mockingbird*, London: William Heinemann, 1960, p. 208[같은 책, 386쪽].

15   Elisabeth Young-Bruehl, *The Anatomy of Prejudices*, Cambridge, Mass.: Harvard University Press, 1996, p. 344, p. 364.

16   Thomas Hobbes, *Leviathan*, ed. Richard Tuck, Cambridge: Cambridge University Press, 1991, ch. 7, pp. 48-49[토머스 홉스, 《리바이어던 1》, 진석용 옮김, 나남출판, 2008, 97쪽)

17   이는 산업을 위한 케임브리지 프로그램the Cambridge Programme for Industry 주관으로 케임브리지대학교 뉴홀에서 열렸다. 참가할 기회를 준 멜리사 레인Melissa Lane 과 주최 측에 감사드린다.

18   다음에서 인용했고, 강조는 인용자[프리커]가 추가한 것이다. Linda Martín Alcoff, 'On Judging Epistemic Credibility: Is Social Identity Relevant?', in Naomi Zack (ed.), *Women of Color and Philosophy*, Oxford: Blackwell, 2000, ch. 10, p. 248.

19   나는 조교의 근거 없는 불평이 솔직하게 제기된 것이라고 가정하고 있다. 반대로 만약 해당 불평들이 그 조교의 관점에서 보더라도 전적으로 지어낸 것이었다면, 그가 교수에게 심각한 부정의를 가한 것이기는 하겠지만, 증언적 부정의를 가했다고 볼 수는 없을 것이다. 증언적 부정의가 성립하려면, 청자가 정말로 화자의 신뢰성을 지나치게 낮게 평가했어야 한다.

20   예를 들어 정합론적coherentist 용어를 통해 지식을 설명하며 지식을 주체 쪽에서의 자기확신에 의존하게 만드는 키스 레러와 같은 견해에 따르면, 인식적 확신의 침식과 지식을 소유할 수 있는 능력은 뚜렷하게 직접적으로 연결된다. (나는 인식적 확신의 상실이 인식적 자기-신뢰의 상실과 동일하거나, 최소한 이를 함축한다고 믿는다.) Keith Lehrer, *Self-Trust: A Study of Reason, Knowledge, and Autonomy*, Oxford: Clarendon Press, 1997.

21   James A. Montmarquet, *Epistemic Virtue and Doxastic Responsibility*, Lanham, Md.: Rowman and Littlefield, 1993, p. 23.

22   나는 여기서 '증언적testimonial'을 모든 발화의 사례들뿐 아니라, 판단, 견해, 의견을 대화 상대에게 표현하는 경우들까지 포함하는 확장된 의미로 사용한다. [물론] 발화의 근본적인 의사소통적 핵심이 지식을 제공하는 데 있다는 점에서, 증언적 부정의의 윤리적 구조 및 인식론은 발화의 사례에 가장 잘 부합한다고 생각한다. 그럼에도 인간 담화에서 증언적 부정의가 발생하는 실제 상황들은 이러한 확장된 용어 사용을 허락해준다고 생각한다.

23 강조는 인용자. Simone de Beauvoir, *Memoirs of a Dutiful Daughter*, trans. James Kirkup, London: Penguin, 1959, p. 344. 프랑스어 원본은 다음과 같다. *Mémoires d'une jeune fille rangée*, Librairie Gallimard, 1958.

24 나는 보부아르의 관련한 이유들에 대해 다음의 문헌에서 더 자세히 논하고자 했다. 'Life-Story in Beauvoir's Memoirs' in Claudia Card (ed.), *The Cambridge Companion to Simone de Beauvoir*, Cambridge: Cambridge University Press, 2003.

25 Bernard Williams, *Truth and Truthfulness: An Essay in Genealogy*, Princeton: Princeton University Press, 2002, p. 192.

26 Ibid. p. 194. 윌리엄스는 계속해서 "유사한 요소들이 우리의 욕구 구축을 돕는다"고 주장하지만, 나는 이 요소들이 무엇인지 잘 모르겠다. 그럴 만한 명제들에 대해서만 믿음의 태도를 가지라는 압력은, 기껏해야 욕구의 태도의 대상이 될 뿐인 것들은 믿어서는 안 된다는 것을 함축한다는 일반적인 생각이 있다. 그렇기에, 무언가를 생각하는 데서 공상을 피하고 정신적으로 확고해져야 한다는 근본적인 사회적 압력이 존재하는 것이다. 하지만 만약에 윌리엄스의 언급이 좀 더 구체적으로 욕구의 기원 바로 그 자체를 다루는 것이라면, 그의 발상에 대해 이렇게 생각해볼 수 있다. 이런 욕구들의 진실하게 주장된 표현들에 부합하게 대화 상대가 조정되기 때문에, 신뢰할 만하고 신뢰를 받을 수 있는 대화 상대의 존재 및 필요는 우리가 자신의 욕구를 구성하고 안정화하도록 돕는다는 것이다.

27 Ibid. p. 204. 정신적 안정성과 타인이 자신의 주장과 행위 사이의 일관성에 의지할 수 있는 능력이 맺는 연관은, 사고와 언어의 주체가 되는 것과 **윤리적** 주체가 되는 것 사이에 내적인 관계가 있을 수 있음을 시사한다. 사비나 러비본드는 자신이 말한 바를 의미하는 일과 책임 있는 자아를 발달시키는 일 사이에 그러한 내적 연결이 존재한다는 아이디어를 발전시킨다. 러비본드의 설명에 따르면 우리는 "이유를 제시하는 사회적 관행에 숙달"함으로써 자신이 말한 바의 "저자"가 되는 법을, '진지해지는' 법을 배운다(p. 85). 이 숙달은 [설명에 대한] 책임의 달성을 동반하는 것으로 간주되고, 따라서 "우리는 설명에 대한 요청을 받을 준비가 된 것들만 말한다"(p. 84). 그녀가 쓴 다음 문헌을 보라. *Ethical Formation*, Cambridge, Mass.: Harvard University Press, 2002, ch. 4.

28 푸코에게 권력이란 최소한 두 가지 의미에서 생산적이다. 예를 들어 '비행자 delinquent'를 둘러싼 정신의학적 담론의 형성과 관련해, 권력이 단순히 억압적일 뿐 아니라 생산적일 수 있음을 확인하는 것은 어렵지 않다. 첫째로, 권력은 개념적·담론적 혁신 그 자체를 생산하는 데서 작용할 수 있으며, 따라서 (이를테면 '비행자'와 같은) 특정한 사회적 정체성이 창조될 수 있다. 그리고

두 번째로, 권력은 사람들을 분류하여 형성적으로 그리고 심지어는 인과적으로 그들을 비행자로서 구성하도록 작용한다. 새로이 분류와 제도적 조직화의 수단으로 호명된 '비행자' 혹은 '변태pervert' 같은 개념은 심리학, 범죄학과 같은 특정 사회과학적 담론에 고유한 주제를 부여함으로써 해당 담론이 과학적인 것이 되는 데 기여한다. Foucault, *Discipline and Punish: The Birth of the Prison*, trans. Alan Sheridan, London: Penguin Books, 1997, p. 256. 그렇다면 권력은 개념적 실천 내에 변화를 생산할 수 있고, 그렇게 함으로써 이는 새롭게 창조된 기능에 적합한 새로운 사회적 주체의 범주를 생산할 수 있다.

29   사회적 구성social construction에 관한 논의에 대해서는 다음을 참고하라. Rae Langton, 'Subordination, Silence, and Pornography's Authority', in Robert Post (ed.), *Censorship and Silencing: Practices of Cultural Regulation*, Los Angeles: Getty Research Institute for the History of Art and the Humanities, 1998, pp. 261-84. 또한 다음을 참고하라. Sally Haslanger, 'Ontology and Social Construction', in S. Haslanger (ed.), *Philosophical Topics: Feminist Perspectives on Language, Knowledge, and Reality*, 23, no. 2 (1995), pp. 95-125.

30   이 연구에서 사용된 방법의 특정 측면들은 이후 정당성이 입증되었음에도 불구하고 처음에는 논란의 여지가 있었던 것처럼 보인다. 이에 대한 간략한 논의로는 다음을 보라. Lee Jussim and Christopher Fleming, 'Self-fulfilling Prophecies and the Maintenance of Social Stereotypes: The Role of Dyadic Interactions and Social Forces', in C. Neil Macrae, Charles Stangor, and Miles Hewstone (eds.), *Stereotypes and Stereotyping*, New York and London: The Guilford Press, 1996, pp. 161-92.

31   Robert Rosenthal and Lenore Jacobson, *Pygmalion in the Classroom: Teacher Expectation and Pupils' Intellectual Development*, New York: Holt, Rinehart and Winston Inc., 1968, pp. vii-viii. 특히 chs. 6-7. 또한 리처드 니스벳Richard Nisbett과 리 로스Lee Ross는 "자기 자신의 처음 가정에 따라 타인들로부터 행동을 이끌어내는 사람들의 경향에 대한 특별히 설득력 있는 증거"들을 제공하는 후속 연구들을 인용한다. *Human Inference: Strategies and Shortcomings of Social Judgement*, Englewood Cliffs, NJ: Prentice-Hall, 1980. 특별히 관련성 높은 연구는 다음과 같다. M. Snyder, E. D. Tanke, and E. Berscheid, 'Social Perception and Interpersonal Behavior: On the Self-fulfilling Nature of Social Stereotypes', *Journal of Personality and Social Psychology*, 35 (1977), pp. 656-6. 고성관념의 자기-실현적 힘을 예증하는 유사한 실험에 대한 좀 더 최근의 조사 연구와 관련해서는 다음을 보라. Jussim and Fleming, 'Self-fulfilling Prophecies and the Maintenance of

Social Stereotypes' in Macrae, Stangor, and Hewstone (eds.).

32   Claude M. Steele and Joshua Aronson, 'Stereotype Threat and the Intellectual Test Performance of African Americans', in Stangor (ed.), *Stereotypes and Prejudice*, pp. 369-89.

33   Iris Marion Young, 'Five Faces of Oppression', in Thomas E. Wartenberg (ed.), *Rethinking Power*, Albany, NY: State University of New York Press, 1992, pp. 175-6[아이리스 매리언 영, 〈2장 억압의 다섯 가지 모습〉, 《차이의 정치와 정의》, 김도균·조국 옮김, 모티브북, 2017].

34   Sandra Lee Bartky, 'On Psychological Oppression', in her Femininity and Domination: *Studies in the Phenomenology of Oppression*, New York and London: Routledge, 1990, p. 30.

3장 | 증언에 대한 덕 인식론적 설명을 향하여

1   이와 관련해 C. A. J. 코디를 언급하지 않을 수 없을 것이다. 코디는 자신의 획기적인 저서 *Testimony: A Philosophical Study*(Oxford: Clarendon Press, 1992)에서 증언의 발화수반적 요점을 지식 소통의 측면이 아닌, 증거 제공의 측면에서 제시한다. 코디는 지식의 전달을 특별히 적절한 증거 제공의 사례로 제시하지만, 내가 보기에 이런 주장은 [증거 개념의] 지나친 확장을 요구하는 듯하다. 대화 상대가 내게 생년월일을 물어보고 내가 그것을 말했을 때 내가 제공한 것을 **증거**로 규정하는 것은, 증언적 지식이 직접적이거나 비-추론적일 수 있다는 발상(즉 코디가 입증하려는 주된 목표)에 너무 많은 부담을 준다.
     코디는 이러한 반대 의견에 기민하게 대응해, 자신은 증거를 인식론적으로 최소한의 것으로 개념화하고 있음을 강조한다. 이와 관련해 코디는 주장asserting, 반대objecting, 논증arguing과 마찬가지로 증언에서 좀 더 일반적인 발화수반적 요점은 알리는 것inform이며, 따라서 증거 제공은 증언만의 고유한 알리기 방식일 뿐이라고 언급한다(Ibid, p. 43). 그러나 나는 코디가 원하는 것처럼 '증거'가 최소한의 의미로 들리기는 매우 어렵다고 생각하며, 화자가 자신의 말을 증거로 '제공'한다는 [코디의] 주장은 표준적인 경우에 있어 심리적 측면에서 상당히 잘못된 것으로 보인다.
     코디는 공식적인 법정 증언을 일상적인 비공식적 증언의 출발 모델로 삼고 있으며, 누군가는 이를 두고 비공식적 증언의 핵심이 증거 제공에 있다는 발상을 지지하는 그의 판단이 옳다고 생각할지도 모른다. 그러나 나는 그렇게 생각하지 않는다. 물론 법정에서 증인이 증언을 통해 하는 것은 증거 제공이지만, 법정에서 이뤄지는 증언 대부분은 법원이 해결해야 할 **다른** 문제('피고가 기소된 대로 유죄에 해당하는가?'를 판단하는 문제)에 대한 증거적 관련성 때문에 요청되는 것이다.

증인의 p라는 증언이 **p임의 증거**로도 받아들여져야 하는지 여부는 꽤나 열린 결말로 남아 있다. 비공식적 증언에 대한 설명으로서 적절하지 않아 보였던 이런 견해는, 나아가 공식적 증언에 대한 설명으로서도 적절하지 않아 보인다. 물론 공식적 증언의 절차적 혹은 제도적 핵심은 증거를 제공하는 것이지만, 발화수반적 요점은 단순히 지식을 전달하는 것일 수 있다.

2   추론주의적 관점의 핵심적인 역사적 원천은 분명 흄이다. 다음 문헌을 참고하라. David Hume, *An Enquiry Concerning Human Understanding*, sect. 10(first published 1739). 그러나 여기에는 주의할 점이 있는데, (흄이 증언에 관해 쓴 유일한 저작인 《기적에 관하여Of Miracles》에서 믿기 어려운 보고에 대해 제기한) 추론주의적 견해가 증언 전반에 대한 입장으로 받아들여질 수 있음을 전제하는 것이 나쁜 해석 전략이라는 것이 나의 생각이기 때문이다. 누군가는 흄이 일상적이며 경이롭지 않은 보고에 대해 취했을 수 있는, 인간의 마음은 경험에 의해 p라는 화자의 말로부터 p가 참이라는 것으로 저절로 이행하도록 조건화된다는 식의 동등하게 흄적인 대안적 견해를 쉽게 떠올릴 수 있을 것이다. 마이클 웰본Michael Welbourne은 그런 연상주의적associationist 수용의 기본값을 발전시킨 흄의 면모를 읽어내야 한다고 주장했다(웰본의 다음 문헌을 보라. *Knowledge*, Chesham, Bucks: Acumen, 2001, ch. 5. 한편 폴 포크너Paul Faulkner는 흄을 회의적 환원주의자sceptical reductionist로 해석하는 것을 경계한다(포크너의 다음 문헌을 참고하라. 'David Hume's Reductionist Epistemology of Testimony', *Pacific Philosophical Quarterly*, 79, 1998, pp. 302–13). 다른 한편, 로버트 포겔린Robert Fogelin은 흄이 이러한 문제에 중립적인 입장을 견지한다고 주장한다. 그의 다음 문헌을 보라. *A Defense of Hume On Miracles*, Princeton: Princeton University Press, 2003, 90, n. 3.

최근의 추론주의적 접근법에 대해서는 다음을 참조하라. Elizabeth Fricker, 'Against Gullibility', in B. K. Matilal and A. Chakrabarti (eds.), *Knowing from Words: Western and Indian Philosophical Analysis of Understanding and Testimony*, Dordrecht: Kluwer, 1994; Elizabeth Fricker, 'Second-hand Knowledge', forthcoming in *Philosophy and Phenomenological Research*. 또한 다음을 참조하라. Jack Lyons, 'Testimony, Induction and Folk Psychology', *Australasian Journal of Philosophy*, 75, no. 2 (1997), pp. 163–77; Peter Lipton, 'The Epistemology of Testimony', *Studies in History and Philosophy of Science*, 29 (1998), pp. 1–31.

3   들은 것을 [거부하지 않고] 받아들이는 것이 인간의 기본값이며, 이것이 타

고난 본성이라고 여기는 견해의 핵심적인 역사적 인물은 토머스 리드다. 그의 다음 문헌을 보라. *An Inquiry into the Human Mind on the Principle of Common Sense* (first published 1764), ch. 6, sect. xxiv, 'Of the Analogy between Perception and the Credit We Give to Human Testimony'. 신에 의해 우리의 본성에 심긴 '쉽게 믿는 경향'과 '진실성'이라는 한 쌍의 원리는, (성숙한 주체의 경험에 비춰볼 때 의심을 불러일으키는 어떤 특정한 경우를 제외하고는) 함께 작용해 우리가 들은 바를 받아들일 수 있는 자격을 부여받는 것을 보장한다. 최근의 비-추론주의적 접근에 대해서는 다음을 참고하라. Coady, *Testimony*; John McDowell, 'Knowledge by Hearsay', in *Meaning, Knowledge, and Reality*, Cambridge, Mass.: Harvard University Press, 1998, essay 19. 또한 비-추론주의의 특별히 공동체주의적인 형태에 대해서는 다음을 참조할 수 있다. Martin Kusch, *Knowledge by Agreement: The Programme of Communitarian Epistemology*, Oxford: Oxford University Press, 2002, Part I.

4   타일러 버지는 수용의 기본값이 선험적으로 정당화된다는 견해를 발전시켰다. 다음을 참조하라. Tyler Burge, 'Content Preservation', *Philosophical Review*, 102, no. 4 (Oct. 1992), pp. 457-88. 또한 그가 쓴 다음 문헌도 참고하라. 'Interlocution, Perception, and Memory', *Philosophical Studies*, 86 (1997), pp. 21-47.

5   Coady, Testimony, pp. 122-3.

6   McDowell, 'Knowledge by Hearsay', p. 415. 맥도웰은 이러한 논증이 청자로 하여금 자신에게 말해진 바에 대한 **지식**을 갖추게 해준다는 것을 추론주의가 요구한다고 여긴다. 그러나 이는 특히 강한 형태의 추론주의일 텐데, 왜냐하면 이를 위해서는 청자가 자신이 들은 것이 참임을 보장하는 논증을 보유하고 있어야 하기 때문이다. 더 온건한 추론주의는, 해당 논증이 청자로 하여금 자신에게 말해진 바에 대한 **정당화**를 갖추게 해준다는 것만을 요구할 것이다. 따라서 맥도웰이 추론주의에 맞서 사용하는 주요 논증들 중 하나인, 청자에게 필요한 보장을 제공할 만큼 충분히 강력한 논증은 결코 없을 것이라는 주장은 더 온건한 형태의 추론주의에 반대하기에는 효과적이지 않다.

7   Burge, 'Content Preservation', p. 468.

8   버지는 기능적 논증_{functional argument}으로 이런 문제를 봉합하려 하며 다음과 같이 말한다. "이성의 주요한 기능 중 하나는 특별한 개인적 이해관계와 독립적으로 참을 제시하는 것이다. 거짓말은 때로 거짓말하는 사람에게 최선의 이익이 된다는 점에서 합리적일 수 있다. 그러나 거짓말은 이성의 기능들을 사이에 분열을 일으킨다. 거짓말은 특별한 개인적 이익과 무관하게 참을 제시하는, 이성의 초개인적 기능과 상충된다." Ibid, p. 475.

그러나 이런 논증은 그 역할을 수행하기에는 너무 약하며, 참을 말하는 것이 기능적으로 거짓말보다 우선한다는 발상처럼 당연한 점만을 제공할 수 있을 뿐이다. 이런 우선성으로부터 증언의 관행이 보편적으로 신뢰받지 못하는 사회는 존재할 수 없다는 점이 도출된다. 그러나 (다른 점이 똑같다면) 여기서 우리가 진실성을 추정할 자격을 부여받는다는 것이 도출되지는 않는다. 그 자격이 높은 수준의 이상화에서만 부여되는 것이라고 하더라도 말이다. 왜냐하면, 어떤 경우에든 실현되는 개념적 연결성은 합리성과 진실성 간의 연결이 아니라, 합리성과 허위성mendacity 간의 연결일 수 있다는 곤란한 사실이 남아 있기 때문이다. 주어진 경우에서 어떤 연결이 실제로 실현되는지를 결정하는 것은 경험적인 문제일 수밖에 없다.

9   McDowell, 'Knowledge by Hearsay', p. 430.

10   McDowell, 'Knowledge by Hearsay', pp. 437-8

11   Burge, 'Content Preservation', p. 469.

12   Coady, Testimony, p. 47

13   Robert Audi, *Epistemology: A Contemporary Introduction to the Theory of Knowledge*, London: Routledge, 1998, p. 133.

14   Thomas Hobbes, *Leviathan*, ed. Richard Tuck, Cambridge: Cambridge University Press, 1991, ch. 7, p. 48[토머스 홉스, 《리바이어던 1》, 95~96쪽, [ ]은 옮긴이가 추가)

15   Martha Nussbaum, 'The Discernment of Perception: An Aristotelian Conception of Private and Public Rationality', in *Love's Knowledge: Essays on Philosophy and Literature*, Oxford: Oxford University Press, 1990, p. 74.

16   John McDowell, 'Virtue and Reason', in *Mind, Value, and Reality*, Cambridge, Mass.: Harvard University Press, 1998, essay 3, pp. 57-8. 원문은 다음에서 출간되었다. *The Monist*, 62 (1979).

17   Cora Diamond, 'Wittgenstein, Mathematics and Ethics: Resisting the Attractions of Realism', in Hans Sluga and David Stern (eds.), *The Cambridge Companion to Wittgenstein*, Cambridge: Cambridge University Press, 1996, pp. 226-60. 또한 다음 문헌의 2장도 참고할 수 있다. Sabina Lovibond's sympathetic rejoinder in *Ethical Formation*, Cambridge, Mass., and London: Harvard University Press, 2002.

18   Iris Murdoch, 'The Idea of Perfection', in *The Sovereignty of Good*, London: Routledge, 1970, p. 28[아이리스 머독, 〈1장 완전성 관념〉, 《선의 군림》, 이병익 옮김, 이숲, 2020].

19   Coady, *Testimony*, pp. 210-11.

20   예를 들어 다음 문헌 5장을 보라. Luc Bovens and Stephan Hartmann,

Bayesian Epistemology, Oxford: Clarendon Press, 2003. 여기서 이들은 다수의 독립적인 목격자가 말한 놀랍지 않은 이야기보다 다수의 독립적인 목격자가 말한 놀라운 이야기에 더 많은 신빙성을 부여하는, '참이 아니기에는 너무나 이상한too-odd-not-to-be-true' 추론에 대한 모델을 구축한다.

21 편견이 작용할 수 있는 맥락에서의 믿기 어려운 보고와 관련한 특정한 규범을 제시해줌으로써 이해를 돕는 논의로는 다음을 보라. Karen Jones, 'The Politics of Credibility', in Louise M. Antony and Charlotte E. Witt (eds.), *A Mind of One's Own: Feminist Essays on Reason and Objectivity*, 2nd edn., Boulder, Colo.: Westview Press, 2002. 존스 역시 이런 원리가 "신뢰성에 대한 최종 평가"에 영향을 미치기는 하지만, 원리가 신뢰성을 결정하지는 않는다는 점을 분명히 하고 있다. 신뢰성에 대해 모든 것을 고려한 판단은 여전히 판단의 문제로 남는다.

22 John McDowell, 'Are Moral Requirements Hypothetical Imperatives?', in *Mind, Value, and Reality*, essay 4, p. 85. 원문은 다음에서 출간되었다. *Proceedings of the Aristotelian Society*, supp. vol. 52 (1978), pp. 13-29.

23 이런 경험론적 접근의 주요한 기원으로는 다음을 참고하라. Hume, *A Treatise of Human Nature*, ed. L. A. Selby-Bigge, 3rd edn., Oxford: Clarendon Press, 1975, II. iii. sect. 3.

24 이 문제에 대한 초기 페미니즘 연구, 특히 도덕적·정치적 세계에 대해 우리에게 여러 가지를 알려주는 감정의 힘에 대한 연구로는 다음을 보라. Alison Jaggar, 'Love and Knowledge: Emotion in Feminist Epistemology', and Elizabeth Spelman, 'Anger and Insubordination', both in A. Garry and M. Pearsall (eds.), *Women, Knowledge, and Reality: Explorations in Feminist Philosophy*, Boston: Unwin Hyman, 1989, pp. 129-55, pp. 263-74; Miranda Fricker, 'Reason and Emotion', *Radical Philosophy*, 57 (1991), pp. 14-19.

25 Nussbaum, 'Discernment of Perception', p. 78. 감정에 대한 확장된 인지주의적 접근으로는 누스바움의 다른 글인 다음을 보라. *Upheavals of Thought: The Intelligence of the Emotions*, Cambridge: Cambridge University Press, 2003. 감정의 지향성을 "[무언가를] 향한 느낌"의 측면에서 설명하는 다른 논의로는 다음을 보라. Peter Goldie, *The Emotions: A Philosophical Exploration*, Oxford, Clarendon Press, 2000.

26 캐런 존스는 신뢰가 공감을 포함한다고 주장한다. 이와 관련해 다음을 보라. 'Trust as an Affective Attitude', *Ethics*, 107, no. 1 (Oct. 1996), pp. 4-25.

27 Aristotle, *The Ethics of Aristotle: The Nicomachean Ethics*, trans. J. A. K. Thomson, London: Penguin, 1976, 91-2; II. 1; 1103a 14-25.

28   Ibid. p. 92; 1103b 1-25.

29   우리가 누구인지에 대한 책임이라는 주제는 사비나 러비본드의 다음 문헌들을 관통하는 주제이다. *Realism and Imagination in Ethics*, Oxford: Blackwell, 1983; *Ethical Formation*(특히 ch. 9 sect. 5).

30   Alasdair MacIntyre, *After Virtue: A Study in Moral Theory*, London: Duckworth, 1981, ch. 15.

31   나는 이 주제를 다음의 글에서 발전시키고자 했다. 'Confidence and Irony', in Edward Harcourt (ed.), *Morality, Reflection, and Ideology*, Oxford: Oxford University Press, 2000.

32   존 맥도웰은 [제2의 본성이라는] 이 용어가 "윤리적 습성이 어떻게 형성되는지에 대한 아리스토텔레스의 설명에 명백히 드러나 있음"을 지적하고, 단순히 우리의 윤리적 훈육(아리스토텔레스가 말하는 '실천적 지혜')에만 적용되는 것이 아니라, 더 일반적으로 우리의 인식적 훈육에까지 확장적으로 적용되는 방식으로 해당 용어를 사용하는데, 나는 이와 뜻을 같이한다. McDowell, *Mind and World*, Cambridge, Mass.: Harvard University Press, 1994, p. 84.

4장 | 증언적 정의의 덕

1   Anthony Minghella, *The Talented Mr Ripley—Based on Patricia Highsmith's Novel*, London: Methuen, 2000. 밍겔라의 각본은 퍼트리샤 하이스미스의 소설에 밀접히 기반해 있지만, 지금 우리의 논의에서 쟁점이 되는 마지 셔우드와 디키 그린리프의 관계는 [그 원작 소설과는] 다르게 발전한다.

2   Ibid. pp. 120-1.

3   Ibid. p. 121.

4   Minghella, *The Talented Mr Ripley*, p. 135.

5   이 인용구는 애티커스 핀치의 마지막 연설에서 가져왔다. Harper Lee, *To Kill a Mockingbird*, London: William Heinemann, 1960, p. 208[같은 책, 386쪽].

6   Aristotle, *The Ethics of Aristotle. The Nicomachean Ethics*, trans. J. A. K. Thomson, London: Penguin, 1976, 174-5; V. 2; 1129b30-1130b8.

7   Lee, *To Kill a Mockingbird*, p. 196[같은 책, 363쪽].

8   Ibid. p. 203[같은 책, 376쪽].

9   Ibid. p. 196.[같은 책, 362쪽]

10   Ibid. p. 205[같은 책, 380쪽].

11   Christopher Hookway, 'Epistemic Akrasia and Epistemic Virtue', in A. Fairweather and L. Zagzebski (eds.), *Virtue Epistemology: Essays on Epistemic Virtue and Responsibility*, Oxford: Oxford University Press, 2001; 예를 들어 p. 182를 보라.

12   Linda Zagzebski, *Virtues of the Mind: An Inquiry into the Nature of Virtue and the Ethical Foundations of Knowledge*, Cambridge: Cambridge University Press, 1996[Linda Trinkhaus Zagzebski, 《마음의 덕》, 장동익 옮김, CIR, 2016].

13   앞서 2장에서, 우리는 극도로 수줍어하는 화자가 비진실성에 대한 신빙성 있는 고정관념에 잘 부합하게끔 굴어서 청자가 그를 진실하지 않다고 판단하는 것이 정당화되는 사례에 대해 논한 바 있다. 만약 이것이 증언적 부정의의 진정한 사례였다면 비난할 수 없는 유형에 해당했을 테지만, 나는 이것이 실제로는 증언적 부정의의 사례가 아니라고 주장했다.

14   버나드 윌리엄스가 오이디푸스에 대해 "그에게 일어난 끔찍한 일은, 스스로 잘못한 것도 없이 그가 그런 일을 했다는 것이었다"고 말한 것처럼 말이다. *Shame and Necessity*, Berkeley and Los Angeles: University of California Press, 1993, p. 70. 오이디푸스는 수치심으로 가슴이 찢어졌지만, 도덕적 감정의 레퍼토리가 다른 역사적 맥락에서는, 끔찍한 일을 한 사람은 자신의 잘못이 없어도 수치심뿐 아니라 회한이나 죄책감 같은 다른 형태의 도덕적 후회에 시달릴 수도 있을 것으로 보인다. 다른 형태의 도덕적 후회들은 주체가 저지른 일을 그의 의식에 약간씩 다른 방식으로 제시한다. 수치심은 [그 시선이] 아무리 내면화되어 있다 한들, 가장 기본적으로는 비난 어린 시선을 피해 **숨기**를 원하는 감정이다. 회한은 자신이 해를 끼친 사람에게 초점이 맞춰져 있으며, 주로 **공유된 고통**이라는 공감적 감정을 포함한다. 죄책감feeling of guilt은 기본적으로 양심의 가책이며, **카타르시스**에 대한 욕구, 즉 일종의 고백을 통해 무거운 양심의 짐을 덜어내고 가책을 떨쳐버리려는 욕구로 특징지어진다. (그러나 모든 '죄책 감정guilt feeling'을 회한과 동일시하는 레이먼드 가이타도 비교해서 참고하라. Raimond Gaita, *Good and Evil: An Absolute Conception*, 2nd edn., Abingdon, Oxon.: Routledge, 2004, p. 51.) 나는 이처럼 다른 초점을 가지는 도덕적 후회의 형태들 중, 행위자가 자신이 한 일에 대해 비난받을 만하지 않다는 것을 완전히 의식하는 맥락과 양립할 수 없는 것은 없다고 믿는다.

15   Bernard Williams, 'Internal Reasons and the Obscurity of Blame', in *Making Sense of Humanity and Other Philosophical Papers*, Cambridge: Cambridge University Press, 1995, ch. 3, p. 35. 관련된 이전의 글로는 다음을 보라. 'Internal and External Reasons', in *Moral Luck: Philosophical*

Papers 1973–1980, Cambridge: Cambridge University Press, 1981.

16 그린리프의 사례에 대한 대안적 기술들이 보여주듯, 실천의 측면에서는 내재적 해석과 외재적 해석 사이의 차이가 거의 없지만, 개인들이 이유와 관계 맺는 방식에 대한 각각의 개념화에는 상당한 차이가 있다. 내재적 해석을 추동하는 것은 정치적 개별주의의 정신이다. 왜냐하면 내재적 이유 이론가들이 가장 근본적으로 주장하는 것, 그리고 외재적 이유 이론가들이 가장 근본적으로 부정하는 것은, 자기 자신의 것이 아닌 도덕적 이유를 거부하는 것이 합리적 선택지로 남는다는 생각이기 때문이다. 여기에는 물론 흄적인 유산도 있지만, 나는 윌리엄스 윤리학의 니체적인 측면 역시 이유의 주체로서의 개인의 주권에 대한 근본적 신념에서 핵심을 이룬다고 생각한다.

17 캐런 존스와의 유익한 이메일 교환이 이 점을 생각해보도록 해주었다.

18 Bernard Williams, 'Interlude: Relativism', in *Morality: An Introduction to Ethics*, Cambridge: Cambridge University Press, 1972.

5장 | 증언적 정의의 계보학

1 Bernard Williams, *Truth and Truthfulness: An Essay in Genealogy*, Princeton: Princeton University Press, 2002.

2 Edward Craig, *Knowledge and the State of Nature: An Essay in Conceptual Synthesis*, Oxford: Clarendon Press, 1990.

3 Williams, *Truth and Truthfulness*, p. 44.

4 믿음이 의지 아래 놓이는 방식들에 대한 폭넓은 논의를 위해서는 다음을 보라. Linda Zagzebski, *Virtues of the Mind: An Inquiry into the Nature of Virtue and the Ethical Foundations of Knowledge*, Cambridge: Cambridge University Press, 1996, P. I, sect. 4.2. 이와는 대조적인 관점에서 모든 덕들이 기술이라는 주장으로는 다음을 보라. Paul Bloomfield, 'Virtue Epistemology and the Epistemology of Virtue', *Philosophy and Phenomenological Research*, V 60, no. 1 (Jan. 2000), pp. 23–43.

5 윌리엄스는 '비-도구적non-instrumental'이라는 것과 '내재적intrinsic'이라는 것을 대략 동등하게 취급한다. 비-도구적/내재적 가치를 단지 도구적일 뿐인 가치와 구별해주는 것은, 내재적 가치들이 도구적 이익에 의해 설명되더라도 그 설명이 환원적이지 않다는 점이다. *Truth and Truthfulness*, p. 90.

6 Ibid. p. 58.

7 흥미롭게도 현실 세계에서 과학적 지식을 추구하고 수집하는 것에 관해 유사한 논쟁이 있다. 이 논쟁은 순수하게 '전략적'이거나 도구적인 신뢰가 (결

과의 복제나 동료 심사와 같은 다양한 제도적 제약들과 함께) 오류와 사기를 제거하는 데 필요한 종류의 협력을 달성하는 일에 얼마나 충분한지를 다룬다. 충분하다는 입장으로는 다음을 보라. Michael Blais, 'Epistemic Tit for Tat', *Journal of Philosophy*, 84 (July 1987), pp. 363–75. 그리고 불충분하다는 입장으로는 다음을 보라. John Hardwig, 'The Role of Trust in Knowledge', *Journal of Philosophy*, 88 (Dec. 1991), pp. 693–708.

8   Williams, *Truth and Truthfulness*, p. 92.

9   전자[화자의 관점]에 대한 인식론의 지나친 선호는, 크레이그가 지적한 것처럼, 윌리엄스가 《자아의 문제들Problems of the Self》에서 인식론에 중요한 것으로 강조한 바 있다. 여기서 윌리엄스는 다음을 관찰함으로써 그 구분을 제시한다. "철학에는 지식이 적어도 믿음만큼 웅장해야 하며, 지식은 믿음에 상당히 많은 것을 더한 것, 특히 참과 좋은 이유를 동반한 믿음이라는 깊은 편견이 있다. 내게 이 접근은 상당히 잘못된 것으로 보인다. 이는 **심사자**examiner의 상황이라고 부를 수 있는, 지식에 관한 학술적 글들이 특히 좋아하는 매우 특정한 상황에 집중하는 것이 부추긴 편견이다. p가 참임을 내가 아는데, 다른 사람이 p가 참이라고 주장했고, 그가 그것을 정말로 아는지 아니면 단지 그것을 믿고 있는 것인지를 내가 묻고 있는 그런 상황 말이다. [여기서] 나는 내가 이미 알고 있는 것에 대해 다른 사람의 자격을 확인하고 있는 것으로 표상된다…… 그러나 이는 지식과 관련해 우리가 겪는 표준적인 상황과는 거리가 멀다. (다른 사람과의 관계 속에서) 지식과 관련해 우리가 겪는 표준적인 상황은 오히려 우리가 모르는 걸 아는 사람을 찾는 상황, 즉 어떤 것에 관해 신빙성 있는 정보의 출처인 사람을 찾는 상황이다…… 우리의 표준 질문은 '존스가 p임을 아는가?'가 아니다. 우리의 표준 질문은 오히려 '누가 p인지를 아는가?'이다." Bernard Williams, 'Deciding to Believe' in *Problems of the Self: Philosophical Papers 1956–1972*, Cambridge: Cambridge University Press, 1973, p. 146.

자연상태를 통한 지식 개념의 설명은 지식이 믿음에 선행함을 시사한다고 윌리엄스는 믿었다. 그러나 크레이그는 (적어도 인간의 경우) 지식을 참된 믿음 더하기 보증으로 분석하는 전통적 신념을 위한 여지를 남겨두기 위해, 자신의 설명을 신중하게 설계한다. 지식이 믿음에 선행한다는 견해에 대한 독립적인 주장으로는 다음을 보라. Timothy Williamson, *Knowledge and its Limits*, Oxford: Oxford University Press, 2000, chs. 1, 2.

10 편견이 병리적이지 않다는 엘리자베스 영-브륄의 논증은 이처럼 편견을 인간 심리의 정상적인 특징으로 개념화하도록 한다. *The Anatomy of Prejudices*, Cambridge, Mass.: Harvard University Press, 1996, 예를 들어 p. 32, p. 209.

11 Steven Shapin, *A Social History of Truth: Civility and Science in Seventeenth-Century England*, Chicago and London: University of Chicago Press, 1994, 강조는 원문.

12 Ibid. p. 88.

13 Humfrey Gifford, in Norman Ault (ed.), *Elizabethan Lyrics*, New York: Capricorn Books, 1960; quoted in Shapin, *Social History of Truth*, p. 89.

14 나는 이것이 상대적으로 논쟁적이지 않다고 여기지만, 몽마르케라는 예외에 유의하라. 그는 지적인 덕이 진리-기여적truth-desiring일 필요가 없으며, '진리를 욕구하는 사람이 가지고 싶어 할 성질'이라는 식의 개념을 주장한다. James A. Montmarquet, *Epistemic Virtue and Doxastic Responsibility*, Lanham, Md.: Rowman and Littlefield, 1993, p. x. 그의 다음 문헌도 보라. 'Epistemic Virtue', *Mind*, 96 (1986), pp. 482–97.

15 Linda Zagzebski, Precis of *Virtues of the Mind, Philosophy and Phenomenological Research*, 60, no. 1 (Jan. 2000), pp. 169–77, at p. 172.

16 나는 이메일로 도발적인 질문을 보내준 앤드루 치티Andrew Chitty와, 제기된 주제에 관해 유용한 후속 토론을 제공해준 앤 켈러허Anne Kelleher에게 빚졌다. 내가 이 주제들과 관련해 길을 찾게끔 도와준 이들이다.

17 Zagzebski, *Virtues of the Mind*, Prt. II, sect. 3.2.

18 Aristotle, *The Ethics of Aristotle: The Nicomachean Ethics*, trans. J. A. K. Thomson, London: Penguin, 1976, 91; II.1; 1103a14–b1.

19 *Eudemian Ethics*, II.1; 1220a5–13; quoted in Zagzebski, *Virtues of the Mind*, p. 142. 하지만 *Ethics with Aristotle*(Oxford: Oxford University Press, 1991)에서 세라 브로디는 영혼의 비이성적 욕구적 부분과 이성적 부분에 대한 아리스토텔레스의 구분이 성격적 덕과 지적 덕에 대한 자신의 구분과 일치하지 않는다고 주장한다. 브로디는 영혼의 이성적 부분은 다른 부분에 명령을 내리며 "그 자체로 욕구적"이기 때문에 그 둘이 일치하지 않는다고 말한다. 따라서, "성격적 덕은 욕구적인 부분의 덕이다. 즉 그것은 영혼의 이유-반응적인reason-responsive 부분의 덕이며 또한 욕구적인 부분으로서 명령적인 부분의 덕이기도 하다"(p. 71).

20 Nancy Sherman and Heath White, 'Intellectual Virtue: Emotions, Luck, and the Ancients', in M. DePaul and L. Zagzebski (eds.), *Intellectual Virtue: Perspectives from Ethics and Epistemology*, Oxford: Clarendon Press, 2003, p. 42.

21 Julia Driver, 'The Conflation of Moral and Epistemic Virtue', in Michael Brady and Duncan Pritchard (eds.), *Moral and Epistemic Virtues*, Oxford: Blackwell, 2003, pp. 101–16.

22 이 점에 대해 알렉스 부어호브Alex Voorhoeve에게 감사한다.

23 Aristotle, *Ethics of Aristotle: The Nicomachean Ethics*, p. 97; II. 4; 1105a9–b2[아리스토텔레스, 《니코마코스 윤리학》, 강상진·김재홍·이창우 옮김, 도서출판 길, 2011, 60쪽].

6장 | 원초적 의의: 잘못에 대한 재검토

1 Edward Craig, *Knowledge and the State of Nature: An Essay in Conceptual Synthesis*, Oxford: Clarendon Press, 1990, p. 36.

2 Craig, *Knowledge and the State of Nature,* p. 36.

3 누스바움은 법 이론가 캐스 선스타인Cass Sunstein을 인용하고 있다. Martha Nussbaum, *Sex and Social Justice*, New York and Oxford: Oxford University Press, 1999, p. 214.

4 Ibid. p. 218.

5 누스바움 자신도 이런 특정한 칸트적 용어를 사용한다. Ibid. p. 223.

6 Ibid.

7 Harper Lee, *To Kill a Mockingbird*, London: William Heinemann, 1960, p. 244[같은 책, 452쪽].

8 매키넌의 견해에 동조적인 재작업으로는 다음을 보라. Sally Haslanger, 'On Being Objective and Being Objectified', in Louise M. Antony and Charlotte E. Witt (eds.), *A Mind of One's Own: Feminist Essays on Reason and Objectivity*, Boulder, Colo.: Westview Press, 1993/2002.

9 예컨대 다음의 두 인용문을 비교해보라.

(1) "[포르노그래피는] 성애화된 지배-복종과 남성과 여성에 대한 사회적 구성을 융합함으로써 남성 우월주의적인 섹슈얼리티를 제도화한다. …… 남성은 자신에게 보이는 대로 여성을 취급하는데, 포르노그래피는 여성이 어떻게 보이는지를 구성한다. **여성에 대한 남성의 권력은 남성이 여성을 보는 방식이 여성이 어떤 사람이 될 수 있는지를 정의한다는 것을 의미한다. …… 이는 왜곡도, 반영도, 투사도, 표현도, 환상도, 재현도, 상징도 아니다. 이는 성적 실재다.**" Catharine MacKinnon, 'Francis Biddle's Sister', in *Feminism Unmodified: Discourses on Life and Law*, Cambridge, Mass. and London: Harvard University Press, 1987, pp. 172-3, 강조는 인용자.

(2) "사회적으로 말해서, 권력자들의 믿음은 단지 믿음이 아니라 증명이 되어 버린다. 권력자들이 보고 싶어 하는 것을 긍정하도록 세계가 자기 스스로를 배열한다는 것이 그 한 가지 이유이다. …… **그러나 그 아래에 있는 세계가 전**

340 인식적 부정의

적으로 권력자들이 말하는 대로 혹은 믿고 싶어 하는 대로만 존재하는 것은 아니다. 만약 그렇게 보인다면, 이는 권력이 권력 없는 사람들을 권위적인 담론에 접근하지 못하도록 배제하여 그들을 침묵시킴으로써 실재의 외양을 구성하기 때문이다. 권력이 없다는 것은 당신이 '그것은 이러하다'라고 말할 때, 그렇게 받아들여지지 않는다는 것을 의미한다." Ibid. p. 164, 인용자가 원문보다 강조 범위를 확장.

10 이는 여성이 성적 허구에 참여하도록 강요받는 많은 다른 방식들에 걸쳐져 있다. Ibid. pp. 194-5.

11 Ibid. p. 182. 매키넌의 관점에서 이 측면에 주목하게 해준 레이 랭턴에게 감사한다.

12 Jennifer Hornbsy and Rae Langton, 'Free Speech and Illocution', *Legal Theory*, 4 (1998), pp. 21-37. 이와 관련된 다른 논문으로는 다음을 참고하라. Hornsby 'Speech Acts and Pornography', in Susan Dwyer (ed.), *The Problem of Pornography*, Belmont, Calif.: Wadsworth Publishing Company, 1995, pp. 220-32.; Rae Langton, 'Subordination, Silence, and Pornography's Authority', in Robert Post (ed.), *Censorship and Silencing: Practices of Cultural Regulation* (Los Angeles: Getty Research Institute for the History of Art and the Humanities, 1998), pp. 261-84. 랭턴의 논문은 같은 책에 실린 레슬리 그린Leslie Green의 논문과 대비된다. 이 논문은 포르노그래피가 권위적 발화라는 랭턴의 주장에 이의를 제기하고, 적절성 조건들felicity conditions의 부재가 어떤 상황에서 침묵시키기에 해당하는지를 질문한다. L. Green, 'Pornographizing, Subordinating, and Silencing', ibid. pp. 285-11.

13 Hornbsy and Langton, 'Free Speech and Illocution', 특히 pp. 26-7. 그들에 따르면 발화수반 행위가 '완전히 성공하지 못한다'는 아이디어는 다음 문헌에서 비롯된 것이다. J. R. Searle, *Speech Acts: An Essay in the Philosophy of Language*, Cambridge: Cambridge University Press, 1969.

14 이 점에 대한 비판으로는 다음을 보라. Daniel Jacobson, 'Freedom of Speech Acts? A Response to Langton', *Philosophy and Public Affairs*, 24 (1995), pp. 64-79. 랭턴과 혼스비는 함께 다음의 글에서 강력한 답변을 제시한다. 'Free Speech and Illocution'.

15 크레이그의 기획은 우리가 성공적인 증언에서 공유되거나 공동화된commoned 것을 반성적으로 지칭하기 위해 지식이라는 개념을 가진다고 주장하는 마이클 웰번의 기획과 밀접한 관련이 있다. 그의 다음 문헌들을 보라. *Knowledge*, Chesham, Bucks: Acumen, 2001, 특히 ch. 6; *The Community of Knowledge*, Aberdeen: Aberdeen University Press, 1986.

16 Craig, *Knowledge and the State of Nature*, p. 84.

17 크레이그는 좋은 정보 제공자를 참된 믿음을 가졌다고 인식될 수 있는 사람
으로 묘사하는 경향이 있는데, 이러한 정식화에서는 무언가를 안다는 것의
핵심에 믿음을 놓는다. 그렇게 해서 믿음을 지식에 선행하는 것으로 묘사하
므로 지식은 참된 믿음에 무언가를 약간 더한 것으로 이해된다. 팀 윌리엄
슨Tim Williamson은 이 점에서 크레이그의 자연상태 설명을 비판한다. *Knowledge
and its Limits*, Oxford: Oxford University Press, 2000, p. 31 n. 3. 그러나
좋은 정보 제공자를 해당 맥락에서 p에 대해 옳을 가능성이 충분히 높은 사
람으로(이 역시 그가 사용하는 정식화이다) 더 엄격하게 개념화하고, 그럼
으로써 지식을 믿음에 선행하는 것(무엇을 아는지의 핵심에 믿음이 포함되
지 않는 것)으로 보는 것 역시 원칙적으로는 크레이그에게 완전히 열려 있다.
나는 원칙적으로 이 문제에 대해 불가지론적인 태도를 유지할 수 있다는 것
이 자연상태 접근법의 미덕이라고 생각한다. p라고 믿는 정보 제공자가 질
문을 받았을 때, 상대를 확신시킬 만큼 충분히 확신한 채로 p라고 말할 가능
성이 높다는 사실에 근거하여 p임을 아는 것이 p임을 믿는 것을 함축한다는
우리의 익숙한 직관에 대한 설명을 제공하는 것과 더불어서 말이다. Craig,
Knowledge and the State of Nature, pp. 13–14.

7장 | 해석학적 부정의

1 Nancy Hartsock, *The Feminist Standpoint Revisited and Other Essays*,
Boulder, Colo.: Westview Press, 1998, p. 241.

2 Susan Brownmiller, *In Our Time: Memoir of a Revolution*, New York: Dial
Press, 1990, p. 182.

3 Brownmiller, *In Our Time*, pp. 280–1.

4 Ian McEwan, *Enduring Love*, London: Vintage, 1998, pp. 73–4[이언 매큐
언, 《견딜 수 없는 사랑》, 한정아 옮김, 복복서가, 2023, 113~115쪽].

5 나는 신뢰성이 걷잡을 수 없이 하락하는 현상에 대한 캐런 존스의 설명 방식
을 따라하고 있다. 다음을 보라. 'The Politics of Credibility', in Louise M.
Antony and Charlotte E. Witt (eds.), *A Mind of One's Own: Feminist Essays
on Reason and Objectivity*, 2nd edn., Boulder, Colo.: Westview Press, 2002.

6 Carol Gilligan, *In A Different Voice: Psychological Theory and Women's Devel-
opment*, Cambridge, Mass.: Harvard University Press, 1982[캐롤 길리건,
《다른 목소리로》, 허란주 옮김, 동녘, 1997]; Sara Ruddick, *Maternal Think-
ing: Towards a Politics of Peace*, London: The Women's Press, 1990[사라 러

딕, 《모성적 사유》, 이혜정 옮김, 철학과현실사, 2002].

7   Edmund White, *A Boy's Own Story*, London: Picador, 1983, pp. 117–18.

8   Ibid. pp. 169-70.

9   White, *A Boy's Own Story*, p. 199.

10 Ibid. p. 204.

11 Ibid.

12 Louise Antony, 'Sisters, Please, I'd Rather Do It Myself: A Defense of Individualism in Feminist Epistemology', in Sally Haslanger (ed.), *Philosophical Topics: Feminist Perspectives on Language, Knowledge, and Reality*, 23, no. 2 (Fall 1995), p. 89.

13 Jones, 'Politics of Credibility', pp. 164–5.

참고문헌

Alcoff, Linda Martin, 'On Judging Epistemic Credibility: Is Social Identity
   Relevant?', in Naomi Zack (ed.), *Women of Color and Philosophy* (Oxford:
   Blackwell, 2000).

Antony, Louise, 'Sisters, Please, I'd Rather Do It Myself: A Defense of
   Individualism in Feminist Epistemology', in Sally Haslanger (ed.),
   *Philosophical Topics: Feminist Perspectives on Language, Knowledge, and
   Reality*, 23, no. 2 (Fall 1995), 59–94.

Aristotle, *The Ethics of Aristotle: The Nicomachean Ethics*, trans. J. A. K. Thomson
   (London: Penguin, 1976).

Arpaly, Nomy, *Unprincipled Virtue: An Inquiry into Moral Agency* (Oxford: Oxford
   University Press, 2003).

Audi, Robert, *Epistemology: A Contemporary Introduction to the Theory of
   Knowledge* (London: Routledge, 1998).

Bartky, Sandra Lee, 'On Psychological Oppression', in her *Femininity and
   Domination: Studies in the Phenomenology of Oppression* (New York and
   London: Routledge, 1990).

Beauvoir, Simone de, *Memoirs of a Dutiful Daughter*, trans. James Kirkup
   (London: Penguin, 1959; originally published in French as *Memoires
   d'une jeune fille rangee* (Paris: Librairie Gallimard, 1958).

인식적 부정의

Blais, Michael, 'Epistemic Tit for Tat', *Journal of Philosophy*, 84 (July 1987), 363–75.

Bloomfield, Paul, 'Virtue Epistemology and the Epistemology of Virtue', *Philosophy and Phenomenological Research*, 60 no. 1 (Jan. 2000), 23–43.

Blum, Lawrence, 'Stereotypes and Stereotyping: A Moral Analysis', in Ward E. Jones and Thomas Martin (eds.), *Immoral Believing, Special Issue of Philosophical Papers*, 33, no. 3 (Nov. 2004), 251–89.

Bovens, Luc, and Hartmann, Stephan, *Bayesian Epistemology* (Oxford: Clarendon Press, 2003).

Broadie, Sarah, *Ethics with Aristotle* (Oxford: Oxford University Press, 1991).

Brown, Rupert, *Prejudice: Its Social Psychology* (Oxford: Blackwell, 1995).

Brownmiller, Susan, *In Our Time: Memoir of a Revolution* (New York: Dial Press, 1990).

Burge, Tyler, 'Content Preservation', *Philosophical Review*, 102, no. 4 (Oct. 1992), 457–88.

  'Interlocution, Perception, and Memory', *Philosophical Studies*, 86 (1997), 21–47.

Castoriadis, Cornelius, *World in Fragments: Writings on Politics, Society, Psychoanalysis, and the Imagination*, ed. and trans. David Ames Curtis (Stanford, Calif.: Stanford University Press, 1997).

Coady, C. A. J., *Testimony: A Philosophical Study* (Oxford: Clarendon Press, 1992).

Craig, Edward, *Knowledge and the State of Nature: An Essay in Conceptual Synthesis* (Oxford: Clarendon Press, 1990).

Diamond, Cora, 'Wittgenstein, Mathematics and Ethics: Resisting the Attractions of Realism', in Hans Sluga and David Stern (eds.), *The Cambridge Companion to Wittgenstein* (Cambridge: Cambridge University Press, 1996).

Driver, Julia, 'The Conflation of Moral and Epistemic Virtue', in Michael Brady and Duncan Pritchard (eds.), *Moral and Epistemic Virtues* (Oxford: Blackwell, 2003).

Faulkner, Paul, 'David Hume's Reductionist Epistemology of Testimony', *Pacific Philosophical Quarterly*, 79 (1998), 302–13.

Fogelin, Robert, *A Defense of Hume On Miracles* (Princeton: Princeton University Press, 2003).

Foucault, Michel, *Discipline and Punish: The Birth of the Prison*, trans. Alan

Sheridan, London: Penguin Books, 1977, 256. Originally published in
French as Naissance de la prison (Paris: Editions Gallimard, 1975).

*Michel Foucault; Power/Knowledge; Selected Interviews and Other Writings
1972-1977*, ed. C. Gordon, trans. C. Gordon, L. Marshall, J. Mepham, and K.
Soper (Hemel Hempstead: Harvester Wheatsheaf, 1980).

'How Is Power Exercised?', trans. Leslie Sawyer from Afterword in H.
L. Dreyfus and P. Rabinow, *Michel Foucault: Beyond Structuralism and
Hermeneutics* (Hemel Hempstead: Harvester Press, 1982).

Fricker, Elizabeth, 'Against Gullibility', in B. K. Matilal and A. Chakrabarti
(eds.), *Knowing from Words: Western and Indian Philosophical Analysis of
Understanding and Testimony* (Dordrecht: Kluwer, 1994).

'Second-hand Knowledge', forthcoming in *Philosophy and
Phenomenological Research*.

Fricker, Miranda, 'Reason and Emotion', *Radical Philosophy*, 57 (1991), 14–19.

'Why Female Intuition?', *Women: A Cultural Review*, 6, no. 2 (Autumn
1995), 234–48.

'Intuition and Reason', *Philosophical Quarterly*, 45, no. 179 (Apr. 1995),
181–9.

'Rational Authority and Social Power: Towards a Truly Social
Epistemology', *Proceedings of the Aristotelian Society*, 98, no. 2 (1998),
159–77.

'Confidence and Irony', in Edward Harcourt (ed.), *Morality, Reflection, and
Ideology* (Oxford: Oxford University Press, 2000).

'Pluralism without Postmodernism', in M. Fricker and J. Hornsby
(eds.), *The Cambridge Companion to Feminism in Philosophy* (Cambridge:
Cambridge University Press, 2000).

'Life-Story in Beauvoir's Memoirs', in Claudia Card (ed.), *The Cambridge
Companion to Simone de Beauvoir* (Cambridge: Cambridge University
Press, 2003).

Fricker, Miranda, 'Powerlessness and Social Interpretation', *Episteme*, 3, nos.
1–2 (2006).

Gaita, Raimond, *Good and Evil: An Absolute Conception*, 2nd edn. (Abingdon,
Oxon.: Routledge, 2004).

Gatens, Moira, *Imaginary Bodies: Ethics, Power and Corporeality* (London:
Routledge, 1996).

Gelfert, Axel, 'Kant on Testimony', *British Journal for the History of Philosophy*,

14, no. 4 (2006), 627–52.

Gifford, Humfrey, in Norman Ault (ed.), *Elizabethan Lyrics*, (New York: Capricorn Books, 1960).

Gilligan, Carol, *In a Different Voice: Psychological Theory and Women's Development* (Cambridge, Mass.: Harvard University Press, 1982).

Goldie, Peter, *The Emotions: A Philosophical Exploration* (Oxford: Clarendon Press, 2000).

Goldman, Alvin, *Knowledge in a Social World* (Oxford: Clarendon Press, 1999).

Green, Leslie, 'Pornographizing, Subordinating, and Silencing', in Robert Post (ed.), *Censorship and Silencing: Practices of Cultural Regulation* (Los Angeles: Getty Research Institute for the History of Art and the Humanities, 1998).

Haraway, Donna, 'Situated Knowledges: The Science Question in Feminism and the Privilege of Partial Perspective', *Feminist Studies*, 14, no. 3 (1988), 575–99.

Hardwig, John, 'The Role of Trust in Knowledge', *Journal of Philosophy*, 88 (Dec. 1991), 693–708.

Hartsock, Nancy, *The Feminist Standpoint Revisited and Other Essays* (Boulder, Colo.: Westview Press, 1998).

Haslanger, Sally, 'On Being Objective and Being Objectified', in Louise M. Antony and Charlotte E. Witt (eds.), *A Mind of One's Own: Feminist Essays on Reason and Objectivity* (Boulder, Colo.: Westview Press, 1993/2002). 'Ontology and Social Construction', in S. Haslanger (ed.), *Philosophical Topics: Feminist Perspectives on Language, Knowledge, and Reality*, 23, no. 2 (1995), 95–125.

Hobbes, Thomas, *Leviathan*, ed. Richard Tuck (Cambridge: Cambridge University Press, 1991).

Hookway, Christopher, 'Epistemic Akrasia and Epistemic Virtue', in A. Fairweather and L. Zagzebski (eds.), *Virtue Epistemology: Essays on Epistemic Virtue and Responsibility* (Oxford: Oxford University Press, 2001).

Hornsby, Jennifer 'Speech Acts and Pornography', in Susan Dwyer (ed.), *The Problem of Pornography* (Belmont, Calif.: Wadsworth Publishing Company, 1995), 220–32.

_____ and Langton, Rae, 'Free Speech and Illocution', *Legal Theory*, 4 (1998), 21–37.

Hume, David, *An Enquiry Concerning Human Understanding*, ed. L. A. Selby-
    Bigge, 3rd edn. (Oxford: Clarendon Press, 1975).
    A Treatise of Human Nature, ed. L. A. Selby-Bigge, 3rd edn. (Oxford:
    Clarendon Press, 1975).
Jacobson, Daniel, 'Freedom of Speech Acts? A Response to Langton',
    Philosophy and Public Affairs, 24 (1995), 64–79.
Jaggar, Alison, 'Love and Knowledge: Emotion in Feminist Epistemology',
    in A. Garry and M. Pearsall (eds.), *Women, Knowledge, and Reality:
    Explorations in Feminist Philosophy* (Boston: Unwin Hyman, 1989).
James, Susan, 'Freedom and the Imaginary', in Susan James and Stephanie
    Palmer (eds.), *Visible Women: Essays on Feminist Legal Theory and Political
    Philosophy* (Oxford and Portland, Ore.: Hart Publishing, 2002).
Jones, Karen, 'Trust as an Affective Attitude', *Ethics*, 107, no. 1 (Oct. 1996),
    4–25.
    'The Politics of Credibility', in Louise M. Antony and Charlotte E. Witt
    (eds.), *A Mind of One's Own: Feminist Essays on Reason and Objectivity*, 2nd
    edn. (Boulder, Colo.: Westview Press, 2002).
Jussim, Lee, and Fleming, Christopher, 'Self-fulfilling Prophecies and the
    Maintenance of Social Stereotypes: The Role of Dyadic Interactions
    and Social Forces', in C. Neil Macrae, Charles Stangor, and Miles
    Hewstone (eds.), *Stereotypes and Stereotyping* (New York and London:
    The Guilford Press, 1996), 161–92.
Kahneman, Daniel, and Tversky, Amos, 'On the Psychology of Predication',
    Psychological Review, 80 (1973), 237–51.
Keller, Evelyn Fox, and Longino, Helen (eds.), *Feminism and Science* (Oxford:
    Oxford University Press, 1996).
Kusch, Martin, *Knowledge by Agreement: The Programme of Communitarian
    Epistemology* (Oxford: Oxford University Press, 2002).
Langton, Rae, 'Subordination, Silence, and Pornography's Authority', in
    Robert Post (ed.), *Censorship and Silencing: Practices of Cultural Regulation*
    (Los Angeles: Getty Research Institute for the History of Art and the
    Humanities, 1998).
Lee, Harper, *To Kill a Mockingbird* (London: William Heinemann, 1960).
Lehrer, Keith, *Self-Trust: A Study of Reason, Knowledge, and Autonomy* (Oxford:
    Clarendon Press, 1997).
Leyens, Jacques-Philippe, Yzerbyt, Vincent Y., and Schadron, Georges,

인식적 부정의

Stereotypes and Social Cognition (London: Sage Publications, 1994).

Lippmann, Walter, Public Opinion (New York: Free Press, 1965; first published 1922).

Lipton, Peter, 'The Epistemology of Testimony', Studies in History and Philosophy of Science, 29 (1998), 1–31.

Lovibond, Sabina, Realism and Imagination in Ethics (Oxford: Blackwell, 1983). Ethical Formation (Cambridge, Mass., and London: Harvard University Press, 2002).

Lukes, Steven, Power: A Radical View (London: Macmillan, 1974).

Lyons, Jack, 'Testimony, Induction and Folk Psychology', Australasian Journal of Philosophy, 75, no. 2 (1997), 163–77.

MacIntyre, Alasdair, After Virtue: A Study in Moral Theory (London: Duckworth, 1981).

MacKinnon, Catharine, Feminism Unmodified: Discourses on Life and Law (Cambridge, Mass., and London: Harvard University Press, 1987).

Macrae, C. Neil, Stangor, Charles, and Hewstone, Miles (eds.), Stereotypes and Stereotyping (New York and London: The Guilford Press, 1996).

McDowell, John, Mind and World (Cambridge, Mass.: Harvard University Press, 1994).

'Are Moral Requirements Hypothetical Imperatives?', in Mind, Value and Reality (Cambridge, Mass., and London: Harvard University Press, 1998),

essay 4, p. 85; originally published in the Proceedings of the Aristotelian Society, supp. vol. 52 (1978), 13–29.

'Virtue and Reason', in Mind, Value, and Reality (1998), essay 3; originally published in The Monist, 62 (1979), 331–50.

'Knowledge by Hearsay' in Meaning, Knowledge, and Reality (Cambridge, Mass., and London: Harvard University Press, 1998), essay 19; originally published in B. K. Matilal and A. Chakrabarti (eds.), Knowing from Words: Western and Indian Philosophical Analysis of Understanding and Testimony (Dordrecht: Kluwer, 1994).

McEwan, Ian, Enduring Love (London: Vintage, 1998).

McGarty, Craig, Yzerbyt, Vincent Y., and Spears, Russell (eds.), Sterotypes as Explanations: The Formation of Meaningful Beliefs about Social Groups (Cambridge: Cambridge University Press, 2002).

Minghella, Anthony, The Talented Mr Ripley—Based on Patricia Highsmith's Novel

(London: Methuen, 2000).

Montmarquet, James A., 'Epistemic Virtue', *Mind*, 96 (1986), 482–97.

 Epistemic Virtue and Doxastic Responsibility (Lanham, Md.: Rowman and Littlefield, 1993)

Murdoch, Iris, *The Sovereignty of Good* (London: Routledge, 1970).

Nagel, Thomas, 'Moral Luck', in *Mortal Questions* (Cambridge: Cambridge University Press, 1979).

Nisbett, R., and Ross, L., *Human Inference: Strategies and Shortcomings of Social Judgement* (Englewood Cliffs, NJ: Prentice-Hall, 1980).

Nussbaum, Martha, 'The Discernment of Perception: An Aristotelian Conception of Private and Public Rationality', in *Love's Knowledge: Essays on Philosophy and Literature* (Oxford: Oxford University Press, 1990), 54–105.

 Sex and Social Justice (New York and Oxford: Oxford University Press, 1999).

 Upheavals of Thought: The Intelligence of the Emotions (Cambridge: Cambridge University Press, 2003).

O'Neill, Onora, *Constructions of Reason: Explorations of Kant's Practical Philosophy* (Cambridge: Cambridge University Press, 1989).

 'Vindicating Reason', in Paul Guyer (ed.), *The Cambridge Companion to Kant* (Cambridge: Cambridge University Press, 1992).

Reid, Thomas, *Inquiry into the Human Mind*, ed. Timothy Duggan (Chicago: University of Chicago Press, 1970); first published 1764.

Rosenthal, Robert, and Jacobson, Lenore, *Pygmalion in the Classroom: Teacher Expectation and Pupils' Intellectual Development* (New York: Holt, Rinehart and Winston Inc., 1968).

Ruddick, Sara, *Maternal Thinking: Towards a Politics of Peace* (London: The Women's Press, 1990).

Searle, J. R., *Speech Acts: An Essay in the Philosophy of Language* (Cambridge: Cambridge University Press, 1969).

Shapin, Steven, *A Social History of Truth: Civility and Science in Seventeenth-Century England* (Chicago and London: University of Chicago Press, 1994).

Sherman, Nancy, and White, Heath, 'Intellectual Virtue: Emotions, Luck, and the Ancients', in M. DePaul and L. Zagzebski (eds.), *Intellectual Virtue: Perspectives from Ethics and Epistemology* (Oxford: Clarendon Press,

인식적 부정의

2003).

Shklar, Judith, *The Faces of Injustice* (New Haven and London: Yale University Press, 1990).

Snyder, M., Tanke, E. D., and Berscheid, E., 'Social Perception and Interpersonal Behavior: On the Self-fulfilling Nature of Social Stereotypes', *Journal of Personality and Social Psychology*, 35, (1977), 656–66.

Spelman, Elizabeth, 'Anger and Insubordination', in A. Garry and M. Pearsall (eds.), *Women, Knowledge, and Reality: Explorations In Feminist Philosophy* (Boston: Unwin Hyman, 1989), 263–74.

Stangor, Charles (ed.), *Stereotypes and Prejudice: Essential Readings* (Philadelphia: Psychology Press, 2000).

Statman, Daniel, 'Moral and Epistemic Luck', Ratio, 4 (Dec. 1991), 146–56.

Steele, Claude M., and Aronson, Joshua, 'Stereotype Threat and the Intellectual Test Performance of African Americans', in Charles Stangor (ed.), *Stereotypes and Prejudice: Essential Readings* (Philadelphia: Psychology Press, 2000), 369–89.

Taylor, Shelley E., 'The Availability Bias in Social Perception and Interaction', in D. Kahneman, P. Slovic, and A. Tversky (eds.), *Judgement under Uncertainty: Heuristics and Biases* (Cambridge: Cambridge University Press, 1982), 190–200.

Tversky, Amos, and Kahneman, Daniel, 'Judgment under Uncertainty: Heuristic and Biases', *Science*, 185 (1974), 1124–31.

Wartenberg, Thomas E., 'Situated Social Power', in T. Wartenberg (ed.), *Rethinking Power* (Albany, NY: State University of New York Press, 1992).

Welbourne, Michael, *The Community of Knowledge* (Aberdeen: Aberdeen University Press, 1986).

—— *Knowledge* (Chesham, Bucks: Acumen, 2001).

White, Edmund, *A Boy's Own Story* (London: Picador, 1983).

Williams, Bernard, 'Interlude: Relativism', in *Morality: An Introduction to Ethics* (Cambridge: Cambridge University Press, 1972).

—— 'Deciding to Believe', in *Problems of the Self: Philosophical Papers 1956–1972* (Cambridge: Cambridge University Press, 1973).

—— 'Internal and External Reasons', in *Moral Luck: Philosophical Papers 1973–1980* (Cambridge: Cambridge University Press, 1981).

'Moral Luck', in *Moral Luck: Philosophical Papers 1973–1980* (Cambridge: Cambridge University Press, 1981).

Shame and Necessity (Berkeley and Los Angeles: University of California Press, 1993).

'Internal Reasons and the Obscurity of Blame,' in *Making Sense of Humanity and Other Philosophical Papers* (Cambridge: Cambridge University Press, 1995).

Truth and Truthfulness: An Essay in Genealogy (Princeton: Princeton University Press, 2002).

Williamson, Timothy, *Knowledge and its Limits* (Oxford: Oxford University Press, 2000).

Young, Iris Marion, 'Five Faces of Oppression', in Thomas E. Wartenberg (ed.), *Rethinking Power* (Albany, NY: State University of New York Press, 1992).

Young-Bruehl, Elisabeth, *The Anatomy of Prejudices* (Cambridge, Mass.: Harvard University Press, 1996).

Zagzebski, Linda, *Virtues of the Mind: An Inquiry into the Nature of Virtue and the Ethical Foundations of Knowledge* (Cambridge: Cambridge University Press, 1996).

Precis of *Virtues of the Mind, Philosophy and Phenomenological Research*, 60, no. 1 (Jan. 2000), 169–77.

옮긴이의 말

1993년, 서울 모 대학의 교수가 실험실에서 근무하던 조교의 손목을 잡고 등을 쓰다듬는 등 업무상 불필요한 성적 신체 접촉과 부적절한 언행을 반복했다. 피해자는 이에 대해 지속적으로 문제를 제기했으나, 돌아온 것은 조교 재임용 탈락 통지였다. 이에 피해자는 학내에 대자보를 붙이며 사건을 공론화했으나, 교수는 도리어 피해자를 명예훼손으로 고소했다. 이후 피해자는 여성 단체 및 학내 단체들과 연대하여 법원에 손해배상 소송을 제기했다. 한국 최초의 '직장 내 성희롱'(성적 괴롭힘) 재판은 이렇게 시작되었다.

그러나 피해자는 자신의 고통을 인정받기까지 험난한 여정을 겪어야 했다. 권위 있는 대학교수의 말에 비해 20대 비정규직 여성 조교의 증언은 사회의 신뢰를 얻지 못했다. 사람들에게는 조교의 말이 그럴듯한 것으로 들리지 않았고, 오히려 피해자는 '해고에 앙심을 품은 젊은 여성이 원로 교수의 인생을 망치려 한다'는 식의 이차 가해를 감내해야 했다.

피해자가 마주한 장벽은 이뿐만이 아니었다. 1993년의 한국 사회에서는 '성희롱 sexual harassment'(성적 괴롭힘)이라는 용어조차 생경했으며, 이를 포착할 수 있는 적절한 법적 언어 역시 단연 부재했다. 이러한 언어의 공백 속에서, 교수의 성적 폭력은 '친밀감의 표현' 내지는 '가벼운 호감 표시' 정도로 치부되었다. 당시 서울고등법원의 판결문은 이러한 부정의를 적나라하게 드러낸다. 재판부는 "과거에는 인정되지 못했던 새로운 유형의 불법행위를 인정함에는 신중하여야"하며, 해당 사안에까지 법적 제재를 확장할 경우 "남녀 간의 모든 접촉의 시도는 위축되고" "활기차고 정열적인 남녀관계의 자유로움과 아름다움이 사라지게 될 우려가 있다"고 판시하며 원고인 조교의 청구를 기각했다.* 피해자가 자신의 정신적 고통을 법적으로 인정받기까지는 이후 수년의 시간이 더 필요했다.

★★

위 사례를 비롯해 우리는 주변화된 사람들이 겪는 부당한 피해

---

* 서울고등법원 1995. 7. 25. 선고 94나15358 판결. 이후 해당 판결은 대법원에서 파기환송되었으며, 1999년 6월 파기환송심에서 피해자는 가해자로부터 받은 정신적 손해에 대한 500만 원의 손해배상을 인정받았다.

의 작동 원리를 설명할 정확한 언어를 오랜 시간 동안 갖추지 못해왔다. 피해자들이 겪은 고통은 '편견', '무시', '차별' 등으로 불려왔지만, 그들이 경험했던 고유한 인식적 층위의 부정의는 여전히 무명無名의 상태로 남아 있었다. 이로 인해 사회운동 담론에서는 물론, 피해자 본인조차 자신이 겪은 부당한 경험의 기전을 정확히 이해하거나 언어화하지 못한 채 침묵 속에 갇혀있어야 했다. 이 책의 저자인 미란다 프리커는 이러한 일들을 인간에게 본질적인 것이라고 여겨지는 인식적 능력, 즉 무언가를 이해하고 알 수 있는 능력의 측면에서 잘못이 범해졌다는 점에서 '인식적 부정의'라고 부른다. 이 책은 그동안 이름 없이 감춰져 있던 인식적 부정의를 철학적으로 개념화하여 명확한 언어로 포착하려는 하나의 시도이다. 주변화된 사람들이 겪는 두 가지 인식적 부정의, 즉 자신이 가진 앎을 타인에게 전달할 때 부당하게 낮은 신뢰성을 부여받는 '증언적 부정의'와, 자신의 경험을 해석할 자원의 결여로 겪게 되는 '해석학적 부정의'를 개념화함으로써, 저자는 그동안 명확히 드러나지 않았던 인식적 차원의 부정의를 우리 앞에 선명히 제시한다.

따라서 이 책 《인식적 부정의》는 무명의 상태로 남겨져 있던 피해자의 경험에 이름을 부여하고, 그 고통을 이해할 수 있는 새로운 틀을 제공한다는 측면에서 그 자체로 해석학적 부정의를 해소하는 해방적 작업이다. 여성이나 흑인, 성소수자와 장애인을 비롯하여 정체성 편견으로 인해 부당하게 낮은 신뢰만을 부여받는 사람들은 역사적으로 언제나 존재해왔지만, 우리는 이를 그저 어렴풋이 느끼고 있을 뿐이었다. 그러나 저자의 작업을 통해 우리는 이러한 현상을 '증언적 부정의'라는 이름으로 부를 수 있게 되었다. 마찬가지로, 자신의 경험을 표현할 수 있는 해석학적 자원의 결여로 인해 불이익을 겪는 사람들은 언제나 있어왔지만, 이들이 겪은 것을 '해석학적 부정의'로 지칭할 수 있게 된 이후에야 우리는 당사자의 경험을 정확하게 포착할 수 있게 되었다. 이러한 맥락에서, '인식적 부정의'라는 명명을 통해 그동안 수많은 사람들이 겪어오던 부정의를 선명한 언어로 포착한 저자의 작업은 해석학적 공백을 해소하려는 하나의 시도이자, 여러 사회운동에 인식적 틀을 제공해주는 기초 작업으로 이해될 수 있다. 이 책의 번역 출간이 독자들로 하여금 한국사회에 고유한 인식적 부정의에는 무엇이 있을지 고민하게 되는 계기가 되기를, 그리하여 우리가 미처 인식하지 못했지만 '언제나 그곳에 있어왔던' 부정의들을 몰아내는 변화의 출발점이 되기를 희망한다.

★
★★

《인식적 부정의》는 인식론과 윤리학이 교차하는 지점에서 새로운 논의의 지평을 연 경이로운 저작이다. 불과 몇십 년 전만 해도 (실은 현재에도 많은 경우 그러하지만) 현대 분석 인식론에서 '앎'에 대해 논의할 때 표준적으로 그려지던 이미지는 세계 속에 홀로 내던져진 개인이었다. 그러한 구상 속의 개인은 지각, 이성적 추론, 직관과 같은 내적 능력만으로 세계에 대한 지식을 얻는 모습으로 상정되곤 했다. 그러나 이는 우리의 현실과는 너무나 동떨어져 있는 상像이 아닐 수 없다. 현실의 우리는 복잡한 사회적 관계망 속에서 살아가며, 대부분의 지식을 타인의 말, 즉 증언을 통해 얻기 때문이다. 우리는 타인과 동떨어진 채 자신만의 능력으로 지식을 습득해나가는 유아론적 존재가 아니며, 필연적으로 앎의 대부분을 타인에게 의존할 수밖에 없는 유한한 존재이다. 이러한 논의 속에서, 인식자로서 사회와 얽혀 있는 우리의 현실을 반영하여 지식에 관한 철학적 이론 역시 증언을 통해 얻게 된 믿음이 어떻게 지식이 될 수 있는지를 다뤄야만 한다는 문제의식이 등장했다. 그리하여 20세기 말부터 증언의 인식론epistemology of testimony을 위시한 '사회인식론social epistemology'이 부상하게 된다.

《인식적 부정의》는 바로 이러한 맥락 속에서 2007년 출간되었다. 그러나 이 책은 여기서 한발 더 나아가, 권력과 정체성, 부정의의 문제가 지식이나 이해와 같은 인식적 문제들과 맺는 관계를 기존의 분석 인식론에 대담하게 들여와 새로운 논의의 지평을 열었다. 이 책은 이후 약 20년간 수많은 후속 논의를 촉발하고, 사회인식론과 윤리학 분야에서 '현대의 고전'으로 자리 잡았는데, 분석철학 특유의 치밀함과 논리정연함, 명료함을 잃지 않으면서도 인식론과 절연되어 있었던 정치적·사회적 통찰을 명민하게 담아냈기 때문이다. 시간이 흐른 후 미래 세대가 21세기를 돌아보며 철학 분야에서 가장 영향력 있는 저작들을 꼽는다면,《인식적 부정의》역시 단연 그중 하나로 기억될 것이라고 예상해본다.

★
★★

한편, 각자의 목적에 따라 《인식적 부정의》의 특정 장을 선별하여 읽을 수도 있을 것이다. 인식적 부정의의 두 유형인 '증언적 부정의'와 '해석학적 부정의'의 정의와 주요 사례는 1장과 7장에 소개되어 있다. 또한 편견이 어떻게 증언적 부정의를 유발하는지와 그로 인해 초래되는 잘못을 논의하는 2장, 이를 교정하기 위해 청자가 갖춰야 할 덕을 다루는 4장은 책의 전반적인 요점을 이해하는 데 핵심이 되는 부분이다. 3장과 5~6장은 사회인식론과 윤리학 분야의 전문적이고 이론적인 논의를 주로 다루고 있다. 3장에서 저자는 증언의 인식론에 대한 자신의 독창적 관점을 전개하며, 5장과 6장에서는 증언적 정의의 덕이 자연상태에서 인간의 기본적인 인식적 필요로부터 발생함을 논증한다. 해당 분야에 익숙하지 않은 독자는 이 장들에서 필요 이상의 시간을 쓰게 될 수도 있다. 따라서 책의 개괄적인 논의를 이해하고자 하는 독자라면 1~2장 → 4장 → 7장의 순서로 읽어나가되 필요한 경우에 한해 다른 장들을 참고하는 방식으로 읽을 수 있을 것이다.

마지막으로, 이 책을 번역하는 과정에서 도움을 주신 많은 분들께 깊은 감사의 인사를 전한다. 사회철학자 오근창 선생님은 번역 원고 전반을 읽고 여러 귀중한 자문을 제공해주셨다. 또한 발화수반 행위와 관련한 번역에서는 언어철학 전공자인 이준효 선생님께, 아리스토텔레스에 대한 논의와 관련해서는 전재원 선생님께 큰 도움을 받았다. 세 분의 조언이 없었다면 이 책에 등장하는 다양한 철학적 개념들을 정확히 번역하기 어려웠을 것이다. 그리고 이 책의 2장과 3장의 초벌 번역은 럿거스대학 박사과정에 계신 조민수 선생님께서 맡아주셨으며, 5장 1절의 초벌 번역은 서울대학교 윤리교육과 학위과정에 계신 이경근 선생님께서 도와주셨다. 두 분의 값진 노고는 이 책이 출간될 수 있는 중요한 기반이 되었다. 끝으로, 번역본을 세심히 검토하여 정확성을 높이는 데 큰 기여를 해주신 편집자 임세현 선생님께 깊은 감사를 드린다. 이 책이 한국사회에 소개될 수 있었던 것은 모두 많은 분들의 도움 덕분이다.

찾아보기

인명

인식적 부정의

인식적 부정의

키워드

인식적 부정의

초판 1쇄 펴낸날　2025년 1월 20일
지은이　　　미란다 프리커
옮긴이　　　유기훈·정선도
펴낸이　　　박재영
편집　　　　임세현·이다연
마케팅　　　신연경
디자인　　　조하늘
제작　　　　제이오
펴낸곳　　　도서출판 오월의봄
주소　　　　경기도 파주시 회동길 363-15 201호
등록　　　　제406-2010-000111호
전화　　　　070-7704-2131
팩스　　　　0505-300-0518
이메일　　　maybook05@naver.com
X(트위터)　　@oohbom
블로그　　　blog.naver.com/maybook05
페이스북　　facebook.com/maybook05
인스타그램　instagram.com/maybooks_05

ISBN　　　　979-11-6873-138-7 93100

만든 사람들
책임편집　　　임세현
디자인　　　　조하늘